Mavericks no trabalho

ACTUAL EDITORA
Conjuntura Actual Editora, L.ᵈᵃ

MISSÃO
Editar livros no domínio da Gestão e da Economia e tornar-se uma editora de referência nestas áreas. Ser reconhecida pela sua qualidade técnica, **actualidade** e relevância de conteúdos, imagem e *design* inovador.

VISÃO
Apostar na facilidade e compreensão de conceitos e ideias que contribuam para informar e formar estudantes, gestores, executivos e outros interessados, para que, através do seu contributo, participem na melhoria da sociedade e da gestão das empresas em Portugal e nos Países de Língua Oficial Portuguesa.

ESTÍMULOS
Encontrar novas edições interessantes e **actuais** para as necessidades e expectativas dos leitores das áreas de Economia e de Gestão. Investir na qualidade das traduções técnicas. Adequar o preço às necessidades do mercado. Apresentar um *design* contemporâneo de excelência. Apresentar uma leitura fácil através de uma paginação estudada. Facilitar o acesso ao livro, por intermédio de vendas especiais, *website*, *marketing*, etc. Transformar um livro técnico num produto atractivo. Produzir um livro acessível e que pelas suas características seja **actual** e inovador no mercado.

Mavericks no trabalho

Por que é que as mentes mais originais ganham nos negócios

William C. Taylor & Polly LaBarre

ACTUAL EDITORA
www.actualeditora.com
Lisboa — Portugal

Actual Editora
Conjuntura Actual Editora, L.da
Caixa Postal 180
Rua Correia Teles, 28-A
1350-100 Lisboa
Portugal

TEL: (+351) 21 3879067
FAX: (+351) 21 3871491

Website: www.actualeditora.com

Título original: *Mavericks at work*
Copyright © 2006 by William C. Taylor e Polly LaBarre.
Edição original publicada por HarperCollins Publishers.

Edição Actual Editora – Julho 2007.
Todos os direitos para a publicação desta obra em Portugal reservados
por Conjuntura Actual Editora, L.da
Tradução: Carla Pedro
Revisão: Marta Pereira da Silva e Sofia Ramos
Design da capa: Susan Yang
Paginação: Guidesign
Gráfica: Guide – Artes Gráficas, L.da
Depósito legal: 261578/07

ISBN: 978-989-8101-06-8

Nenhuma parte deste livro pode ser utilizada ou reproduzida, no todo ou em parte, por qualquer processo mecânico, fotográfico, electrónico ou de gravação, ou qualquer outra forma copiada, para uso público ou privado (além do uso legal como breve citação em artigos e críticas) sem autorização prévia por escrito da Conjuntura Actual Editora.

Este livro não pode ser emprestado, revendido, alugado ou estar disponível em qualquer forma comercial que não seja o seu actual formato sem o consentimento da sua editora.

Vendas especiais:
O presente livro está disponível com descontos especiais para compras de maior volume para grupos empresariais, associações, universidades, escolas de formação e outras entidades interessadas. Edições especiais, incluindo capa personalizada para grupos empresariais, podem ser encomendadas à editora. Para mais informações, contactar Conjuntura Actual Editora, L.da

Para Chloe, Paige e Grace
– *Mavericks* em casa
WTC

Para os meus pais
– Que me mantiveram perto mas nunca me cercaram
PL

Uma vez que na língua portuguesa não existe uma palavra que abarque todo o significado do termo *Maverick*, optámos por manter o original.

No entanto apresentamos uma das possíveis definições:

> ***Maverick*** – alguém que pensa e age de uma forma independente, muitas vezes de um modo diferente do esperado ou do habitual; que não se limita a seguir os padrões e as regras.

Índice

Prefácio exclusivo para a edição portuguesa   IX
Introdução – A promessa *maverick*   XIII

Primeira Parte – Repensar a concorrência

Capítulo 1 – Não apenas uma empresa, uma causa: a estratégia como defesa   3
Que ideias estão a ser defendidas pela sua empresa? • *Consegue agir de forma competitiva, surpreendendo os seus rivais?* • *Mudar de canal: a rede única que transformou a televisão.*

Capítulo 2 – Concorrência e suas consequências: disruptores, diplomatas e uma nova forma de falar sobre negócios   35
Consegue ser provocador sem provocar reacções violentas? • *A razão de os inovadores estratégicos desenvolverem o seu próprio vocabulário de concorrência.* • *Vencer com base em objectivos: a agência de publicidade orientada por valores que grava no chão as suas convicções.*

Capítulo 3 – Mensagens *maverick* (I): avaliação da sua estratégia   59
Por que motivo o "eu em primeiro lugar" não funciona: perguntas de tudo ou nada acerca da forma como a sua organização compete.

Segunda Parte – Reinventar a inovação

Capítulo 4 – Ideias ilimitadas: por que razão ninguém é tão inteligente como os outros todos juntos   71
De que forma pode persuadir pessoas brilhantes a trabalharem consigo, mesmo que não trabalhem para si. • *O porquê de a colaboração popular exigir concorrência frontal.* • *Eureka! De que forma um líder de mente aberta inspirou a corrida ao ouro na Internet.*

Capítulo 5 – Inovação, S.A.: "fonte aberta" aplicada aos negócios   101
Já domina a arte da negociação "fonte aberta"? • *Por que razão os líderes inteligentes "reconhecem diariamente a própria ignorância".* • *O talento de todos, desde os níveis mais baixos aos mais elevados da hierarquia: de que forma um gigante empresarial com 170 anos criou um novo modelo de criatividade.*

Capítulo 6 – Mensagens *maverick* (II): abrir a mente do seu negócio   133
Mentes partilhadas: os princípios conceptuais da liderança "fonte aberta".

Terceira Parte – Reconciliação com os clientes

Capítulo 7 – Da venda de valor à partilha de valores: superar a era dos "excessos"   145
Se os seus produtos são tão bons, por que razão é que os seus clientes estão tão insatisfeitos? • De que forma pode construir uma marca de culto num negócio moribundo. • "O nosso cliente é a nossa categoria" – o retalhista que vende um sentido de identidade.

Capítulo 8 – Pequenos gestos, grandes sinais: estratégias fantásticas para se destacar da multidão   177
Vende nos locais onde estão os seus clientes – e onde não estão os seus concorrentes? • Como Howard Stern se tornou no melhor vendedor do mundo de ursos de peluche. • Por que razão é que vence a empresa com os clientes mais inteligentes.

Capítulo 9 – Mensagens *maverick* (III): criar ligações com os clientes   205
A marca importa: os novos alicerces do marketing inovador.

Quarta Parte – Recriar o trabalho

Capítulo 10 – A empresa que se mantém: negócios que dão importância às pessoas   217
É capaz de atrair mais do que a parte a que tem direito dos melhores talentos existentes na indústria em que opera? • Como pode encontrar pessoas geniais que não estão à sua procura. • Criar a personalidade da concorrência: A razão por que a companhia aérea mais simpática do mundo liberta o "espírito guerreiro" dos seus colaboradores.

Capítulo 11 – Pessoas e desempenho: "estrelas", sistemas e locais de trabalho que funcionam   249
A primeira regra da liderança diz que "as 'estrelas' não trabalham para idiotas". • De que forma é que os agentes livres se tornam elementos de equipa. • Da burocracia à adocracia: os muitos méritos de um local de trabalho desordenado.

Capítulo 12 – Mensagens *maverick* (IV): pôr em prática as competências dos seus colaboradores   283
Teste de contratação • A sua concepção para o local de trabalho é tão diferenciada como os seus objectivos para o mercado?

Anexo – Material *maverick*   295
Notas   319
Agradecimentos   337

Mavericks no trabalho
Prefácio exclusivo para a edição portuguesa

Há cerca de 25 anos, o considerado e influente historiador Daniel J. Boorstin escreveu um livro muito aclamado, intitulado *The Discoverers – A History of Man's Search to Know His World and Himself**. Este livro consiste num estudo exaustivo sobre a capacidade humana para seguir em frente e desbravar novos caminhos – nas artes, nas ciências, na tecnologia. Ao contar as histórias dos progressos que moldaram o mundo, Boorstin faz a crónica dos grandes descobridores portugueses de finais do século XV e do princípio do século XVI – pioneiros como Bartolomeu Dias e Vasco da Gama, cujas travessias, defendia ele, foram "mais revolucionárias do que as muito celebradas descobertas de Colombo".

No entanto, Boorstin dedicou a maior parte da sua extensiva análise dos descobrimentos portugueses não aos corajosos capitães que estavam ao leme dos barcos, mas sim ao líder ousado e inovador que lançou as bases – intelectuais, organizacionais e financeiras – para as suas viagens. Foi a visão única e a determinação do Infante D. Henrique, o Navegador, que morreu anos antes de as caravelas portuguesas dobrarem o Cabo da Boa Esperança ou chegarem à costa da Índia, que tornou possíveis as viagens que moldaram o mundo. "A exploração moderna tinha de ser uma aventura da mente", defende Boorstin, "um impulso da imaginação de alguém, antes de se tornar numa aventura de navegação à escala mundial. A grande aventura moderna – explorar – tinha de acontecer primeiro no cérebro. O explorador pioneiro era um homem solitário a pensar".

---
* **Nota da Tradutora** *Os Descobridores – De como o homem procurou conhecer-se a si mesmo e ao mundo* – Edições Gradiva.

O mesmo se pode dizer (com a entusiasta inclusão das mulheres, claro) acerca da grande aventura moderna da inovação e do empreendedorismo. Actualmente, não há nada mais importante no mundo dos negócios do que uma ideia genuinamente nova. Numa era de hipercompetição e mudança imparável, a única forma de liderança de mercado sustentável é a liderança do pensamento. *As ideias têm importância*: a única forma de se destacar da multidão é defender algo verdadeiramente único.

É esta a mensagem central do nosso livro *Mavericks no trabalho* e acreditamos que é uma mensagem especial para executivos empresariais e empreendedores num país tão pequeno como Portugal. É óbvio que Portugal nunca irá competir e vencer – na Europa ou no resto do mundo – com base nos seus recursos naturais, influência no mercado ou reservas financeiras. Será sempre um dos jogadores de menor dimensão, seja qual for o palco em que estiver a operar.

Mas, a dimensão – por si só – já não é uma vantagem intrínseca. De facto, na maior parte das vezes, ser uma grande força no mercado é uma responsabilidade. Claro que continuamos a viver num mundo onde os fortes levam a melhor sobre os fracos. Porém, a verdadeira história do novo mundo dos negócios – uma história que descrevemos e explicamos no nosso livro – é que os inteligentes levam a melhor sobre os fortes. Não é tarefa de um empreendedor, líder empresarial ou de um país gastar mais ou ser mais forte do que a concorrência. A tarefa agora é pensar mais rapidamente do que a concorrência e superá-la tacticamente. No que diz respeito a gerar ideias e a reagir rapidamente a mudanças, os grupos cada vez mais pequenos podem fazer coisas cada vez maiores.

Somos os primeiros a admitir que a maioria dos *case studies* e dos exemplos apresentados em *Mavericks no trabalho* são de empresas a operar nos EUA. Trata-se de um reflexo do local onde estamos estabelecidos e das organizações e líderes com os quais estamos mais fami-

Prefácio

liarizados. Mas, à medida que viajámos pelo mundo a espalhar a nossa mensagem *maverick*, convencemo-nos de que as lições e conselhos ilustrados por estes *case studies* são tão relevantes em Lisboa como em Lubbock, no Texas; tão relevantes no Porto como em Portland, em Oregon.

O mundo inteiro está a descobrir que maior não é necessariamente melhor. De quantas indústrias consegue lembrar-se em que a maior empresa é também a mais eficiente ou a mais criativa? A Alemanha detém, de longe, a maior economia da Europa. No entanto, algum analista objectivo defenderia que é a economia mais dinâmica e mais bem preparada para o futuro?

As empresas que conhecemos mais bem posicionadas têm em comum cinco características fundamentais que acreditamos surgirem mais naturalmente em apostas de menor dimensão e empreendedoras – e que vimos serem mais poderosas do que as grandes fábricas, recursos financeiros abundantes e elevadas quotas de mercado. Estamos convictos de que estas cinco características – estes cinco sentidos, se preferir – representam a diferença entre ganhar e perder nos negócios nos dias de hoje, seja uma grande organização com milhares de colaboradores ou uma empresa recém-criada com apenas meia dúzia.

Primeiro, as empresas vencedoras têm um claro *sentido de identidade*. Sabem o que as torna diferentes, o que as torna especiais, o que os seus líderes vêem no mercado que a maior parte das empresas não vê. Segundo, têm um *sentido de importância*. Todas as pessoas, a todos os níveis da organização, compreendem de que forma é que o seu papel encaixa na estratégia mais alargada da organização – motivo pela qual estão dispostas a fazer um esforço extra para agradar a um cliente ou resolver um problema. Terceiro, têm um *sentido de camaradagem*. Nesta época de cepticismo, cinismo e egoísmo dos agentes individuais, o que nos impressionou em tantas das organizações *maverick* que conhecemos foi o sentido de lealdade e compromisso entre os seus colaboradores – não apenas em relação à empresa, mas também em relação uns aos outros. Quarto, as empresas vencedoras têm um *sentido de renovação* – estão continuamente a desafiar e a rever as ideias pelas quais competem. E, por último, têm um *sentido de divertimento*. Trabalha-se melhor quando o emprego não é só trabalho. É difícil manter a energia, a criatividade e o compromisso para ter sucesso, sem ter um pouco de divertimento nas funções que se desempenha.

Não temos a certeza daquilo que o Infante D. Henrique, o Navegador, iria pensar sobre as ideias e práticas de liderança de que falamos em *Mavericks no trabalho*. (Especialmente o sentido de divertimento. De acordo com Boorstin, ele morreu virgem e na altura da sua morte descobriu-se que vestia uma camisa de lã não cardada). Mas sabemos que o espírito explorador que ele lançou em Portugal há mais de 500 anos está vivo e de saúde no mundo dos negócios de hoje. Esperamos que o conteúdo do nosso livro lhe faculte alguma orientação na sua viagem em direcção ao futuro.
Boa Sorte!

William C. Taylor e Polly LaBarre, Junho 2007.

Introdução
A promessa *maverick*

Sempre acreditámos que o primeiro passo para qualquer empreendimento bem sucedido – começar uma empresa, lançar um produto, até mesmo escrever um livro – consiste em estabelecer uma clara definição daquilo que significa ter sucesso. Neste livro, a nossa definição de sucesso começa e acaba com o impacto que tiver em si. Consideraremos que *Mavericks no trabalho* foi um sucesso se este livro conseguir abrir os seus olhos, alimentar a sua imaginação e encorajá-lo a pensar mais além e a ter objectivos mais elevados. Acima de tudo, considerá-lo-emos um sucesso se lhe der bases para agir de forma mais arrojada como líder e para vencer de forma mais decisiva como concorrente. Avaliaremos o nosso sucesso na medida em que ele contribuir para o seu.

Assim sendo, este livro é mais do que um manual de instruções. É também um livro que lhe coloca alternativas. As empresas precisam de um novo fôlego. Estamos por fim a sair de um período de trevas e de "tentativas" na nossa economia e sociedade – uma era de crescimento lento e de expectativas exageradas, de infracção criminal e má conduta ética em algumas das mais conhecidas empresas do mundo. Mas o louco desempenho dos títulos no índice Nasdaq já faz parte do passado; o passeio da vergonha dos executivos tornou-se tão rotineiro como uma assembleia-geral; e o regresso triunfante de personalidades influentes e individualistas como Donald Trump soa-nos a uma dolorosa viagem pela nostalgia, o equivalente empresarial a uma reunião de antigos membros de uma banda de *heavy-metal*. Vimos o rosto do mundo dos negócios no seu pior perfil e não foi uma coisa bonita de se ver. Este livro pretende convencê-lo do poder dos negócios no seu melhor.

Isto leva-nos ao segundo objectivo de *Mavericks no trabalho* – restaurar a promessa do negócio como um estímulo para a inovação, satisfação e progresso e dar a volta por cima à sua História recente como fonte de repugnância, remorsos e recriminação. De facto, apesar de todas as manchetes sombrias e dos escândalos acesos nos últimos cinco anos, a economia vivenciou um período de realinhamento, uma transição de poder tão profunda que só agora estamos a começar a apreciar o que isso significa para o futuro dos negócios e para a forma como todos iremos ocupar-nos com a criação de empresas que funcionam, bem como para fazermos aquilo que realmente importa.

Várias indústrias, executivos e organizações que antes eram postos de lado por serem tidos como pouco experientes, deslocados ou imprevisíveis, conquistaram posições de prosperidade financeira e liderança de mercado. Existe um motivo para os jovens milionários responsáveis pelo mais celebrado sucesso empreendedor da memória recente terem optado pela Oferta Pública Inicial (OPI) dos seus títulos com uma declaração de independência face ao negócio convencional. "O Google não é uma empresa convencional", pode ler-se na "Carta dos Fundadores" daquele motor de busca. "Não pretendemos tornar-nos numa dessas empresas".

Nem tão pouco o é a lista de personagens que encontrará neste livro. Da rede de televisão que moldou uma cultura, com escritórios na solarenga Santa Mónica (Califórnia), ao escritório pouco conhecido de um fabricante de móveis enraizado na fria planície de Green Bay (Wisconsin), das glamorosas áreas da publicidade, moda e Internet às indústrias tradicionais, como a construção, prospecção mineira e produtos para o lar, todas elas estão a dar cartas no negócio – atraindo milhões de clientes, criando milhares de empregos, gerando dezenas de milhares de milhões de dólares de riqueza – ao repensarem a lógica de como o negócio é feito.

Alan Kay, reconhecido cientista informático, disse-o de forma memorável há 35 anos: "A melhor forma de prever o futuro é inventá-lo". Acreditamos que as empresas, executivos e empreendedores que vai encontrar nas páginas que se seguem estão a inventar um futuro mais empolgante, mais atractivo e mais compensador para o mundo dos negócios. Eles encontraram respostas estimulantes e construtivas para quatro dos desafios intemporais com que se confronta uma organização

Introdução

de qualquer dimensão e os líderes de qualquer área: definir a estratégia, libertar novas ideias, criar ligações com os clientes e ajudar os melhores colaboradores a conquistarem resultados positivos.[1]

Não há nada tão estimulante como ser testemunha do futuro. Tivemos essa sensação revigorante ao longo das nossas viagens, em que mergulhámos em organizações que moldaram o caminho das suas indústrias ao reformularem junto dos colaboradores, clientes e investidores a ideia daquilo que é possível fazer. Passámos inúmeras horas com líderes de todos os níveis hierárquicos destas organizações, desde os CEO a investigadores, que compreendem que as empresas com um ponto de vista disruptivo no mercado também precisam de uma abordagem diferenciadora no local de trabalho.

Mergulhámos dentro destas organizações e procurámos compreender as ideias que defendem e a forma como trabalham. Participámos numa aula de filmagem num dos estúdios cinematográficos de maior sucesso no mundo. Estivemos presentes numa cerimónia privada de entrega de prémios no Radio City Music Hall, onde os colaboradores daquele que deve ser o banco mais divertido do mundo cantaram, dançaram e exibiram todos os seus dotes artísticos. Participámos numa importante reunião mensal (a 384ª reunião consecutiva dos últimos 32 anos) em que directores e gestores de topo de uma empresa detida pelos trabalhadores, com o valor de 600 milhões de dólares, partilharam a informação financeira mais sensível a que tinham acesso e os mais valiosos segredos de mercado. Percorremos os corredores de uma instituição de pesquisa com 120 anos, em que uma equipa de executivos da área da investigação e desenvolvimento está a mudar a forma como uma das maiores empresas do mundo desenvolve novas ideias para os produtos de consumo. Andámos pelas ruas de Manhattan com colaboradores de um *hedge fund*, que estavam a avaliar ideias sobre tendências de mercado.

Este livro é o nosso relatório das linhas da frente do futuro – um testemunho daquilo que vimos, o que isso significa para o negócio e o porquê de interessar à sua empresa, aos seus colegas e à sua carreira.

Não é um livro sobre melhores práticas. É um livro sobre as *próximas* práticas – um conjunto de ideias e *case studies* que conduzem a um plano de negócios para o século XXI, a uma nova forma de liderar, competir e ter sucesso.

O nosso argumento de base tem tanto de directo como de urgente: no que diz respeito ao florescimento num mercado hipercompetitivo, "jogar pelo seguro" já não é jogar com inteligência. Numa economia definida pela sobrecapacidade, sobreoferta e uma total sobrecarga sensorial – uma economia em que todos já têm mais do que suficiente do que quer que seja que está a vender – a única forma de se destacar da multidão é defender um conjunto de ideias verdadeiramente diferenciadoras sobre a forma como a sua empresa deve proceder. Não pode alcançar grandes feitos como concorrente se ficar satisfeito só por fazer as coisas apenas um pouco melhor do que a concorrência.

Outra passagem filosófica bem conhecida, tornada famosa pelo conceituado treinador de basquetebol Pete Carril, capta o espírito competitivo que está no cerne deste livro. Durante os 29 anos em que Carril treinou os Princeton Tigers, os jogadores defrontavam-se (e muitas vezes ganhavam) com equipas cujos elementos eram mais altos, mais rápidos e mais dotados fisicamente do que eles. "Os fortes levam a melhor sobre os fracos, mas os inteligentes levam a melhor sobre os fortes", era o lema do treinador da equipa.[2]

Este livro é dedicado à ideia de que, no mundo dos negócios, como no basquetebol, os inteligentes podem levar a melhor sobre os fortes – que a melhor maneira de superar a concorrência é ver mais além do que a concorrência vê. As empresas *maverick* nem sempre são as maiores do seu sector; os empreendedores *maverick* nem sempre são capa das revistas de negócios. No entanto, os *mavericks* fazem aquilo que é mais importante – o trabalho de originalidade, criatividade e experimentação. Demonstram que é possível construir empresas à volta de ideais elevados e ambições competitivas, que a forma mais poderosa de criar valor económico é abraçar um conjunto de valores que vão além da simples conquista de poder e que os negócios, no seu melhor, são demasiado empolgantes, demasiado importantes e demasiado divertidos para que sejam relegados para o plano das meras práticas convencionais.[3]

Quem são estes *mavericks*? As ideias principais deste livro estão enraizadas nas estratégias, práticas e estilos de liderança de 32 organizações com histórias, culturas e modelos de negócios completamente diferentes. Metade delas são empresas cotadas em bolsa ou unidades de negócio dentro dessas empresas. A outra metade são empresas não cotadas em bolsa, *start-ups* apoiadas em capital de risco ou organizações sem fins lucrativos. Algumas são autênticas gigantes, com milhares de colaboradores e milhares de milhões de dólares em volume de negócios. Outras são pequenas empresas, com algumas centenas de colaboradores e vendas na ordem das dezenas de milhões de dólares. Mas a singularidade das suas ideias e o poder das suas práticas torna-as a todas originais no mundo dos negócios. Estão a repensar a concorrência, a reinventar a inovação, a reconciliar-se com os seus clientes e recriar o trabalho. Em conjunto, estão a criar uma agenda *maverick* para o mundo dos negócios – uma agenda com a qual todos os negócios podem aprender.

Ninguém pode prometer que todas as empresas que constam neste livro vão florescer, sem contrariedades ou reveses, nos anos que se seguem. As realidades da concorrência são demasiado instáveis para isso. Não podemos prometer que cada técnica ou prática de negócio aqui destacada funcionará da mesma forma na sua organização. Há uma diferença entre aprender com as ideias de outrem e aplicá-las eficazmente noutro modelo.

Aquilo que podemos prometer é que se trata de um livro tão libertador de ideias, enérgico e útil quanto nos foi possível fazer, um livro que pretende ser verdadeiro para com o espírito *maverick* da agenda que apoia e dos líderes cuja história relata. Para tal, acrescentámos quatro secções a que chamámos "Mensagens *mavericks*" – que compilam as ideias que exploramos e as histórias que contamos num conjunto de caminhos orientados para a acção. Terminamos com uma valiosa recolha de recursos (denominada "Material *maverick*") que lhe serão úteis para continuar a aprender depois de ter acabado de ler este livro.

Esperamos ter conseguido transmitir bem a promessa dos *mavericks*. Visite-nos na Internet, aprenda mais acerca das ideias e dos *case studies* presentes neste livro e partilhe as suas próprias histórias e lições sobre o que é preciso para se ser um *maverick* no trabalho.

William C. Taylor
Polly LaBarre
www.mavericksatwork.com

PRIMEIRA PARTE
Repensar a concorrência

CAPÍTULO 1

Não apenas uma empresa, uma causa: a estratégia como defesa

Uma das razões pelas quais estamos em Wilmington, Delaware, é porque esta é a sede de muitas empresas de cartões de crédito. Todas as manhãs, quando conduzo até ao local de trabalho, vejo as suas placas e isso deixa-me irritado. Elas representam o ópio do consumismo financeiro norte-americano. Existem restaurantes na cidade que não aceitam uma reserva em meu nome, pois sabem que posso ofender alguém com a minha presença. Mas é isso que me mantém motivado. É isso que me estimula para a batalha.

Arkadi Kuhlmann, *President* e CEO do ING Direct USA

Por vezes, Arkadi Kuhlmann pode parecer-se bastante com o activista de defesa dos consumidores Ralph Nader ou com o combativo procurador-geral Eliot Spitzer. Ele censura as comissões exorbitantes cobradas pelo sector bancário e manifesta o seu desdém pelas complexidades desnecessárias e pelas cobranças imperceptíveis que contaminam o negócio do crédito à habitação. E não o façam *começar* a falar sobre cartões de crédito. Ele está farto da cultura financeira que encoraja a poupar menos, a investir de forma demasiado imprudente e a gastar muito.

"No início, todos adoravam os cartões de crédito", afirma Kuhlmann. "Os consumidores sentiam-se orgulhosos quando os tiravam da carteira. Hoje em dia, *odeiam* os cartões de crédito – o *marketing* contínuo, as taxas de juro elevadíssimas, a promoção de cartões, por parte das empresas, junto dos jovens universitários. Todos sabemos que o excesso de cartões de crédito não é positivo. É claro que essa não é uma mensagem popular aqui em Wilmington. Conforme já expliquei ao jornal local, 'é uma espécie de pregação. Então, por que não pregar junto dos hereges?'".

Mas, Kuhlmann não é um activista dos direitos dos consumidores ou um político e não é certamente um pregador. É um banqueiro. De facto, ele é o fundador de um dos bancos em maior crescimento no país, um subsidiário do ING Group – que, com 150 anos e sede em Amesterdão, está posicionado como um dos maiores conglomerados mundiais de serviços financeiros. O ING Direct USA abriu portas em Setembro de 2000. Em finais de 2005 tinha assegurado 3,5 milhões de clientes, conquistado perto de 40 mil milhões de dólares em depósitos e começado a gerar lucros consistentes e em rápido crescimento. Durante os primeiros dois anos de actividade, esta *start-up* teve prejuízos na ordem dos 56 milhões de dólares, confiando no crescimento futuro. Nos dois anos seguintes tinha conquistado lucros de 127 milhões de dólares. Em 2004, com apenas mil colaboradores, esta subsidiária norte-americana gerou lucros de 250 milhões de dólares.[*]

Por vezes, parece que a indignação moralmente justa consegue gerar bons dividendos. Mas Arkadi Kuhlmann é também mais do que um banqueiro com uma atitude enérgica. Ele é um impetuoso *maverick* com uma mensagem muito clara sobre o futuro do seu sector. Ele e os seus colegas insistem que não estão apenas a criar um banco, mas também a desafiar as práticas comuns (e erradas) de todo o sector bancário – um sector que eles crêem estar preparado para a mudança e a renovação. "As pessoas querem negociar com empresas que partilhem os seus valores", diz Kuhlmann. "Nós falamos com uma nova voz – um estilo de voz diferente para o sector".[1]

---

[*] **Nota dos Autores** Uma vez que o ING Direct USA é uma subsidiária totalmente detida pelo ING Group, os seus relatórios financeiros referem-se à fase anterior ao pagamento de impostos. Assim, estes números são relativos aos lucros antes de impostos.

Fazer ecoar essa voz coloca muitas vezes a empresa de Kuhlmann em desacordo com os seus rivais de maior dimensão, mais ricos e mais tradicionais. Fizemos uma das nossas muitas viagens a Wilmington em Junho de 2005, dois meses depois de o Presidente George W. Bush ter promulgado a Bankruptcy Abuse Prevention and Consumer Protection Act de 2005, cuja denominação foi ridiculamente infeliz. A lei, que representou uma das revisões mais abrangentes dos procedimentos de falência nos EUA desde a década de 70, implementou duras medidas em relação às famílias e aos particulares endividados que procuravam protecção contra os seus credores. A sua aprovação enfrentou ondas de protesto por parte de grupos de defesa do consumidor, de professores de Direito e até mesmo de muitos juízes de falências, mas inspirou manifestações de alegria por parte de bancos, empresas de cartões de crédito e grandes retalhistas – organizações poderosas cujos executivos e *lobbyists* tinham marchado em fileiras cerradas rumo ao Capitólio. Praticamente todas as figuras importantes do sector dos serviços financeiros aplaudiram a sua gloriosa vitória política.

Todas à excepção de Arkadi Kuhlmann, que foi o único CEO de um banco norte-americano a opor-se publicamente à lei, comparando-a a "utilizar um canhão para matar um mosquito". Entregou um testemunho por escrito a uma comissão do Senado norte-americano, participou numa conferência de imprensa com os partidários liberais do Senado Ted Kennedy e Russ Feingold e retirou um anúncio de uma página inteira do jornal *Washington Post*. Provocou constantemente a ira dos seus colegas do sector ao levantar uma série de questões desconfortáveis acerca do seu projecto favorito no Capitólio. O que fazer com as dezenas de milhares de famílias que ficam na bancarrota devido a doenças devastadoras e elevadas despesas médicas? O que dizer dos 16 mil militares que declararam falência em 2004? E quanto à teimosa recusa das empresas de crédito em conter as suas práticas de *marketing* mais agressivas?[2]

"Para a banca convencional, eu sou uma espécie de mau da fita", afirma Kuhlmann com indisfarçável contentamento. Essa reputação aplica-se muito além da estratégia política do sector. De facto, está no centro da estratégia *negocial* do ING Direct. "Antes de lançarmos a empresa, olhámos à volta e dissemos: 'O sector bancário não funciona. O consumidor fica sempre a perder.' Depois dissemos: 'Como é que podemos fazer algo radicalmente diferente? Como recriar e reactivar um sector? Como criar uma empresa à volta de uma grande e nova ideia?'"

Essa grande ideia envolve a utilização do poder avançado da Internet para promover as intemporais virtudes da prosperidade e da segurança financeira. O ING Direct USA, que é essencialmente um banco de poupanças que tem por base a Internet, opera directamente com o cliente. (Os clientes podem também realizar operações bancárias por correio ou telefone, mas mais de 70 por cento utiliza a Internet). Todas as características das suas operações dão prioridade à rapidez, simplicidade e despesas gerais reduzidas. O ING Direct não tem filiais físicas, máquinas de multibanco, bancários comerciais com salários chorudos ou consultores financeiros convincentes. Também não cobra taxas aos clientes, não exige depósitos mínimos e foge do "papel" como o diabo da cruz. Mais importante, o banco disponibiliza um número limitado de ofertas de produtos simplificados: contas poupança tradicionais (sem saldos mínimos), uma selecção de certificados de depósito (sem depósitos mínimos), nove fundos de investimento simplificados (que podem ser combinados com *portfolios* conservadores, moderados e agressivos) e créditos à habitação tão simplificados que os formulários de candidatura *on-line* demoram menos de dez minutos a preencher.

A simplicidade intencional dos produtos da empresa e do modelo de negócios mantém os custos do ING Direct muito baixos: em algumas áreas do negócio, esses custos correspondem a um sexto dos custos de um banco convencional. Os baixos custos permitem ao ING Direct garantir taxas de juro mais elevadas para quem deposita (no que diz respeito a alguns produtos básicos de poupanças, chegam a ser quatro vezes mais elevadas do que a média do sector) e cobrar juros mais baixos aos seus clientes que contraíram créditos à habitação. O resultado final é uma máquina de fazer dinheiro *on-line* que consegue mensalmente cem mil novos clientes (40 por cento dos quais chegam através do "passa palavra") e mil milhões de dólares em depósitos. Com efeito, em finais de 2004, o ING Direct tinha-se tornado no maior banco de Internet do país, o quarto maior banco de poupança e um dos 40 maiores bancos de todos os segmentos.

Mas, o espírito vigoroso do banco não tem a ver com custos baixos e crescimento rápido. Tem a ver, isso sim, com uma agenda de reformas. Kuhlmann e os seus colegas afirmam que estão a "levar os norte--americanos de volta às poupanças" – apresentando uma alternativa bem definida aos excessos e falhas na forma como o sector financeiro negoceia. "Tudo o que fazemos começa com a nossa ideia de base, que consiste em trazer de volta alguns valores fundamentais: autoconfiança, independência, obtenção de financiamento. De uma forma ou de outra, a maioria das instituições financeiras estão a dizer-lhe para gastar mais. Nós estamos a mostrar-lhe como *poupar* mais. O que há de melhor do que o homem comum a lutar pelos mais desfavorecidos? Queremos conquistar esse espaço.", refere este CEO.

Quais são as ideias que defende?
A estratégia que marca uma posição

Durante décadas, uma série bem definida de parâmetros liderou a lógica da concorrência empresarial. A estratégia tinha a ver com a disponibilização de produtos de alguma forma superiores: O automóvel, o electrodoméstico ou o computador da sua empresa é mais barato, é melhor e tem uma apresentação mais bonita? A estratégia tinha a ver com a selecção de mercados atractivos: Quais os segmentos demográficos ou categorias de consumidores que têm mais importância para a sua organização? A estratégia tinha a ver com o domínio da economia: Quais as vantagens em termos de escala, custos, margens e fixação de preços que permitem que a sua empresa apresente um melhor desempenho em matéria de produtividade, rentabilidade e lucro aos accionistas?

É por essa razão, na verdade, que grande parte da estratégia tem tido a ver com a *imitação*. Na maioria das indústrias, as grandes empresas têm-se contentado em competir com base em manuais estratégicos praticamente idênticos e tendo como objectivo vantagens marginais: Que produtos podem ser um pouco melhores? Que custos podem ser um pouco menores? Que mercados-alvo podem ser mais atractivos? Pense-se nas rivalidades entre a General Motors e a Ford, a CBS e a ABC, a Coca-Cola e a Pepsi. É claro que, de vez em quando, algo genuinamente novo altera a trajectória de um sector: o aumento dos SUV ou do financiamento sem juros no sector automóvel, a criação de *reality shows* na indústria televisiva, a presença em toda a parte de água engarrafada e de bebidas naturais no negócio das bebidas. No entanto, a inovação dá inevitavelmente (e quase imediatamente) lugar à duplicação. Todos os grandes intervenientes são rápidos a copiar o impulso criativo original (ou a adquirir um dos criadores), de modo a que a estratégia regresse às suas fórmulas conhecidas e previsíveis.

Nos anos 90, com a explosão da Internet e o nascer de um período de criação de novas empresas ambiciosas financiadas com capital de risco, a concorrência entre empresas revelou-se mais energética, mais frenética e menos imitadora. A estratégia tinha a ver com a concepção de modelos de negócios radicalmente novos que iriam pôr termo a décadas de sabedoria adquirida sobre a forma como funcionavam indústrias específicas: Quem podia utilizar computadores de alta velocidade e comunicações em rede para cortar os custos de produção, aumentar em grande escala a escolha do consumidor, abalando fortemente os modelos económicos estabelecidos? Quem podia, na linguagem da nossa era inspirada na Internet, "Amazonizar" os seus rivais ou "Napsterizar" a sua indústria?

Nenhum outro livro conseguiu resumir melhor este fervor revolucionário do que o apropriadamente intitulado *Leading the Revolution*, de Gary Hamel, o aclamado guru da estratégia. Hamel é um dos mais influentes pensadores do mundo dos negócios da sua geração, um orador brilhante, consultor e professor associado da London Business School e da Harvard Business School. Os principais clientes de Hamel são os executivos seniores das empresas mais importantes do mundo e o seu livro atribui a estes intervenientes a responsabilidade pelo pensamento colectivo que aflige tantos deles na comitiva executiva.

> *"A maior parte dos que operam num determinado sector tem a mesma falta de visão"*, advertiu Hamel. *"Estão todos a prestar atenção às mesmas coisas e estão a descurar as mesmas coisas"*.

Então, qual é a solução? A revolução! Hamel incitou os aspirantes a "rebeldes empresariais" e os "revolucionários grisalhos" a "desencadearem uma insurreição" nos seus sectores. "Pode tornar-se no criador do seu próprio destino", bradou aos seus leitores. "Pode olhar o futuro de frente e dizer: já não estou preso à História. Seja o que for que imaginar, posso conseguir. Já não sou um vassalo numa burocracia sem rosto. Sou um activista e não um preguiçoso. Já não sou um soldado raso na marcha para o progresso. Sou um Revolucionário."[3]

É óbvio que este período de inovação explosiva acabou da maneira como acabam a maioria das revoluções – mal e de forma sangrenta, sufocada nos seus próprios excessos. Algumas das mais aclamadas empresas revolucionárias dos anos 90 – e vêm-nos de imediato à memória a Enron e a WorldCom – transformaram-se em algumas das mais famosas infractoras criminais do início do século XXI.

Este é o cenário para o aparecimento da uma nova geração de empresas inovadoras e o advento daquilo que cremos ser uma nova fronteira para a estratégia empresarial. A lógica da concorrência evoluiu do mundo imitador dos produtos *versus* produtos para o fervor revolucionário dos modelos de negócios *versus* modelos de negócios – e daí para o actual reino promissor dos sistemas de valores *versus* sistemas de valores. Chamemos-lhe a estratégia como defesa: Quem consegue redefinir as regras da concorrência, desafiando as normas e as práticas aceites pelas suas empresas antes que os clientes insatisfeitos ou reguladores progressistas o façam por eles? Quem tem o projecto mais convincente e original sobre o rumo que a sua empresa pode e deve seguir – não apenas em termos económicos mas também ao nível das expectativas? Quem poderá desencadear uma série de ideias que moldem o futuro da sua indústria e *re*formulem a acepção do que é possível aos consumidores, colaboradores e investidores?

Para sermos mais precisos, estas questões não são originais. Há mais de uma década, Jim Collins e Jerry Porras publicaram a obra *Built to Last*, que se tornou num dos livros de Gestão mais vendidos de todos os tempos. À medida que Collins e Porras foram estudando o percurso de sucesso de empresas admiráveis, como a Johnson & Johnson, a 3M e a Procter & Gamble, descobriram um sentido de objectivo em cada uma delas, uma "série de razões fundamentais para a existência da empresa, justificadas muito para lá do objectivo de fazer dinheiro". E este sentido de objectivo, acrescentam, tem tendência para ser intemporal e duradouro – "um bom objectivo devia servir para orientar e inspirar a empresa durante anos e talvez um século ou mais".[4]

Cada uma das empresas *maverick* que irá conhecer nos próximos dois capítulos transmite um inegável sentido de objectivo.

Mas é um sentido de objectivo que impulsiona: a estratégia de cada empresa tende a ser tão impaciente como duradoura, tão disruptiva como diferenciada, tão oportuna como intemporal.

Numa era caracterizada pela "ressaca" empresarial, cultural e social derivada dos excessos do *boom* dos anos 90 – um período de escândalos em Wall Street, condutas ilícitas de CEO e níveis de desconfiança sem precedentes entre as empresas e os seus clientes e colaboradores –, as ideias mais importantes são aquelas que estabelecem uma agenda de reformas e renovação, as que fazem de uma empresa uma causa.

Roy Spence, co-fundador e *President* da GSD&M, uma agência publicitária inovadora sediada em Austin, no Texas, é uma voz vibrante e carismática no que diz respeito ao futuro da estratégia empresarial. Spence tem sido uma força orientadora por detrás de algumas das marcas mais conhecidas e de algumas organizações de elevado impacto dos EUA, desde a Wal-Mart à PGA Tour, passando pela Força Aérea norte-americana. Porém, o primeiro cliente a colocar a sua agência no mapa foi a Southwest Airlines. Segundo Spence, a subida notável da Southwest à liderança do seu sector (transportou mais passageiros de voos domésticos em 2005 do que qualquer outra companhia aérea) não tem apenas a ver com a economia de baixos custos ou com serviço personalizado a clientes. Em última análise, tem a ver com o ponto de vista disruptivo e impaciente que motiva todos os aspectos de como o negócio é conduzido.[5]

A Southwest tornou-se num tal ícone de mercado de massas que é fácil perder a perspectiva do carácter perfeitamente diferenciador da sua abordagem ao negócio das linhas aéreas. O sistema de rotas directas *point-to-point*[*] da empresa evita os custos elevados e atrasos intermináveis do sistema *hub-and-spoke*[**], em torno do qual a indústria da corrente dominante está concebida. A empresa nunca disponibilizou serviço de primeira classe, lugares marcados ou refeições a bordo e foi uma participante tardia (e relutante) dos programas de passageiro frequente. A abordagem da Southwest na interacção com os clientes é simples: mantém as tarifas reduzidas e as suas ofertas são facilmente perceptíveis.

No entanto, as tarifas reduzidas não significam um mau serviço. Muito pelo contrário: a equipa responsável pelo embarque, o pessoal de bordo e mesmo os seus pilotos são famosos pelos seus grandes sorrisos, personalidades exuberantes e sentido de humor. Quem quer que tenha viajado na Southwest no Dia das Bruxas[***], um feriado quase sagrado nesta descontraída companhia aérea, que ficou maravilhado com os tra-

---

[*] **N.T.** Do ponto de partida até ao destino, sem escalas.
[**] **N.T.** Voo local, que transporta os passageiros para um grande aeroporto regional, onde podem embarcar em voos de longa distância ou noutros voos locais até ao seu destino.
[***] **N.T.** No original *Halloween*.

jes que vestiam – desde os encarregados da bagagem até aos mecânicos –, compreende que esta companhia aérea voa com um "combustível diferente" das suas concorrentes. De facto, a Southwest pode muito bem ser o exemplo mais ilustrativo e esclarecedor de sempre do poder da estratégia como defesa. Esta é uma empresa cujo sistema distintivo de valor – em vez de qualquer descoberta tecnológica ou uma percepção de negócio sem precedentes – explica o seu sucesso incontestado.

A GSD&M fez contrato com a Southwest em 1981, quando a companhia aérea, então com dez anos – co-fundada e gerida por Herb Kelleher, um fumador inveterado e amante de uísque que escolheu o Texas para viver (nascido na Nova Jérsia, é um dos maiores empresários do Texas) –, era considerada uma atracção secundária e frívola pelas principais companhias que dominavam os céus. Hoje, numa indústria que está à beira da ruína (a velha guarda registou perdas totais de *30 mil milhões de dólares* entre 2001 e 2004), a Southwest destaca-se isoladamente, como uma máquina consistente de fazer dinheiro e como uma empresa em rápido crescimento. Há alguns anos, a revista *Money* celebrou o seu 30º aniversário enumerando as acções que tinham conseguido os melhores desempenhos durante as três décadas de vida da revista. As vencedoras não foram a General Electric, a IBM, a Merck ou outra empresa de renome. A vencedora foi, sim, a Southwest Airlines, uma força inovadora numa das indústrias menos atractivas do mundo. (Compensa ser *maverick*. De acordo com a revista *Money*, um investimento de dez mil dólares em acções da Southwest em 1972 valia, 30 anos depois, mais de 10,2 milhões de dólares).[6]

Spence é peremptório em relação às lições estratégicas que estão por detrás da extraordinária trajectória da sua cliente. A Southwest não cresceu apenas porque as suas tarifas eram mais baratas do que as da Delta ou porque o seu serviço era mais simpático do que o não tão simpático serviço da United. A Southwest cresceu porque reconcebeu o que significa ser uma companhia aérea. De facto, Spence insiste que a Southwest não está no negócio das companhias aéreas. Está sim, argumenta, no negócio da *liberdade*. O seu objectivo é *democratizar os céus* – tornar o transporte aéreo tão disponível e flexível para o norte-americano comum como tem sido para norte-americano abastado.

Esse sentido único de missão é o que motiva a estratégia do negócio da Southwest, desde as cidades que abrange às tarifas que cobra e a quem contrata e promove. Spence defende que existe uma relação directa entre a economia do modelo operacional da Southwest, a publicidade que dirige aos seus clientes ("Agora é livre de percorrer o país") e as mensagens que envia aos seus mais de 30 mil colaboradores ("Agora é livre de mostrar o que tem de melhor"). Spence explica a relação desta forma: "As estratégias empresariais mudam. A posição no mercado altera-se. Mas o objectivo não muda. Todos na Southwest lutam pela liberdade".

É óbvio que esta referência à liberdade faz parte de uma manobra de *marketing* do produto e de elevação do moral dos colaboradores. No entanto, alguém que já tenha voado na Southwest compreende que o desempenho desta companhia aérea vai para além dos baixos custos e da elevada produtividade. Na verdade, existe um genuíno sentido de objectivo (e um sentido de humor inigualável) que anima a empresa.

Libby Sartain passou 13 anos no departamento de Recursos Humanos da Southwest, os últimos seis dos quais como *Vice-president*. (Falaremos novamente nela no Capítulo 7, onde analisamos o seu novo projecto como "Chief People Yahoo" – a estratega sénior de Recursos Humanos de uma das mais importantes empresas de Silicon Valley). Sartain não tem dúvidas quando diz que a missão de defesa que definiu a Southwest no mercado reflectiu e foi motivada por um igualmente sentido de objectivo no local de trabalho. "Analisámos a empresa até ao mais ínfimo pormenor e fizemos a seguinte pergunta: 'Desde o momento em que pensa trabalhar aqui até ao momento em que vai embora, o que é que torna esta experiência única? O que é que a nossa força de trabalho tem que nos distingue da nossa concorrência?'", explica Sartain.

No local de trabalho, os colaboradores adoptaram um lema destinado a associar a estratégia empresarial disruptiva ao dia-a-dia dentro da organização: "Na Southwest, a liberdade começa comigo". Sartain e a sua equipa foram ao ponto de enumerar as "Oito Liberdades" que definiam a experiência de trabalho naquela companhia aérea – desde a "liberdade de aprender e crescer" à "liberdade para criar segurança financeira", passando pela "liberdade de trabalhar arduamente e divertir-se" e acabando na "liberdade para criar e inovar" – e criou uma "exposição de liberdade" que recrutava colaboradores e os associava à causa da empresa.

Ao longo do tempo, as Oito Liberdades "tornaram-se no cerne do que representa a experiência de trabalhar na Southwest", afirma Sartain. "A mensagem era: 'não está apenas a colocar bagagem no porão daquele avião, não está apenas a servir *cocktails*, não está apenas a fazer um orçamento ou a criar *software*. *Está a dar às pessoas a liberdade de voar*. É a sua eficiência e talento que permitem que continuemos a oferecer tarifas baixas e a manter os nossos aviões no ar'".[7]

Quais são as ideias pelas quais a sua empresa está a lutar? Quais os valores que a sua empresa defende? Qual o objectivo que a sua empresa serve? É a estas perguntas que Roy Spence procura dar resposta em qualquer empresa onde trabalha. "Todos quantos estão a gerir um negócio têm de descobrir qual o valor mais elevado da empresa, o seu objectivo", insiste. "Este tem a ver com a diferença que está a tentar fazer – seja no mercado, seja no mundo. Se todos estão a vender a mesma coisa, qual é o ponto de desempate? É o objectivo".

Não há dúvida que Spence é um mestre na utilização de linguagem inteligente para definir e posicionar as empresas de forma apelativa. (Afinal de contas, ele está no ramo da publicidade e a sua alcunha dentro da agência é "Reverendo Roy".) Conforme iremos analisar no Capítulo 2, a linguagem tem muita importância no que diz respeito à estratégia.

A maneira como fala *da sua empresa diz muito sobre aquilo que pensa sobre o seu negócio. E, em última análise, aquilo que pensa sobre o seu negócio determina a qualidade do desempenho do mesmo.*

"É claro que se pode dizer que aquilo que a Southwest Airlines realmente pretende é ter mais passageiros", explica Spence. "Ou pode dizer-se que a empresa está no negócio da democratização dos céus. Prefere estar no negócio das linhas aéreas ou no negócio da liberdade? A linguagem é o que cria o limite – e trabalhar no limite leva a mais criatividade no negócio".

A expressão mais conhecida da GSD&M pode muito bem ser "Não se meta com o Texas", a qual se tornou no *slogan* não oficial do famoso Estado inovador onde a agência tem a sua sede. Notavelmente, a GSD&M cunhou a frase em 1985 como o elemento mais importante da campanha contra o despejo de lixo nas ruas que concebeu para o Departamento de Auto-Estradas do Texas. Ao longo dos anos, a mensagem foi adoptada por músicos, elites locais e políticos e tornou-se num *slogan* em pé de igualdade com "Recordar o Álamo". "Tirámos os texanos do negócio do lixo e colocámo-los no negócio do orgulho", afirma Spence. "Tornou-se numa questão muito importante, muito máscula e muito texana. Esse é um lugar mais avançado para jogar. E esse avanço é a razão pela qual o despejo de lixo nas ruas diminuiu tanto. Tornámos esse despejo de lixo antitexano".

Roy Spence está tão empenhado no poder do objectivo (a sua agência define o seu negócio como um *branding* com base no objectivo) que uma das suas colegas da GSD&M, Haley Rushing, detém o cargo de "Chief Purposologist"[*]. Rushing, com formação em Antropologia Cultural, mergulha no historial, modelo económico, valores e práticas dos clientes existentes e potenciais para detectar o plano de defesa (ou a sua falta) que está no centro da estratégia.

"Nós não criamos um objectivo de uma organização", afirma Spence. "O nosso trabalho é dar-lhe vida e criar a linguagem de liderança. Nos anos 90, constatámos que uma 'maré ascendente eleva todos os barcos'. Agora constatamos que uma 'maré de mudança testa a força da sua âncora'. Aquilo que defende é tão importante como aquilo que vende".

---

[*] **N.T.** "Chefe Objectivista".

Inovação através da agitação – estratégia no limite

Não é preciso convencer Arkadi Kuhlmann do poder de um objectivo ou dizer-lhe que os valores que defendemos são tão importantes como os produtos que vendemos. "Eu adoro a nossa posição de defesa", congratula-se. "Diferencia-nos. A maioria das empresas, especialmente em sectores como o da banca, é verdadeiramente enfadonha. Se faz as coisas da mesma maneira que todos os outros, por que motivo pensa que vai ter melhores resultados?"

Em muitos aspectos, o ING Direct USA é para os bancos o que a Southwest é para as companhias aéreas – um concorrente agressivo, com baixos custos, com uma atitude ousada e um ponto de vista bem definido. É por essa razão que a empresa, à semelhança do seu fundador, é agressiva, combativa, exuberante. O complexo da sua sede, composto por cinco edifícios maravilhosamente restaurados, junto ao rio Christina e nas suas imediações – na baixa de Wilmington, é uma explosão de cor numa cidade sombria e inerte. O complexo marcadamente norte-americano também presta homenagem às origens holandesas da empresa-mãe do ING. O serviço de vendas e de clientes funciona numa torre de escritórios cintilante que pertenceu ao Chase Manhattan e que foi rebaptizada Spaarport ("porquinho mealheiro" em holandês). No átrio do Spaarport, a crepitar de energia, há um café ING Direct, uma cafetaria que oferece *cappuccino*, sanduíches, a CNBC em televisores de ecrã plano e acesso gratuito à Internet. O departamento de *marketing* funciona a partir do que foi antes o escritório de uma estação de caminhos-de-ferro, construído em 1904, e que foi rebaptizado Orangerie (o produto principal do ING Direct é a conta poupança "Orange" e a cor laranja ilustra todos os elementos da presença pública da empresa). Os executivos de topo trabalham numa antiga fábrica de curtumes do século XIX rebaptizada Pakhuis ("armazém" em holandês), que foi restaurada em 2000 e remodelada em 2005 para se ajustar ao rápido crescimento da empresa.

É um motivo de orgulho para Kuhlmann o facto de muitos dos que trabalham nestes edifícios terem sido recrutados fora do sector bancário. "Se quer renovar e reenergizar um sector", aconselha, "não contrate alguém que está nesse mesmo sector. Vai ter de deformá-lo e depois reformá-lo. Prefiro contratar um músico de *jazz*, um bailarino ou um capitão do exército israelita. Eles podem aprender tudo sobre a banca. É muito mais difícil os bancários *desaprenderem* os seus maus hábitos. Estão presos ao passado. Lembrem-se que a ressurreição aconteceu apenas uma vez na História".

Bem, talvez duas vezes. Kuhlmann é, ele mesmo, um veterano que está no sector bancário há 30 anos e que começou a sua carreira como executivo no distinto Royal Bank of Canada. "É espantoso quando me lembro desse tempo", afirma Kuhlmann, sentado no seu espaço de trabalho simples, nas instalações *open-space* da empresa. "Aos 33 anos, fui nomeado *Vice-president* das actividades bancárias comerciais. Tinha um gabinete privado com umas belíssimas cortinas. Tinha uma sala de jantar privada. Tinha um motorista que me ia buscar às 7h30m da manhã e um indivíduo que vinha ao meu gabinete às 8h30m da manhã engraxar-me os sapatos. Lembro-me do que aconteceu após a reunião da administração na qual fui nomeado *Vice-president*. Alguém me disse: 'Parabéns pelo seu chapéu vermelho'. Perguntei a um dos meus colegas: 'O que é que ele quis dizer com chapéu vermelho?', ao que ele respondeu: 'É como aqueles que os cardeais usam'. Tinha um poder empresarial verdadeiro, no sentido tradicional. Hoje em dia, não tenho quaisquer daqueles adornos do poder".

De facto, Kuhlmann faz questão de lembrar aos seus colegas que o ING existe precisamente para desafiar esse estilo de poder. No passeio situado no exterior da Pakhuis, por exemplo, existe uma larga linha branca desenhada mesmo à frente da entrada. A mensagem, que não é tão discreta quanto isso, é a seguinte: Transponha a linha e terá saído das monótonas imediações da baixa de Wilmington (e do seu sistema de serviços financeiros) para entrar num lugar diferente. Os colaboradores, quando saem da Pakhuis, podem ler numa placa colocada imediatamente antes da saída: O DIA DE HOJE FOI REALMENTE IMPORTANTE?

"Continuamos a aumentar a intensidade, a paixão, os objectivos", afirma Kuhlmann. "Estamos actualmente a conseguir mil milhões de dólares por mês em novos depósitos. Acabei de anunciar que vamos subir para dois mil milhões de dólares. Estão todos amedrontados, mas vamos conseguir. É muito difícil estar aqui a trabalhar e não se interrogar: 'Estou ou não apto para isto?' Isto não tem a ver com deixar os colaboradores com *stress*, mas sim enchê-los de convicção".

Fora da sua base principal, o ING Direct é mestre em proezas arrojadas de publicidade e manobras activas de Relações Públicas. Para aumentar a sua visibilidade no sul da Califórnia, o banco pagou para as pessoas atestarem gratuitamente os seus carros nas estações de gasolina da Shell em Manhattan Beach, Santa Mónica e Burbank. As filas de carros estenderam-se por quilómetros e os automobilistas esperaram horas – as cenas tornaram-se numa constante nas notícias da televisão. No norte da Califórnia, Kuhlmann, um entusiasta das motas, liderou pessoalmente 700 proprietários de motas Harley-Davidson num "Passeio da Liberdade" de cem quilómetros, culminando num concerto ensurdecedor do grupo de rock Kansas. Em Boston, o ING pagou para que todas as linhas da MBTA – Autoridade de Transportes da Baía de Massachussets – (conhecida entre os cidadãos de Boston como a "T") fossem gratuitas uma manhã durante a hora de ponta, uma proeza ostensiva que a empresa apelidou de "Festa Boston T do ING Direct*".

Sem dúvida que a principal incumbência do ING Direct tem a ver com o sustento básico e não com proezas complicadas – com a criação de produtos financeiros que fazem com que seja fácil e financeiramente compensador aos clientes poupar. Contudo, a detecção dos produtos que *não vão* oferecer também representa grande parte da sua estratégia. Nos seus mercados-alvo o ING Direct foi tão agressivo como esquivo, ao evitar mercados potencialmente lucrativos mas

---

* **N.A.** No original, *ING Direct Boston T Party*, uma alusão à famosa *Boston Tea Party* de Dezembro de 1773, quando colonos norte-americanos deitaram ao mar no porto de Boston carregamentos de chá (*tea*) vindo de Inglaterra, como protesto contra o aumento dos impostos estabelecidos por Inglaterra. Este episódio ajudou a despoletar a Guerra da Independência, que durou de 1775 a 1783. Entretanto, a 4 de Julho de 1776, o EUA já tinham declarado unilateralmente a sua independência.

que não lhe interessam. O ING Direct não emite cartões de crédito, não tem crédito automóvel nem sequer disponibiliza contas à ordem – linhas de negócio que a maioria dos banqueiros lançaria num piscar de olhos se estivessem no lugar de Kuhlmann. No entanto, esses serviços encorajam os clientes a gastar em vez de poupar, por isso não fazem parte do modelo.*

O ING Direct também resistiu à tentação de entrar no segmento da corretagem *on-line*, uma diversificação óbvia a que qualquer estudante de MBA que se preze iria encorajar a empresa a aderir. Milhões de clientes já utilizam os serviços do ING Direct através da Internet; então, por que não deixá-los também transaccionar acções? "Porque, se está verdadeiramente empenhado em ajudar as pessoas a alterar a sua vida financeira, e em fazê-lo por etapas, não deve encorajá-las a fazer coisas que podem levá-las a perder dinheiro", explica Jim Kelly, chefe do serviço a clientes do banco, que também supervisiona os serviços de *marketing*, vendas e operações.

Isto é esclarecedor: as empresas que competem com uma perspectiva disruptiva são definidas tanto pelas oportunidades que decidem não aproveitar como pelos negócios em que participam.

Roy Spence recorda os primeiros dias da Southwest Airlines, quando a companhia enfrentou um dos muitos desafios implacáveis à sua missão de defesa. Em 1981, uma nova empresa chamada Muse Air, lançada por Lamar Muse, um co-fundador e antigo CEO descontente da Southwest, atacou Herb Kelleher e os seus outros anteriores colegas ao oferecer uma linha aérea com aviões mais elegantes, lugares que tinham

---

* **N.A.** É óbvio que as hipotecas são uma forma de empréstimo e não de poupança. Mas, conforme Kuhlmann e os seus colegas salientam, a criação de património através de habitações próprias é a maneira mais importante de os norte-americanos investirem no seu futuro financeiro – portanto, encaixa perfeitamente na estratégia pró-poupança da empresa.

mais espaço e um serviço que se concentrava no luxo e não em humor simples. (Os brincalhões do sector chamaram à companhia de Muse a "Air Vingança"). A Southwest ficou desconcertada; muitos executivos aconselharam Kelleher a comprar a sua própria frota de novos aviões, especialmente quando as sondagens mostravam, por uma larga margem, que os clientes preferiam os aviões da Muse aos aviões mais antiquados da Southwest.[8]

Contudo, Kelleher resistiu à tentação – não porque queria decepcionar os seus clientes, mas porque estava determinado em manter-se fiel à missão da companhia aérea. "Todos ficaram admirados por ele não ter adquirido um avião novo e bonito", recorda Spence. "Contudo, Herb afirmou: 'Se comprarmos este avião novo – e é garantido que é mais bonito e que os clientes o preferem – teremos de formar pilotos para pilotarem dois tipos diferentes de avião e os nossos mecânicos para cuidarem de dois tipos diferentes de avião. Isso irá aumentar os nossos custos, os quais teremos de transferir para os nossos clientes. Não vamos fazê-lo, pois não é esse o objectivo da nossa companhia aérea. Não é assim que se democratizam os céus'".*

Por outras palavras, as empresas que competem com um conjunto de ideias distintas sentem-se confortáveis em rejeitar oportunidades e estratégias às quais os intervenientes mais tradicionais iriam aderir.

---

* **N.A.** A saga da Muse Air acabou mal para todos. Lamar Muse nunca conseguiu ultrapassar os seus antigos colegas e a Southwest acabou por comprar a empresa quatro anos após a sua criação. A Southwest rebaptizou a companhia aérea TranStar e operava-a como uma subsidiária independente. No entanto, a TranStar deparou-se com guerras brutais de tarifas com a Texas Air e com o seu implacável patrão Frank Lorenzo, que se tornaria no homem mais odiado do sector das companhias aéreas. A TranStar cessou a sua actividade em 1987.

O ING Direct chega a rejeitar *clientes* que considera não estarem em sintonia com a mensagem que defende. Um exemplo esclarecedor: o próprio Kuhlmann rejeitou um depósito de cinco milhões de dólares de um grande especulador que queria negociar com o banco. O CEO insiste que não se tratou de uma questão pessoal, mas sim que, se o ING Direct está a criar uma instituição que promove os interesses financeiros do cidadão médio, então não precisa de (nem devia) atender às necessidades dos corretores. "Os norte-americanos ricos estão habituados aos cartões de platina, ao serviço especial", afirma. "A última coisa que queremos neste banco são pessoas ricas a fazer exigências especiais. Nós tratamos todos da mesma maneira".

De facto, o ING Direct é uma das poucas instituições financeiras que não tem depósitos mínimos para os clientes e, de facto, estabelece (não oficialmente) depósitos *máximos*. Quer abrir uma conta poupança com um dólar? Não há problema – o ING Direct irá depositar um adicional de 25 dólares como um gesto de boas-vindas. Quer abrir uma conta poupança com um milhão de dólares? *Não obrigado*. "Nós temos a ver com a Main Street e não com Wall Street", explica o chefe do serviço a clientes, Jim Kelly. "O nosso papel mais importante é ajudar quem mais precisa de ajuda a poupar dinheiro. Quem deposita um milhão de dólares não precisam de muita ajuda. E sejamos realistas: esse cliente irá querer mais de nós – 'eu tenho muito dinheiro no vosso banco, eu preciso disto *agora*'. Eles esperam que façamos coisas por eles que nós pura e simplesmente não fazemos. Prefiro ter mil contas com mil dólares cada do que uma conta com um milhão de dólares. Posso chegar a mais gente desta forma".

É inegavelmente uma estratégia invertida de criação de um banco – valorizar mais os clientes que têm *menos* dinheiro para depositar do que aqueles que têm *mais* dinheiro para depositar. Mas trata-se de uma estratégia com uma lógica económica transparente – implementar um modelo de negócios com despesas gerais reduzidas, custos reduzidos, margem reduzida e de volume elevado. É o que acontece com o sistema de valores que concebeu a identidade do ING Direct no mercado. É uma estratégia que marca uma posição – uma perspectiva que encontra eco nos clientes e nos colaboradores, que altera o debate sobre o futuro dos serviços financeiros e que atrai a atenção dos *media* e de outros comentadores.

"Recriar um sector tem a ver com criar uma história à volta dos clientes, dos colaboradores e dos produtos", afirma Kuhlmann. "O sector bancário tem a ver com dinheiro e o dinheiro está relacionado com quem é, com aquilo que pensa sobre o seu futuro; tem a ver com olhar por aqueles de quem gosta. Estamos a tentar fazer com que poupar seja uma atitude moderna. Estamos a criar uma história que tem implícito um sentido de missão, uma história que nos transporta para uma nova perspectiva."

Por exemplo, Kuhlmann e a sua equipa adoram pensar em si mesmos como defensores dos seus clientes. No entanto, tal como Kuhlmann rejeitou aquele depósito de cinco milhões de dólares, há pouca tolerância em relação aos clientes que não correspondem ao modelo – sejam esses clientes o Joe Milionário ou o Joe *Pack* de Cerveja. Todos os anos a empresa "despede" mais de 3.500 clientes que, de uma ou de outra forma, não obedecem às regras do banco. Talvez tenham feito demasiadas chamadas para o serviço de clientes, talvez tenham pedido demasiadas excepções aos procedimentos cuidadosamente concebidos do banco, talvez tenham feito transferências de grandes quantias por curtos períodos de tempo para conseguirem alguns juros. Qualquer que seja a infracção, o ING Direct não hesita em fechar a conta e transferir automaticamente o dinheiro do cliente para o seu banco de apoio. ("A nossa loja de porcelanas é muito frágil para deixar entrar touros", afirma Kelly com sarcasmo.)

Despedir milhares de clientes todos os anos é uma prática de negócios controversa, reconhece Kuhlmann, e é por isso que crê ser positiva para o negócio. "É boa porque agita", afirma. "Agita o mercado. Agita os clientes que não se integram. Mas nós queremos seleccioná-los. Os clientes que são certos para nós, adoram-nos. Tornam-se evangelistas. Os clientes que excluímos, odeiam-nos. E sabe o que eles fazem quando nos odeiam? Falam de nós a toda a gente – e isso é bom. Fomenta o diálogo. Não há nada como a diferenciação".

Por que é que a imitação não é aceitável a estratégia como originalidade

Há uma inegável pressão popular em relação às organizações que encontrámos. Durante 35 anos, a Southwest Airlines regeu-se por um plano de voo destinado a reformar a economia das viagens e a "democratizar os céus". Durante mais de cinco anos, o ING Direct teve em conta uma crítica sobre as piores práticas nos serviços financeiros e jurou "trazer os norte-americanos de volta às poupanças". Roy Spence da GSD&M, um convicto progressista do Texas, encoraja os clientes não apenas a vender produtos, mas também a expressar o "grande chamamento" do seu negócio.*

Mas os pontos de vista disruptivos aparecem em todos os formatos, tamanhos e emoções. A defesa tem a ver com a *transparência* estratégica e não com uma versão do mundo dos negócios do que é politicamente correto. A questão limite não é lutar pelo cidadão comum. É, isso sim, combater o sistema concorrencial com perspectivas que desafiam a mentalidade imitadora.

No seu manifesto sobre a concorrência, intitulado *Hardball: Are You Playing to Play or Playing to Win?*, os peritos em estratégia George Stalk e Rob Lachenauer incitam os executivos a pararem de poderar sobre as questões "ligeiras" como a administração empresarial ou a gestão dos *stakeholders*** e a concentrarem-se no que tem mais importância nos negócios – "utilizar todos os recursos legítimos e estratégias disponíveis para conquistar vantagem em relação aos seus concorrentes".

---

* **N.A.** Spence leva a sério a prossecução de um chamamento superior. Em 2004, um consternado "Reverendo Roy" reagiu à vitória eleitoral do também texano George W. Bush empreendendo uma longa viagem de carro. Visitou 112 igrejas para tentar compreender divergências religiosas que se tornaram numa grande componente da campanha presidencial. O resultado foi *The Amazing Faith of Texas* (**www.amazingfaithoftx.com**), um livro de fotojornalismo que destaca cinco valores comuns à maioria das religiões.
****N.T.** Partes interessadas.

Stalk e Lachenauer enaltecem as empresas fortes e determinadas "que se concentram na vantagem competitiva" e "libertam força maciça e devastadora" contra os rivais vulneráveis.[9]

Também admiramos as empresas implacáveis. Porém, atendendo à série de *mavericks* ferozmente competitivos que acabámos por conhecer, estamos convictos de que a maneira mais eficaz de fazer jogo duro é criar um plano de crescimento em torno de uma *jogada* estratégica – para prosperar como empresa defendendo ideias novas acerca do futuro do seu negócio. A originalidade tornou-se num teste crucial da estratégia.

O poder da originalidade estratégica não podia ser mais evidente do que na sede da Costa Oeste da HBO, a superpotência (superlucrativa) das cadeias de televisão por cabo, que é a força mais original no entorpecedor e indistinto mundo do entretenimento de massas. A sede da HBO é tudo menos um lugar de dissimulação populista. O edifício, nas proximidades da praia de Santa Mónica, representa uma combinação do poder de Hollywood e do estilo de vida descontraído californiano. Os atenciosos empregados do estacionamento e o grupo de recepcionistas com auriculares transmitem aos visitantes um brilho de celebridade. Na espaçosa sala de espera, jovens com aspecto de actores ou argumentistas mexem nervosamente na mobília de linhas ousadas. Paredes brancas resplandecentes, vidro verde e salpicos cor-de-rosa vivo dão ao espaço um ambiente futurista – em nítido contraste com a área reservada aos colaboradores, em tons de bege, com a sua vista para as palmeiras, para os *courts* de ténis e para um exuberante relvado.

A tranquilidade do corpo executivo é ligeiramente perturbada pela agitação do *show business*. Num dos gabinetes principais, Nancy Lesser, a poderosa Relações Públicas da HBO, está a finalizar a distribuição dos lugares com os produtores do prémio dos Globos de Ouro para um grupo de celebridades que incluem Sarah Jessica Parker, Matthew Broderick e Mark Wahlberg, que estarão presentes na gala. (Os programas da HBO, bem como os seus protagonistas, foram nomeados para 20 Globos de Ouro em 2005, mais do dobro do que qualquer outra cadeia televisiva.) Entretanto, num outro gabinete principal, Chris Albrecht, *Chairman* e CEO da HBO, está a finalizar uma chamada telefónica, com o auricular posto e olhos fixos intencionalmente a meia distância: "50 milhões?", pergunta. "*60* milhões? Está bem, se tem de ser 60 milhões, são 60 milhões". Desliga.

Disputar lugares de destaque num espectáculo de atribuição de prémios ou produções com grandes orçamentos faz parte do dia de trabalho em Hollywood. Porém, quase tudo o resto acerca da HBO rompe com as regras. De facto, a empresa anuncia o seu estatuto de *maverick* mesmo à sua porta. Um painel gigante indica a entrada para o átrio. As palavras no ecrã, que passam continuamente, podem muito bem ser a mensagem mais controversa da História recente da televisão: "Não é televisão. É a HBO."

Televisão – alguma vez existiu uma indústria tão glamorosa e tão necessitada de pensamento inovador? Este é um sector onde a estratégia é quase *toda* baseada na imitação. Recordemos o mês de Junho de 1994, quando o *Today Show* da NBC mostrou o seu novo cenário de transmissão, a partir de um estúdio com paredes de vidro no Centro Rockefeller. No período de um ou dois anos, quase *todos* os programas matinais tinham um estúdio com janelas, algures na cidade de Nova Iorque. Dez anos mais tarde, quando Donald Trump atraiu grandes audiências para a NBC com *O Aprendiz*, as cadeias rivais correram a contratar os seus próprios multimilionários, desde o rebelde da Internet Mark Cuban (ABC), ao magnata britânico Richard Branson (Fox). E por aí fora: o *Survivor* deu origem ao *Big Brother*, o qual gerou o *I'm a Celebrity, Get Me Out of Here!*; os *Osbournes* deram lugar ao *The Simple Life*, que originou o *Growing Up Gotti*. Todos estes deram origem a uma sensação de resignação entre os telespectadores e a um ambiente de desespero entre os executivos das cadeias televisivas: como é que alguém ganha quando todos estão a jogar o mesmo jogo?

E depois há a HBO. O esplêndido desempenho financeiro da cadeia televisiva durante a última década é incontestável. Com uma base de assinantes de quase 28 milhões de lares, a HBO ofusca qualquer dos canais por cabo pagos dos seus rivais. A sua empresa-mãe, a Time Warner, não divulga resultados financeiros detalhados para aquela unidade, mas os analistas de Wall Street estimam em 20 por cento anuais o crescimento médio dos ganhos da empresa desde 1995 e calculam que em 2004 os *lucros* tenham ascendido a 1,1 mil milhões de dólares (mais do que qualquer outra cadeia televisiva, seja de canal por cabo ou canal aberto), com receitas estimadas em 3,5 mil milhões de dólares. Só a HBO tem um valor de mercado estimado em cerca de 20 mil milhões de dólares.

O que verdadeiramente distingue a HBO não é a sua rentabilidade, mas a sua programação. Como qualquer um que tenha acesso a um telecomando sabe, a cadeia televisiva moldou o diálogo da cultura *pop* do início do século XXI com um trio de sucesso: *O Sexo e a Cidade* (um argumento com um misto de sexo, sapatos, restaurantes e relações, que esteve em exibição entre 1998 e 2004), *Os Sopranos* (a série extremamente original de David Chase sobre um chefe da máfia de Nova Jérsia dominado pela ansiedade, que estreou em 1999) e *Sete Palmos de Terra* (as crónicas morbidamente cómicas de uma família disfuncional, proprietária de uma agência funerária, escritas pelo argumentista Alan Ball, galardoado com um Óscar, que foi exibida entre 2001 e 2005). As "3S", em linguagem da HBO, atraíram audiências equivalentes às do horário nobre numa cadeia que apenas chega a 25 por cento de todos os lares com televisão, semeou o medo no coração dos executivos dos canais de televisão e obteve aclamação universal dos críticos. Nos Emmys de 2004, o ponto alto do controlo da cultura *pop* pela HBO, esta obteve 124 nomeações e ganhou 32 prémios – algo sem precedentes.

Mesmo com o fim das três S, o alinhamento da HBO continuou inigualável na sua imaginação, emoção e excelência global. A acrescer à sua nova geração de séries semanais, a HBO produziu uma quantidade de mini-séries, telefilmes e lançamentos cinematográficos. A sua mini-série *Irmãos de Armas*, no valor de 120 milhões de dólares (produzida por Tom Hanks e Steven Spielberg), estreou a 9 de Setembro de 2001 e atraiu uma audiência total de quase 59 milhões de espectadores nas semanas que se seguiram aos ataques terroristas de 11 de Setembro. A cadeia televisiva investiu mais de 300 milhões de dólares em mais dois megaprojectos: a série de Tom Hanks acerca de John Adams (baseada na biografia da autoria de David McCullough) e uma série sobre a guerra do Pacífico, criada pelos produtores de *Irmãos de Armas*, Spielberg e Hanks. Entretanto, os muito aclamados documentários da HBO, dirigidos desde 1979 por Sheila Nevins, já ganharam 15 Óscares, 47 Emmys e 25 Prémios Peabody.[*]

O percurso da HBO não tem apenas a ver com a encomenda dos argumentos mais inteligentes ou com a contratação de melhores actores do que a concorrência.

Tem origem numa perspectiva diferenciadora de como criar valor no sector do entretenimento – a premissa, singularmente disruptiva, de que a qualidade e a originalidade, e não a mediocridade e a imitação, levam à prosperidade no longo prazo.

Com a HBO, o que vê no ecrã reflecte o que a empresa defende no mercado – ideias que redefinam as expectativas dos telespectadores e diferenciem a cadeia televisiva das décadas de ideias convencionais em Nova Iorque e Hollywood.[10]

Tecnicamente falando, é evidente que a HBO e as cadeias televisivas não são concorrentes. A HBO vende-se aos telespectadores; as cadeias televisivas vendem os seus telespectadores aos anunciantes. Contudo, as redes televisivas, os canais pagos e o tradicional cabo estão todos a

---

[*] **N.A.** Graças às vendas de DVD e direitos de distribuição, a programação original é o que continua a render. Os analistas do sector estimam que a série *Irmãos de Sangue* da HBO gerou vendas de 186 milhões de dólares, enquanto que o DVD de *O Sexo e a Cidade* gerou 250 milhões de dólares e o DVD de *Os Sopranos* liderou com 300 milhões de dólares. A A&E comprou os direitos de *Os Sopranos* por, alegadamente, 162,5 milhões de dólares – isto por 65 episódios –, o que totaliza 2,5 milhões de dólares por episódio, o que constitui um recorde por uma série dramática vendida através da distribuição.

reclamar atenção num mercado de entretenimento cada vez mais desordenado, competitivo e fragmentado. Num sector onde a originalidade é vista como algo milagroso, a capacidade da HBO para se relacionar com uma grande audiência e alargar as fronteiras culturais representa uma mudança radical no sector. Altera o jogo para todos os intervenientes.

"O nome do jogo [nos canais de televisão] tem a ver com tudo o leva o maior número de espectadores a ver", afirma Alan Ball, um autoproclamado refugiado do *"gulag"* das cadeias televisivas e autor de *Sete Palmos de Terra*. "O que é aquilo? É um acidente de viação. É o *Fear Factor*. Está a levar *playmates* da *Playboy* a comer olhos de carneiro. E têm orgulho nisso! 'Veja os números que conquistámos. Supermodelos vomitaram umas para cima das outras e as pessoas viram!'"

Se perguntar ao CEO, Chris Albrecht, de que forma é que ele e os seus colegas avaliam a programação, quase nunca faz menção aos seus alvos demográficos ou às audiências da noite anterior. (E nunca falou sobre os olhos de carneiro). "Interrogamo-nos: 'É diferente? É inconfundível? É *bom*?'", explica.

"Em última análise, interrogamo-nos: 'É *sobre* alguma coisa?' Por 'sobre alguma coisa' não me refiro apenas ao tema, área ou localização, mas se é realmente *sobre* alguma coisa que é profundamente relevante para a vivência humana. *Os Sopranos* não é sobre um chefe da máfia que está a tomar Prozac. É sobre um homem em busca do significado da sua vida. *Sete Palmos de Terra* não é sobre uma família que tem uma agência funerária, mas sim sobre um grupo de pessoas que tem de lidar com os seus sentimentos sobre a morte de modo a seguir em frente com a sua vida. A pergunta seguinte é: 'Esta é mesmo a melhor concretização daquela ideia? É fiel a si mesma?'"

A verdade acerca da HBO é que a cadeia televisiva levou anos a apurar a sua estratégia competitiva e fórmula de programação – e o apuramento da estratégia exigiu que se tomasse a decisão de rejeitar os pressupostos do sector e as avaliações de desempenho que orientam os tradicionais executivos de televisão. A cadeia televisiva, que se iniciou em 1972, em Wilkes-Barre (Pensilvânia), como um canal pago que transmitia combates de boxe, filmes do circuito dos cinemas e comédia *stand-up*, tinha feito experiências com alguma programação original desde o início. Parte dela era inovadora, como o documentário satírico sobre uma campanha eleitoral realizado por Robert Altman e Garry Trudeau chamado *Tanner '88*. Algumas eram menos inspiradoras: o primeiro "programa original" na HBO foi um especial sobre um festival de polca.

O ponto de viragem estratégico deu-se em 1995. Passada uma década em que assumiu vários cargos de liderança na HBO, Chris Albrecht tornou-se *President* do departamento de programação original, enquanto Jeff Bewkes se tornou o chefe da HBO. (Bewkes é agora *President* e COO* da Time Warner Inc. Albrecht gere a HBO desde meados de 2002). Nessa altura, a programação original da HBO estava limitada a duas comédias de meia hora – *Dream on* e *The Larry Sanders Show* – as quais a estação publicitava como sendo "a melhor hora de comédia na televisão". (Os directores de programas da HBO gracejavam, dizendo que deviam tê-la chamado "a *única* hora na HBO").

Albrecht e Bewkes convocaram uma reunião de dois dias com a comissão executiva e os principais executivos da programação. A questão em cima da mesa era: nós somos quem dizemos ser? A resposta não tardou: nem por isso. "As palavras que sempre usámos para nos referirmos a nós eram 'diferente', 'vale a pena pagar', '*melhor*'", conta Albrecht. "Nessa reunião, chegámos à conclusão que ainda não tínhamos chegado lá, mas que era algo por que valia a pena lutar. A única maneira de seguir em frente e ganhar é correr riscos e ser diferente".

Na HBO, "diferente" tinha significado "não passa nas cadeias de televisão". Bewkes conta que, na reunião de 1995, a equipa de liderança optou por "mergulhar de cabeça". Foi um grande avanço. A unidade não tinha capital acumulado para investir na programação e não havia maneira alguma de medir a rentabilidade do investimento em relação a qualquer programa em particular. "Foi uma verdadeira confusão", recorda. "Mas limitámo-nos a dizer: 'vamos esquecer isso – vamos ape-

---

* **N.T.** *Chief Operating Officer* – responsável pelas áreas operacionais.

nas fazer coisas boas e resolvemos isso mais tarde'. Decidimos enveredar pelo caminho menos acidentado". Como se viu, tomar esse caminho levou a uma década de criatividade artística e prosperidade financeira inigualáveis na História da televisão.

É claro que mesmo o caminho menos acidentado tem as suas dificuldades. Um sucesso da dimensão do que foi vivido pela HBO dá invariavelmente origem a discussões, imitações e pressões em favor da duplicação – obstáculos que qualquer *maverick*, em qualquer indústria, tem de enfrentar.*

Durante a nossa última visita à sede da Costa Oeste da HBO, podia sentir-se que o diálogo da cultura *pop* estava a mudar. Os críticos que não conseguiam parar de aclamar a HBO estavam a começar a castigar a cadeia televisiva: Há vida depois de *Sete Palmos de Terra*? Qual o seguimento de *O Sexo e a Cidade*?

Albrecht e os seus colegas reconheceram bem os perigos do sucesso e é por essa razão que têm estado empenhados num diálogo estratégico constante para definir o futuro – um futuro que continua consolidado na missão de fundo da cadeia televisiva ("Não é Televisão. É a HBO") enquanto se move para novas direcções. Eles estão determinados a repetir os resultados do seu negócio sem se repetirem no mercado.

"Estamos muito conscientes de que o maior obstáculo ao nosso sucesso é o nosso próprio sucesso", afirma Albrecht. "Vamos voltar a ter 124 nomeações para os Emmys? Isso não vai voltar a acontecer. Não há problema, desde que continuemos a desafiar o nosso próprio pensamento. Nós ouvimos as perguntas: O que é que se vai seguir a *Os Sopranos*? O que é que vão fazer a seguir a *O Sexo e a Cidade*? Essas são as questões

---

* **N.A.** Os comentadores chamam-lhe o "efeito HBO" – numa indústria de imitadores, era natural as outras cadeias televisivas imitarem a HBO. O canal pago por cabo Showtime está a reger-se claramente pelo mesmo manual que a HBO, com séries progressistas como *The L Word* (*O Sexo e a Cidade* para a comunidade lésbica) e filmes intelectuais (*The Lion in Winter*, com Glenn Close e Patrick Stewart). A FX está a publicitar que é a "HBO da televisão básica por cabo" com programas como *The Shield, Rescue Me* e *Nip/Tuck*, e o êxito estrondoso de *Donas de Casa Desesperadas* na ABC é constantemente descrita como uma sucessora de *O Sexo e a Cidade*.

Não apenas uma empresa, uma causa: a estratégia como defesa

erradas! Nós não pensamos em ficar onde estamos e não nos preocupamos em superar-nos a nós próprios. 'Televisão' é uma ideia finita. 'Não é televisão' é uma ideia *infinita*. O nosso pequeno *slogan* está a tomar um significado completamente novo. Antigamente, era uma espécie de grito de rebeldia. Agora, é um princípio organizacional para a nossa estratégia, que consiste em não nos limitarmos à ideia da televisão".

Uma forma de ir além da televisão é mudar do pequeno para o grande ecrã. A HBO está a posicionar-se de modo a moldar o mercado para grandes filmes independentes, tal como criou grandes programas de televisão. A lista recente da cadeia televisiva inclui o premiado *Eu, Peter Sellers* e *Lackawanna Blues*, a adaptação de Paul Newman do romance *Empire Falls* de Richard Russo, vencedor de um Prémio Pulitzer, bem como lançamentos para os cinemas, tais como o singular *American Splendor*, o lancinante *Maria Cheia de Graça*, o documentário *Spellbound* e o filme *Last Days – Últimos Dias*, de Gus Van Sant. Em Setembro de 2004, o jornal *Los Angeles Times* fez uma sondagem sobre as ofertas da HBO e concluiu que "há uma nova esperança para os filmes *mavericks* e, numa estranha reviravolta, não provém de um novo estúdio ou de um cineasta com muito dinheiro, mas sim da televisão". Em Maio de 2005, a HBO criou uma *joint venture* com a New Line Cinema chamada Picturehouse, para distribuir oito a dez filmes por ano.

Colin Callender, *President* da HBO Films, recorda que, quando ele e Chris Albrecht tomaram a seu cargo a produção de filmes em 1999, "olhámos para o panorama e dissemos: 'Estão todos a copiar-nos'. O filme por cabo, que inventámos, era um género que todos estavam a seguir. 'Por isso, precisamos de reinventar o que estamos a fazer.' Tínhamos começado a fazer filmes que preenchiam uma lacuna no panorama televisivo e depois deparámo-nos com uma lacuna enorme dentro do panorama cinematográfico. Já ninguém estava a fazer filmes sofisticados, inteligentes, divertidos e maduros. É por isso que agora pensamos que os filmes da HBO vão suprir essa lacuna".

Chris Albrecht argumenta que, em última instância, a oportunidade de alargar o fosso competitivo com os rivais imitadores tem tanto a ver com programação de computadores como com a programação original. O novo jogo não consiste meramente em criar novos programas, mas encontrar formas de embalar e distribuir programas no panorama digital emergente de escolhas de entretenimento móveis, pessoais e desagregadas – um panorama criado pelo TiVo, o iPod e outras tecnologias disruptivas que mantêm a maior parte do sector do entretenimento acordado durante a noite, ao mesmo tempo que deliciam a audiência.

"Algumas empresas tradicionais podem ver estas mudanças como o inimigo", explica. "Nós vimo-las como a nossa amiga. Esta nova vaga de tecnologia joga a nosso favor. Chegámos onde chegámos ao dominar uma nova tecnologia com um produto que era apelativo, pioneiro e que alterava o jogo. O sector do cabo foi criado à custa da HBO. E agora vamos fazê-lo outra vez".

O mesmo acontece com as empresas que competem com base na originalidade das suas ideias.

Não é suficiente para os líderes desafiar a lógica dominante do seu sector; também têm de repensar a lógica do seu próprio sucesso.

É claro que Albrecht e os seus colegas adorariam apresentar outro fenómeno televisivo da cultura *pop* como *O Sexo e a Cidade*. Mas eles não vão criar o futuro da cadeia televisiva se repetirem o passado. O seu plano é levar à letra a expressão "não é televisão" – para tornar os programas acessíveis a uma grande série de aparelhos, em todos os tipos de formatos, 24 horas por dia. É por isso que a HBO seguiu em frente de forma tão agressiva com a assinatura do *video-on-demand* (os telespectadores de cerca de oito milhões de lares podem agora ver a programação da HBO a qualquer hora da sua escolha) e é essa a razão pela qual Albrecht pôs em acção uma série de outras experiências de distribuição de conteúdos.

"Temos de ser *mais* agressivos e assumir *maiores* riscos do que antes", diz. "Estamos activamente à procura de novas oportunidades para nos atirarmos de cabeça. Estamos a fazer coisas que ninguém faz, porque não podem perseguir-nos até esses espaços. Não chegámos a este ponto porque jogámos segundo as regras do jogo. Chegámos aqui porque definimos as regras".

CAPÍTULO 2

Concorrência e suas consequências: disruptores, diplomatas e uma nova forma de falar sobre negócios

Admitimos: sentimo-nos atraídos por empreendedores e criadores de empresas que saboreiam a oportunidade de desafiar o que está instituído e que defendem um futuro diferente e melhor para a indústria onde operam. Num mundo dos negócios definido pelo excesso de imitação estratégica e demasiadas fórmulas concorrenciais regidas pelo menor denominador comum, é uma lufada de ar fresco mergulhar numa jovem empresa activa como o ING Direct USA, acompanhar a ascensão pouco convencional até à liderança de uma empresa inovadora e progressista como a Southwest Airlines ou observar o desempenho criativo e financeiro da HBO. Se o novo palco da concorrência é o do sistema de valor *versus* sistema de valor, não há cenário melhor do que as empresas e executivos que entram em cena convencidos do mérito dos seus valores – e preparados para transmitir a sua confiança em termos concretos.

Reconhecemos que isso pode ser irritante. A História dos negócios está repleta de cadáveres de Davids decididos que não tiveram receio de olhar firmemente nos olhos dos Golias de passos lentos, mas que não conseguiram lidar com a sua inevitável investida. Atiçar o fogo da concorrência é uma óptima maneira de transmitir energia a um mercado e de chamar a atenção para a sua agenda estratégica. É também um convite a uma feroz reacção concorrencial. Parafraseando George Stalk e Rob Lachenauer,* quando alguém lança uma estratégia inesperada na

---

* **N.T.** Autores do livro "*Hardball: Are You Playing to Play or Playing to Win?*"

sua indústria, poderá sair prejudicado com a resposta que lhe será dada por parte da concorrência de maior dimensão, com mais dinheiro e com melhor capacidade de reacção.

Marc Andreessen e Mike McCue aprenderam esta lição da forma mais difícil, naquele que é um dos mais famosos exemplos de "David contra Golias" da História moderna do mundo dos negócios – a ascensão, queda e posterior venda da Netscape Communications. Andreessen era o genial programador de 20 e poucos anos que lançou a Netscape e que se tornou uma grande celebridade quando a empresa entrou em bolsa, em 1995. McCue integrou a Netscape em 1996, na qualidade de *Vice-president* da área tecnológica, depois de a sua empresa de criação de *software*, Paper Software, ter sido comprada por Andreessen. Os dois eram os grandes protagonistas, à medida que a Netscape crescia exponencialmente. Eles simbolizavam as expectativas e os sonhos de uma geração de programadores e empreendedores determinados a desafiar a liderança da Microsoft no negócio dos computadores, mas depois assistiram, sem qualquer poder de reacção, ao forte contra-ataque de Bill Gates, que atirou uma arrasada Netscape para os braços da America Online.*

Hoje, Andreessen e McCue lideram novas empresas, ambas bem sustentadas financeiramente, agressivas e ambiciosas – e, decididamente, mais circunspectas do que a Netscape. À primeira vista, McCue, um especialista em tecnologia com 30 e poucos anos, com um sorriso sempre pronto e aberto, cabelo castanho solto e faces rosadas – parece um rapaz do anúncio ao eterno rosto jovem de Silicon Valley. Facilmente poderia ser confundido com um dos jovens engenheiros que se passeavam nas suas *scooters* Segway, pelo parque de estacionamento da sua empresa. Como co-fundador da Tellme Networks, McCue angariou perto de 250 milhões de dólares junto das maiores empresas

---

* **N.A.** A Netscape não deve ser vista como um fracasso. A sua aquisição pela AOL, quando terminada, foi avaliada em dez mil milhões de dólares – um preço nada mau para uma empresa que tinha menos de cinco anos de existência.

Concorrência e suas consequências

mundiais de capital de risco, de forma a prosseguir com um projecto a que chama Dial Tone 2.0 – a ideia de associar os telefones e a Internet para reinventar a forma como se usa o telefone e como as empresas comunicam e fazem negócios com os seus clientes. Imagine que pega no telefone, mas em vez de marcar dez números ou de passar por uma série de frustrantes atendimentos e menus, basta dizer aquilo que pretende: "Telefona para casa e fala com a mãe", ou "O meu voo não está atrasado?", ou "A encomenda que enviei pela FedEx já chegou ao destino?", explica McCue.

Há que dar crédito à dimensão dos objectivos de negócio da Tellme, especialmente num mundo onde se fazem um bilião de telefonemas por ano, dos quais mais de cem mil milhões se destinam a linhas gratuitas. "Temos grandes ambições", diz McCue. "Estamos a falar em fazer e receber chamadas de todos os telefones que há no mundo"*

Mas esta arrojada agenda não inspira uma retórica impetuosa: McCue parece mais um diplomata do que um disruptor. Vê-se que é alguém que tem um ponto de vista muito concreto no que diz respeito à forma de reestruturar a sua indústria, mas que não está preparado para humilhações e retrocessos ou para descodificar aquilo que a concorrência está a fazer.

"Na Netscape, a concorrência com a Microsoft foi tão intensa que de manhã acordávamos a pensar como iríamos lidar com eles, em vez de pensarmos na forma de criarmos algo grandioso para os nossos clientes", afirma McCue. "Basicamente, girávamos à volta da Microsoft. E isso saiu-nos caro".

Que lições retirou McCue da Netscape para aplicar na sua nova empresa, que está a crescer a um ritmo alucinante, gerando lucros sólidos e lidando com muitos dos conhecidos perigos do sucesso? "Aquilo

---

* N.A. A Tellme ainda tem um longo caminho a percorrer para alcançar os seus objectivos, mas já conseguiu alguns feitos impressionantes. Entre os seus clientes de relevo incluem-se a American Airlines, a Merrill Lynch e a Cingular. Actualmente, a Tellme já acciona por ano mais de mil milhões de telefonemas para os serviços de informações e é parte activa na implementação do maior sistema mundial de voz sobre Internet (VoIP).

que agora entendo é que nunca podemos desviar as atenções do cliente", responde McCue. "Mesmo perante uma forte concorrência, não devemos pensar nessa concorrência. Literalmente, não devemos pensar nela. De cada vez que estiver numa reunião e se sentir tentado a falar sobre um concorrente, substitua esse pensamento com o *feedback* dos utilizadores ou das suas respostas a questionários. *Pense apenas no cliente*".

Andreessen, agora com 30 e poucos anos, é um líder dos círculos da alta tecnologia, uma voz da experiência e da razão numa indústria que ainda revela grandiosas pretensões e uma excessiva retórica. A sua empresa pós-Netscape, a Opsware, já está cotada em bolsa, com um valor de mercado superior a 750 milhões de dólares em Fevereiro de 2006 e uma nítida focalização no mundo secreto da automação dos centros de dados. Andreessen gosta do poder (até mesmo da necessidade) das estratégias de negócios e valoriza os sistemas que desafiam os pontos de vista enraizados da indústria. Apenas perdeu o seu gosto pelo espírito de luta até à morte que tende a acompanhar estas aspirações de mudança do jogo.

"No que diz respeito às novas empresas que vão surgindo, a minha opinião é que só têm sucesso aquelas que se baseiam em ideias consideradas bastante disparatadas na altura em que começaram", diz Andreessen. "As grandes empresas já estabelecidas são muito boas na execução das ideias que fazem sentido. Por isso, se pretende criar uma empresa, é melhor que tenha uma ideia tão radical que a maioria a considere louca. A ideia da Dell parecia disparatada – uma empresa de computadores pessoais que arrancou numa altura de enorme recessão na indústria. Todos consideraram que a ideia por detrás da Netscape era desprovida de sentido – todos nos disseram que nunca conseguiríamos uma posição de relevo. O Google soou como uma ideia maluca – *mais um* motor de busca, criado em 1998, que se desenvolveu mesmo quando a bolha tecnológica rebentou. Parecia uma ideia completamente lunática. Mas é claro que o problema é que muitas ideias que parecem disparatadas *são* disparatadas. Assim, por cada Dell, Netscape e Google, há 300 empresas com ideias malucas que fracassam".

O outro problema, segundo Andreessen, é que as empresas com ideias malucas acabam muito frequentemente por entrar numa concorrência pouco saudável com o poder instituído. Com efeito, observa com um fascínio mórbido o formar de episódios "David contra Golias" em Silicon Valley – uma luta com ecos arrepiantes das suas próprias batalhas quando estava na Netscape. "O Google está a caminhar para um confronto directo com a Microsoft", alerta Andreessen. "Já vi isto antes! Todos gostam do combate, todos se alinham para estas batalhas em que se usam todos os recursos. Ainda não percebi muito bem por que razão não podem ganhar *as duas* empresas. Mas o comportamento enraizado empurra ambos os lados para uma guerra total. A única coisa que isso faz é chamar a atenção sobre si – muitos passam a conhecer o seu nome. Mas uma das partes mais difíceis do negócio é quando todos sabem *muito* sobre o seu negócio".

Ainda na fase de crescimento inicial da sua nova empresa, Andreessen condensou aquilo que aprendeu com a Netscape num documento intitulado "Dez razões que podem acabar com o nosso negócio". Numa entrevista dada nessa ocasião, ele disse que se tratava de "uma lista com as dez ameaças mais sérias" à empresa. "Decididamente, concentra a mente para a perspectiva de uma derrocada iminente". Andreessen disse-nos que já não mantém a lista ("estamos agora num terreno mais seguro do que em qualquer outro momento dos últimos cinco anos"), mas que continua a trabalhar para instalar e manter a modéstia estratégica associada a essa lista. "Agora temos de nos preocupar com muitas outras coisas", refere.[1]

A moral das histórias contadas por McCue e por Andreessen diz-nos que não é preciso ser-se um líder sempre pronto a lutar ou uma organização combativa para se reconhecer o poder da estratégia como defesa. O que está em causa não é ter perspectivas impetuosas, mas sim desenvolver um ponto de vista inteligente acerca da sua indústria e apresentar alternativas viáveis e convincentes em relação à forma como se faz tradicionalmente negócio.

Por vezes, os inovadores com as características estratégicas mais atractivas optam por transmiti-las através de um sussurro em vez de um grito.

Concorrer não concorrendo
– o valor de negócio dos *"nerd values"*

Jim Buckmaster, o CEO e *President* da Craiglist, o *site* de anúncios classificados que se tornou na delícia dos utilizadores da Internet, nunca será confundido com o impetuoso Arkadi Kuhlmann, o eloquente Roy Spence ou a versão de 20 e poucos anos de Marc Andreessen. Ele é reservado, fala pausadamente e é minimalista na sua retórica e comportamento. Mas a sua personalidade comedida (de par com a do fundador Craig Newmark) ajusta-se perfeitamente à ideia central de disrupção desta empresa tão singular – providenciar um "serviço público" útil numa indústria repleta de exigências excessivas, *marketing* intrusivo e uma mentalidade que estimula o crescimento a qualquer custo.

"Não quero criticar as grandes empresas. Nós somos uma grande empresa. Mas há espaço para muito mais diversidade na abordagem feita pelas empresas. Estamos a tentar ser um modesto exemplo para os EUA empresariais, para que vejam se é aplicável ao que fazem", diz Buckmaster.

A Craiglist, sediada em São Francisco, foi aclamada em todo o mundo devido ao que Buckmaster chama de *"nerd values"*. A empresa, fundada em 1995, opera *websites* de São Francisco (onde tudo começou) a Sidney (Austrália), de Boston a Berlim, de Atlanta a Amesterdão. Mas o que está em causa não é monetizar as visitas ao *site*, maximizar os cliques ou criar uma reserva de *banners* publicitários – a linguagem universal dos negócios na Internet. Na Craiglist, os utilizadores trocam mensagens, vendem produtos e serviços, procuram apartamentos e empregos num *site* que não cobra mensalidades, não aceita publicidade e praticamente não recorre a imagens.

A sua forma e funcionalidade simples faz com que a Craiglist seja vista como simples, quase simplista. (Um escritor disse que o *site* tem "a atractividade visual de uma chave inglesa").

Mas é essa simplicidade que está no centro de uma estratégia de negócio futurista.

A empresa está construída à volta de um compromisso explícito de servir como alternativa a tudo quanto é tradição na Internet. A Craiglist não tem uma declaração de missão elaborada (isso seria demasiado exibicionista para esta equipa *low profile*), mas o *site* disponibiliza uma breve declaração de objectivos. A Craiglist destina-se a "darmos uma folga uns aos outros, podermos falar sobre o quotidiano, assuntos do mundo real". Compromete-se a "repor a voz humana na Internet, de uma forma humana e não comercial". Concentra-se em "manter as coisas simples, do senso comum, terra-a-terra, honestas, muito verdadeiras".

Mas eis aquilo que é tão esclarecedor: estes valores verdadeiramente anticomerciais despoletaram uma sensação de cultura *pop* e um forte património comercial. O realizador cinematográfico independente Michael Ferris fez um documentário, intitulado *24 Hours on Craiglist*, que capta as estranhas e maravilhosas paixões daqueles que usam o *site*. (O *slogan* de um dos *trailers* do filme dizia: "Existem *websites* sobre filmes. Agora veja um filme sobre *websites*). O jornal *USA Today* descreveu o fenómeno Craiglist da seguinte forma: "Há quem chame ao *site* um fórum público. Outros denominam-no um mercado de classificados. Muitos chamam-lhe uma obsessão".[2]

Os especialistas em estratégia de Internet chamam-lhe outra coisa – um negócio impressionante. Não é um gigante no valor de milhares de milhões de dólares como o Google ou o Yahoo - e é precisamente essa a questão. Trata-se de uma pequena empresa, com muito sucesso, cujo alcance se estende a todo o mundo e cuja influência se dissemina por toda a Internet. A Craiglist opera 190 *websites* nos 50 Estados norte-americanos e em 34 países – *sites* que contribuem com 6,55 milhões de novos anúncios classificados e recebem mais de três mil milhões de *page views* por mês por parte de dez milhões de visitantes. Os analistas financeiros estimaram que a Craiglist, que nunca angariou um cêntimo de capital de risco, que emprega menos de 20 colaboradores e que trabalha a partir de uma casa vitoriana nos arredores de Inner Sunset, em São Francisco, poderia valer cem milhões de dólares se fosse posta à venda – uma avaliação que equivale a mais de cinco milhões de dólares por cada colaborador.*

A revista *Fortune*, voz não oficial das grandes empresas tradicionais, maravilhou-se com os extraordinários resultados financeiros daquela pequena empresa. Num artigo intitulado "Guerrilla Capitalism", a revista calculava que as receitas da Craiglist em 2005 "rondariam" os 20 milhões de dólares, com despesas anuais que "provavelmente não ultrapassam" mais de cinco milhões de dólares. A conclusão da revista é a seguinte: "A empresa que é indiferente ao dinheiro acaba, assim, por gerar lucros".

O CEO Buckmaster congratula-se com a trajectória não convencional da empresa no caminho da prosperidade – aquilo a que ele chama "as ironias de não termos marcas, de desmonetizarmos e de não competirmos". Em conjunto, estas três "ironias" representam fortes desvios (e fortemente eficazes) face ao comercialismo que infecta grande parte da *web* – o que faz precisamente com que o *site* atraia tantos seguidores fervorosos e se tenha tornado num negócio sólido. "Ao não prestarmos qualquer atenção a estas áreas – ou tentando fazer o oposto daquilo que as outras organizações fazem – acabámos por ser fortes em todas elas", explica Buckmaster.

---

* **N.A.** Por mais impressionantes que estes valores possam parecer, já estarão desactualizados quando os ler. A Craiglist está a crescer tão depressa, em tantas regiões de todo o mundo, que é praticamente impossível publicar dados operacionais que não estejam obsoletos quando forem divulgados. Felizmente, para quem estiver interessado, o próprio *site* mantém estatísticas razoavelmente actualizadas.

A Craiglist tem, seguramente, uma abordagem não convencional quando investe na sua marca – essa abordagem simplesmente não existe. "Não prestamos atenção à marca", afirma Buckmaster. "Nunca usamos essa palavra internamente. Não fazemos publicidade. Não temos um logotipo. Nunca fizemos estudos focalizados em grupos. Não nos preocupamos com esses assuntos. E agora dizem-nos que temos a mais forte marca de sempre para uma empresa da nossa dimensão. É bastante irónico".

A Craiglist tem uma abordagem realmente inovadora em relação à concorrência – não acredita nela. "Não temos qualquer interesse em concorrer seja com quem for. Consideramos que a nossa missão é a do serviço público. Estamos apenas a tentar criar algo que seja o mais útil possível. Se quiserem usá-lo, óptimo. Se não o considerarem útil, óptimo também. Ainda assim, continuamos a ler que somos uma das mais letais concorrentes da indústria dos jornais", diz Buckmaster. Com efeito, um reconhecido analista calculou que, só na região de São Francisco, os jornais estão a perder entre 50 e 65 milhões de dólares por ano em receitas de anúncios classificados devido à Craiglist.

Mais importante do que tudo, a Craiglist faz uma abordagem diferenciada à economia – continua a encontrar razões para *não* cobrar dinheiro aos clientes. Aplica comissões modestas às empresas que colocam listas de emprego em Los Angeles, São Francisco e na cidade de Nova Iorque. Em 1 de Março de 2006, começou a cobrar uma taxa de dez dólares por listas de apartamentos na cidade de Nova Iorque – um esforço para refrear as 500 mil listas que recebe todos os meses, muitas das quais duplicadas. Newmark e Buckmaster também debateram a ideia de cobrar pelas listas de emprego em mais algumas cidades, incluindo Boston, San Diego e Washington, D.C., num esforço para reduzirem o número e aumentarem a qualidade das aberturas de vagas para postos de trabalho. Tirando isso, o *site* é gratuito. No entanto, a Craiglist gera grandes lucros e o titã da Internet que é o eBay comprou 25 por cento do seu capital em 2004, de forma a poder aprender um pouco mais com a empresa e com o seu domínio sobre os classificados.

Trata-se da irrevogável ironia da Craiglist – e da poderosa lógica da estratégia como defesa. Ao criar uma empresa que tem por base um conjunto único de valores e práticas anticomerciais, a Craiglist construiu um património comercial florescente. "Temos de gerir um negócio sólido, temos de ter reservas e queremos estar aqui no longo prazo", diz Buckmaster. "No entanto, não achamos que a Internet seja um espaço para 'apropriação de terras' ou em que só conte a 'vantagem do pioneiro'. São as empresas que a querem dominar rapidamente que desembolsam todo o dinheiro. Decididamente, nós somos os excêntricos na indústria da Internet e sempre o fomos. Muitos riram-se de nós, especialmente no auge do *boom* das *dot-com*. E esses estão hoje fora de jogo".

Aquilo que pensa, molda a forma como fala – criar um vocabulário estratégico

Oiça atentamente alguns empreendedores *mavericks*, como Arkadi Kuhlmann e Jim Buckmaster, e depressa perceberá que eles não parecem executivos tradicionais. Quase nunca utilizam jargão convencional para explicar a forma como fazem os negócios. Quase sempre descrevem as suas estratégias e práticas – as ideias que alimentam as suas empresas – de formas que parecem únicas, autênticas, até mesmo um pouco estranhas. Quantos banqueiros publicitam os méritos de "agitar" os seus clientes? Quantos CEO de empresas *on-line* assumem "as ironias de não termos uma marcas e de não concorrermos"?

Um sinal de que uma empresa está a seguir uma estratégia competitiva verdadeiramente original é o de ter criado o seu próprio vocabulário. Não nos referimos a *buzzwords,* acrónimos e outros típicos detritos verbais, mas a uma linguagem autenticamente interna que assimila a forma como a empresa concorre, como os seus colaboradores trabalham, a razão pela qual espera ter sucesso e o que significa vencer. Não pode julgar um livro pela sua capa, mas pode avaliar uma empresa pela sua linguagem. Exactamente porque *pensam* o seu negócio de maneira diferente, as organizações *maverick* quase sempre *falam* sobre o seu negócio de uma forma diferente. Elaboram um vocabulário estratégico que as distingue das suas concorrentes e que cria expectativas no mercado e em todos os que pertencem à organização.

A melhor forma de apreciar o poder da linguagem nos negócios (e de avaliar a forma como o seu próprio vocabulário é comparável) é visitar uma empresa que fala a sua própria linguagem. Analise a nossa visita à sede - em Seattle - da Cranium, uma importante jovem interveniente no mundo profundamente agitado dos brinquedos e dos jogos. É um pouco exagerado (mas apenas um pouco) sugerir que a Cranium é para os jogos de tabuleiro aquilo que a Pixar é para os filmes de animação – um recém-chegado *maverick* que conseguiu uma série de êxitos ao introduzir uma nova energia numa indústria cansada e uma perspectiva diferente sobre a forma de competir. Desde Novembro de 1998, a Cranium lançou uma série de jogos para adultos, a crianças em idade pré-escolar e a quase todas as faixas etárias que ficam no meio desses dois segmentos. Os jogos conquistaram ópticas críticas e milhões de fãs. O Cranium, eleito Jogo do Ano de 2001 pela Toy Industry Association e que foi buscar o seu nome ao da empresa, é o jogo de tabuleiro com maior rapidez de vendas de todos os tempos. (Está actualmente disponível em dez línguas e em 20 países e já vendeu cinco milhões de unidades). O Cadoo, segundo título da empresa, conquistou o galardão Jogo do Ano de 2002 e o Hullabaloo foi Jogo do Ano em 2003 e de novo em 2006.

Dito isto, em menos de sete anos, a Cranium conquistou mais de 80 prémios atribuídos na sua indústria, vendeu mais de 15 milhões de unidades dos seus produtos e atraiu cerca de 30 milhões de jogadores para pelo menos um dos seus jogos. Este é, muito simplesmente, um desempenho sem precedentes numa indústria avaliada em 20 mil milhões de dólares que está, na verdade, a perder terreno, abalada pelo fascínio das crianças pelos computadores, Internet, videojogos e por todas as formas de entretenimento electrónico, bem como pelo domínio da Wal-Mart sobre a distribuição de brinquedos e jogos tradicionais, que resultou na falência da lendária retalhista F.A.O. Schwartz, na humilhação da Toys "R" Us e noutros choques devastadores para o sistema do retalho. Não tem havido muita diversão no reino dos brinquedos neste longo e negro período de tempo – a menos que se trabalhe na Cranium.

Nos *media*, o acompanhamento do percurso da Cranium tem sido uma fonte de celebração e de mistificação. Será ela o mais recente exemplo na lista de empresas de consumo - conhecedoras do poder dos *media* - que dominaram a arte das boas Relações Públicas? (Quando Julia Roberts apareceu no programa *Oprah* e se revelou uma entusiasta da Cranium, a popularidade do jogo disparou para níveis altíssimos). Será que as suas vendas sem precedentes são um testemunho do poder da embalagem e do *design* inteligentes? (Todo o trabalho artístico da empresa, dos próprios jogos aos cartões de visita, exibem ilustrações distintas, feitas por Gary Baseman, criador das séries de TV e do filme *Teacher's Pet*).

Ou será a Cranium um fenómeno acerca de algo mais profundo, um espírito de *New Age* emergente que capta a atenção da sociedade? Num extenso ensaio para a *New York Times Magazine*, o escritor Clive Thompson desmontou o desempenho sem precedentes da Cranium no mercado e chegou à conclusão que os jogos da empresa se tornaram um símbolo da "insaciável sede de auto-estima dos EUA". "Por que razão é que a empresa venceu no mercado?", pergunta Thompson. Porque, responde, "a Cranium parece ter descoberto o paradoxo que leva os miúdos e as famílias a divertirem-se em conjunto: um jogo em que ninguém perde".[3]

Richard Tait, co-fundador da Cranium e "Grande Poo Bah" (sim, é o título que consta no seu cartão de visita), não tem qualquer dúvida de que o crescimento consistente da empresa resulta da estratégia de negócio disruptiva – e que no centro dessa estratégia está uma linguagem criada internamente que comunica as ideias que definem a empresa. Como a Cranium *pensa* o seu negócio molda a forma como todos na empresa *falam* sobre o negócio, tanto entre eles como para o mundo exterior. E o facto de todos na empresa falarem sobre o negócio da mesma maneira permite que esta continue a apresentar novos jogos, a ter em vista novas fatias do mercado, até mesmo aventurando-se fora da área dos jogos de tabuleiro, passando pela publicação de livros, pela televisão e outros domínios, sem se desviar dos seus valores centrais.

Concorrência e suas consequências 47

"Para começar, não se tratou de uma questão de jogo", explica Tait, que foi uma "estrela" fulgurante na Microsoft (onde foi eleito Colaborador do Ano) antes de ele e o co-fundador Whit Alexander (também um popular veterano da Microsoft) decidirem trocar a seriedade do *software* pela diversão dos jogos. "Queríamos oferecer uma alternativa às opções de entretenimento que existem, criar um movimento em torno dessa alternativa. Grande parte do entretenimento é destrutivo e degradante. Vejamos os programas de televisão: 'Está despedido!' 'Você é o elo mais fraco'. Quem vai dormir com que rapariga comprometida na ilha? O nosso momento disruptivo aconteceu quando dissemos: 'Vamos criar experiências que descontraiam e esclareçam, uma combinação única de riso e aprendizagem que dá a todos uma hipótese de brilhar. Todos se vão rir, sentir e criar laços, mas, ao mesmo tempo, ficarão também mais inteligentes. Era essa a nossa ideia disruptiva".

Os termos "descontrair e esclarecer" e "brilhar" – que reflectem um sentido genuíno de missão e uma sensação de interacção entre seriedade de objectivos e diversão pura – alarga-se a todos os aspectos de funcionamento da Cranium. Na Cranium, a vida *soa* diferente da vida na maioria das empresas. Os executivos têm títulos que fazem perfeito sentido para os seus colegas, mas não para muitos outros. Whit Alexander é o "Chefe Neurónios" da Cranium. O cartão de visita de Jack Lawrence, CFO da empresa, identifica-o como "Professor Lucro". Catherine Fisher Carr, responsável pelo conteúdo dos jogos, tem o título "Guardiã da Chama". Os clientes não são apenas clientes, são *Craniacs* – jogadores que partilham a paixão e valores que dão vida à empresa que produz o jogo. "Recebo *e-mails* de clientes que dizem: 'Orgulho-me de ser um *Craniac*', 'Sou um *Craniac*'", conta Richard Tait. "Trata-se realmente de um movimento".

Mesmo as operações de base do negócio são descritas de formas pouco comuns. Distribuídas em torno da sede da Cranium estão as estações "Pulse" – representações divertidas, coloridas e visuais de indicadores financeiros-chave, incluindo os dados sobre as vendas nos retalhistas, lucros operacionais e entrega pontual dos produtos. Estas estações (que medem o "pulso" da empresa) são regularmente actualizadas e mantêm todos os colaboradores informados sobre os resultados financeiros da Cranium. Entretanto, as palavras de ordem do processo de desenvolvimento do produto são "Gather-Grow-Glow". *Gather** – que amigos ou membros da família se espera que disputem o jogo? *Glow*** – quais são os momentos de sucesso e de celebração (de "brilho") que o jogo pode oferecer? *Grow**** – quais são os jogadores que vão aprender alguma coisa com o jogo?

Para os *outsiders*, os títulos pouco convencionais da Cranium e o seu vocabulário próprio podem parecer forçados, artificiais e mesmo repulsivos. No entanto, para Richard Tait, este vocabulário é vital para a estratégia de negócio e sucesso operacional da empresa. "Todas as grandes empresas têm uma cultura muito própria", diz Tait, "e cada cultura tem uma linguagem, um sentido partilhado de valores. Criámos uma cultura na empresa que é impenetrável. Defendemo-la, giramos em torno dela, redefinimo-la. E como parte da cultura, existe um vocabulário. Qualquer colaborador da Cranium sabe falar sobre descontracção e esclarecimento, sobre brilho e sobre o que significa levar essas sensações às vidas das pessoas".

Qualquer colaborador da Cranium sabe também falar acerca do CHIFF, que é talvez o elemento central do vocabulário estratégico da empresa. CHIFF é o acrónimo de *Clever, High-quality, Innovative, Friendly* e *Fun*.**** O acrónimo destina-se a explicar a personalidade e desempenho dos jogos – que aparência devem ter, como devem ser construídos e como é que deve ser feita a leitura da brochura do produto. De facto, seja qual for a quantidade de tempo que passe na sede da Cranium, não conseguirá evitar sentir-se um pouco exasperado perante o implacável rufar de tambor do CHIFF: o novo anúncio televisivo da empresa passa uma imagem CHIFF? As últimas alterações no *website* parecem CHIFF? As instruções do mais recente jogo são suficientemente CHIFF?

---

* **N.T.** Reunir.
** **N.T.** Brilhar.
*****N.T.** Crescer.
******N.T.** Traduzido significa Inteligente, de Qualidade elevada, Inovador, Amigável e Divertido. CHIFF pronuncia-se de forma semelhante à palavra *chief*, que significa "chefe".

A empresa tem uma executiva sénior, Jill Waller, cujo título é "CHIFF Activista". A sua função é garantir que o processo de desenvolvimento do produto se mantém fiel a este elemento crucial do vocabulário da Cranium. A lista de verificação CHIFF de Waller envolve uma detalhada metodologia que molda todos os aspectos, desde a forma de analisar ideias para novos jogos (um processo denominado "A Cuisinart* da Cranium"), à forma de elaborar planos de produção minuciosos ("A fusão da mente da produção"), passando pela forma de reexaminar os jogos quando já estão nos mercados ("Operação Orelhas Grandes"). "Todos sabem como tem de ser um jogo, como terá de ser a experiência de jogar", diz Waller. "Tudo tem que ser CHIFF".

Alguns leitores poderão estar a "virar os olhos" perante a linguagem colorida que se fala na Cranium. Esta é, afinal de contas, uma empresa não convencional (se bem que com muito sucesso) que está, literalmente, no negócio da diversão e dos jogos. Mas, uma vez mais, conforme fomos conhecendo empresas com estratégias de negócio originais e pioneiras, descobrimos uma linguagem estratégica falada apenas internamente, um vocabulário de concorrência destinado a captar aquilo que a empresa defendia e a forma como os seus colaboradores trabalhavam em conjunto para concretizar a sua agenda.

Voltemos a Austin (Texas) e à agência de publicidade de Roy Spence. Trata-se, sem dúvida, de um local criativo, mas também de um concorrente de peso, que tem entre os seus clientes algumas das mais poderosas empresas e reconhecidos publicitários do mundo. Conforme observámos, Spence acredita que a estratégia da sua agência, baseada em objectivos, é suficientemente diferenciadora – a ponto de a sua enérgica empresa, com uma facturação anual de 1,3 mil milhões de dólares, precisar de uma executiva com o título "Chefe Objectivista". (Ela é, em alguns aspectos, a versão GSD&M da "CHIFF Activista" da Cranium).

Mas esse título é apenas uma ínfima parte do vocabulário estratégico da empresa e é esse vocabulário que mantém novas gerações de cola-

---

* **N.T.** Uma marca de utensílios de cozinha.

boradores ligadas ao objectivo original da agência fundada há 35 anos. Os colegas de Spence fizeram uma recolha de Royismos que acreditam que definem a forma como a GSD&M funciona – o código genético do espírito competitivo da agência. "Somos curiosos e incansáveis – um refúgio seguro para desenquadrados que, de alguma forma, se enquadram aqui", diz um desses Royismos. "Gostamos de quem somos. Gostamos daqueles que gostam de nós. Quando alguns vêm para mudar a nossa cultura de base, o corpo rejeita-os", diz outro. "Não somos como os grandalhões, nem queremos ser. Nunca devemos jogar pelas regras deles – é uma armadilha", diz um terceiro.

Linguagem expressiva, sem dúvida. Mas onde o vocabulário de negócios da GSD&M mais ganha vida é no *design* e personalidade da sede da agência.

Se aquilo que pensa, molda a forma como fala, diz a lógica que então o seu local de trabalho também deve reflectir aquilo que pensa.

Spence e os seus colegas são verdadeiros crentes no que diz respeito ao poder das ideias de negócio disruptivas e as suas convicções são evidentes assim que se entra nas instalações da GSD&M. O impressionante complexo original, denominado Idea City, tornou-se um marco definidor do palco empresarial de Austin e fonte de fascínio entre os comentadores de negócios de todo o mundo. Nada neste local tem a ver com escritórios padronizados. A sede, com três andares e 12 500 metros quadrados, está repleta de arte não convencional e apresenta uma decoração sem regras. Há também um cinema, um restaurante e uma livraria.

Mas o aspecto mais notável de Idea City é que está organizada como uma cidade – baseando-se na teoria de que a energia, a diversidade e o caos pouco controlado dos ambientes urbanos produzem as ideias mais empolgantes. O complexo está dividido em bairros, cada um dos quais com a sua própria personalidade. Há o Bairro Financeiro, onde os departamentos financeiros da agência estão reunidos. Há a Greenwich Village, onde funcionam os departamentos criativos da agência. Cada grande cliente é responsável pelo ambiente que o rodeia, que funciona como uma espécie de zona de imersão para os produtos, personalidade e objectivo dessa empresa. Há também os War Rooms, os Hot Shops e as Idea Teams – formas muito próprias de a GSD&M descrever como e onde trabalham.

No meio de tudo isto está a Rotunda, a praça da cidade por onde os 540 residentes de Idea City passam diariamente. (Os mais espirituosos chama-lhe Roytunda, em homenagem ao seu eloquente *President*). E é no piso da rotunda que encontramos, escritos no cimento, os valores que animam a agência: comunidade, capacidade de vencer, persistência, liberdade e responsabilidade, curiosidade, integridade. Estas palavras surgem também em muitos outros locais na sede da GSD&M – o edifício está repleto de sinais visuais sobre as características que definem a agência.

Alguns transmitem as suas emoções abertamente. Por que razão é que a GSD&M grava os seus valores no solo? "Parece um sentimentalismo, mas não é", explica Spence. "Todos compreendem que estes valores não são temporários. Eles estão literalmente gravados no cimento da rotunda. Esses valores são a força motriz do nosso objectivo. As pessoas querem trabalhar em empresas que sabem aquilo que defendem. Todos nesta empresa sabem aquilo que defendemos".

O que significa ter sucesso
– construir o futuro através da reconstrução de uma indústria

Há um longo caminho a percorrer entre Austin (Texas) e Redwood City (Califórnia) e existe uma enorme linha divisória a separar o espírito livre do ramo publicitário das pesadas exigências por parte do ramo da construção. Mas quando entramos na sede da DPR Construction, Inc., e visitamos as instalações na companhia do co-fundador e *President*, Doug Woods, sentimos que viajámos 2 900 quilómetros para chegar a outra Idea City – e a outra empresa que fala a sua própria língua.

Doug Woods não parece um daqueles patrões da construção que andam a martelar pregos e a transportar baldes. Mas passou toda a sua vida profissional a construir complexos de escritórios, fábricas de alta tecnologia e laboratórios de investigação. O invejável registo de êxitos da DPR (que gera receitas anuais superiores a mil milhões de dólares e que é referida com admiração por parte de gurus da indústria da construção, na qualidade de melhor operação do ramo) tem sido motivado pelo compromisso explícito de *re*construção de um sector económico antiquado e disfuncional. Desde o seu primeiro dia de existência que a DPR adoptou o poder da estratégia como defesa: aspirou a crescer como empresa, tornando-se uma força disruptiva na sua indústria.

"Esta indústria não mudou muito a forma como faz negócios nos últimos cem anos", diz Woods, sentado na sala de conferências Patsy Cline, na sede da empresa. (A sede da DPR, que demonstra a mesma polidez que a dos seus vizinhos de Silicon Valley, está repleta de salas com nomes de notáveis da cultura *pop*). "Desde o início que quisemos ser quantificavelmente diferentes e melhores. Quisemos ser uma verdadeira grande empresa de construção".

De facto, regressando a 1990, antes de Woods e dos seus co-fundadores, Peter Nosler e Ron Davidowski (o "P" e o "R" de DPR), pregarem o seu primeiro prego, eles pregaram uma "ideologia central" destinada a diferenciá-los dos seus pares – e destinada a anunciar a sua intenção de desafiar as convenções daquela indústria. "Existimos para construir grandes coisas", diz essa ideologia. "Temos de ser diferentes e mais progressistas do que todas as outras empresas de construção. Defendemos alguma coisa".*

---

* **N.A.** Os fãs de Jim Collins irão reparar na óbvia influência das suas ideias na DPR. Os fundadores da empresa passaram algum tempo com o reconhecido guru dos negócios, nos primórdios da empresa, e esforçaram-se por aplicar muitas das ideias encontradas em *Built to Last* à medida que edificavam a sua organização. Trata-se de um fascinante *case study* – traduzindo ideias intemporais desenvolvidas em grandes empresas, da 3M à Disney, passando por uma jovem empresa do duro mundo da construção comercial.

Concorrência e suas consequências

A DPR defende uma abordagem ao negócio que analise e solucione algumas das mais conhecidas armadilhas da construção, as dores de cabeça que nascem internamente e que tão má reputação dão à indústria: estimativas de preço pouco fiáveis, aumentos de custos intermináveis, adiamentos e incumprimento de prazos, projectos terminados com uma infindável lista de situações embaraçosas, processos em tribunal e discussões entre construtores e clientes. Woods e os seus colegas têm criticado destemidamente aquilo que correu mal na indústria à qual dedicaram a sua vida profissional. Também tornaram claro que não teriam como modelo os poderes instituídos da sua indústria para recolherem ideias ou inspiração sobre como solucionar o que estava mal no sector. "Tentámos guiar-nos por algumas das empresas de alta tecnologia e por aquilo que as faz mover", explica Woods. "Silicon Valley tem sido um terreno de ensaio para aqueles que criaram novas formas de fazer negócio. Foi isso que quisemos fazer na construção".[4]

Assim, não é de surpreender que a DPR, devido à sua abordagem ao negócio inspirada na tecnologia, se tenha tornado no empreiteiro de eleição de muitas das mais reconhecidas empresas tecnológicas dos EUA. Construiu, por exemplo, a sumptuosa sede da Pixar Animation Studio, a fábrica de sonhos onde Steve Jobs e os seus colegas criam êxitos de bilheteira como *À procura de Nemo* e *Os Incríveis*. Construiu grandes *campus* empresariais para alguns dos nomes mais sonantes de Silicon Valley. Construiu enormes fábricas de *chips* informáticos em todo o país. E tornou-se uma força líder nas áreas da Biotecnologia e farmacêutica, edifícios de escritórios, laboratórios e modernos complexos de fabrico. Tratam-se de instalações que requerem uma intensa atenção aos detalhes, que têm elevados orçamentos e que não permitem qualquer margem para erros. Para Charles Schwab, a DPR construiu um centro de tratamento de dados sensíveis no interior de um edifício já existente, com operações contínuas de transacção de títulos no piso de cima. Para a Motorola, construiu uma moderna fábrica de semicondutores em Austin (Texas), sem com isso interromper as operações nas outras linhas ultra-sensíveis de circuitos integrados que circundavam a nova fábrica. Para a Pixar, transformou as instalações de uma fábrica de conservas Del Monte num complexo cinematográfico extremamente moderno, cujo misto de magia de alta tecnologia e de personalidade subtil é de tirar o fôlego. (Iremos abordar o complexo da Pixar, por outras razões, no Capítulo 11).

A DPR não criou o seu negócio (e estes edifícios) apenas de acordo com a sua ideologia de elevados padrões. Os fundadores também criaram "imagens tangíveis" e "descrições nítidas" do futuro – máximas férteis em conteúdo, fáceis de interpretar, de como se traduziria o sucesso se a empresa vivesse de acordo com a sua ideologia. Rapidamente a ideia de sucesso significou ser reconhecida como uma empresa diferente, um interveniente *maverick* com outro tipo de ideias numa indústria pouco activa. "As nossas famílias dirão que trabalhamos para uma grande empresa", diz uma das primeiras 12 descrições da empresa. "Os nossos amigos da Costa Leste dirão que ouviram falar na grandiosidade da DPR", diz uma outra.

À medida que a DPR foi crescendo e prosperando, a sua estratégia e ideologia mantiveram-se constantes, mas as suas definições de sucesso tornaram-se mais ambiciosas. "Nos próximos 30 anos, as práticas dos nossos colaboradores serão reconhecidas como sendo tão progressistas e influenciadoras como o foram as da Hewlett-Packard nos últimos 50 anos", diz uma das mais recentes "descrições nítidas" do futuro. Uma outra diz que, "no que diz respeito à qualidade e inovação, faremos pela indústria da construção aquilo que a Toyota fez pela indústria automóvel". E uma outra refere que "tal como a Microsoft e a Sun Microsystems, os nossos colaboradores e empresa serão conhecidos por serem agressivos e 'certeiros'".

Uma empresa de construção que deseja ser recordada da mesma forma que a Toyota, a Microsoft e algumas das lendas de Silicon Valley? Esta é uma linguagem pouco convencional num ramo cuja imagem estereotipada inclui a linguagem 'picante' dos seus colaboradores. "Nunca quisemos ser como os outros", diz Woods. "Não quero que a DPR seja como os restantes. Quisemos criar uma nova cultura, uma nova forma de fazer negócio nesta indústria".

Concorrência e suas consequências

Tal como a agência de publicidade de Roy Spence, a DPR é uma empresa que acredita no poder da linguagem e dos símbolos. Pintados nas paredes dos seus escritórios em Redwood City estão os *slogans* e "gritos de guerra" que são repetidos em todos os escritórios da empresa no país. "Existimos para criar grandes coisas", diz um. "Mais inteligentes, mais rápidos, melhores, mais seguros", refere outro. "Exceda todas as expectativas", incentiva um terceiro.

Este vocabulário estratégico representa mais do que simples palavras. Um dos valores nucleares da empresa é "sempre em frente" – basicamente, um compromisso para continuar a tentar ser melhor, quer o mercado o exija ou não. "Acreditamos no poder da contínua auto--iniciativa em termos de mudança, aperfeiçoamento, aprendizagem e evolução de padrões". Para ajudar a traduzir esse valor nuclear numa realidade funcional, a empresa nomeou dois "Activistas Sempre em Frente"– aqueles que têm por função avaliar o desempenho da DPR na concretização dos seus objectivos-alvo, partilhar esses resultados entre todos e continuar a desenvolver novas formas de melhorar os resultados. Estes dois responsáveis desempenham um papel-chave no "Grupo de Aprendizagem Global" da DPR, um ambicioso programa de formação destinado a incutir nos seus dois mil colaboradores competências técnicas – orçamentação, planeamento e calendarização, gestão de projecto – e os principais aspectos da cultura DPR. Cada colaborador deve despender pelo menos 80 horas por ano nestes cursos – um procedimento que, uma vez mais, não é propriamente comum na maioria das empresas de construção.

É difícil explicar o quanto a DPR é minuciosa no que diz respeito a praticamente todos os aspectos do seu negócio e práticas laborais do dia--a-dia. Parece ter inventado um vocabulário específico para descrever cada pormenor da sua estratégia e futuro. O mais recente exercício de definição de futuro da DPR é o "Mission 2030" – uma imagem nítida de como será a empresa dentro de 25 anos – e um conjunto claro de referências ao longo desse percurso, definidas como "Base Camp 2010". (A DPR irá definindo outros Camps até 2030). Um dos objectivos mais ambiciosos da empresa é aumentar anualmente a percentagem de negócio que a DPR consegue "sem concorrência" – ou seja, o número de clientes que não consideram qualquer outra empresa para construir o seu projecto. Actualmente, essa percentagem equivale a 33 por cento do negócio da DPR, um número impressionante numa indústria em que as ofertas concorrenciais são a norma.

Porquê investir tanta energia na criação de um vocabulário, em vez de se dedicar somente à construção de fábricas e laboratórios para clientes? "Porque no centro de cada grande empresa há um claro sentido de objectivo", responde Peter Salvati, um executivo sénior da DPR que trabalha no escritório de San Diego e que desempenhou um papel crucial no "Mission 2030". "Uma das coisas com que me divirto sempre – e provavelmente já o fiz com uma centena de clientes – consiste em sugerir que eles perguntem a outras empresas de construção sobre a razão da sua existência. Tem que se conseguir responder a isso no que diz respeito à nossa própria empresa. Mas limitam-se a olhar umas para as outras, encolhendo os ombros e dizendo: 'Para fazer dinheiro, acho eu'. Connosco é diferente".

Ser diferente fez toda a diferença para a DPR. Não há dúvida que a empresa prosperou ao criar uma estratégia de negócio disruptiva na sua indústria. Mas o irrevogável indicador do seu desempenho, diz Doug Woods, prende-se com a influência que a empresa exerce sobre o resto da indústria. Tudo se resume à estratégia como defesa. Com efeito, um outro objectivo do "Base Camp 2010" é que o *scorecard* interno da DPR – avaliação pormenorizada dos prazos, orçamentos, pedidos de alteração e afins – se torne uma referência generalizadamente aceite pelo ramo da construção no seu conjunto.

Por outras palavras, a DPR quer que as suas definições de sucesso sejam adoptadas pelas suas concorrentes como procedimento padrão de funcionamento. "Se estiver realmente a construir coisas importantes, então terá de ser tomado como referência. Os outros terão que tentar copiar aquilo que faz", diz Peter Salvati.

> *"Isto não é uma característica interna da DPR. Trata-se de ser uma força no sentido da transformação. Queremos conduzir a indústria a um lugar diferente"*, acrescenta Doug Woods.

É essa a essência da estratégia e da lógica de concorrência em todas as empresas que visitámos e que referimos ao longo destes dois capítulos – do *campus* do ING Direct, em Wilmington (Delaware), à sede dos jogos e da diversão da Cranium, em Seattle, passando pelo edifício da HBO na praia de Santa Mónica e pelos inúmeros locais que conhecemos. É evidente que poderá parecer mais seguro, mais prudente e mais *convencional* definir um plano de jogo para a sua empresa que se adeque às regras generalizadamente aceites em relação à forma como a sua indústria opera. Mas se essa fórmula é vencedora, por que razão estão tantas indústrias em dificuldades? Essa simples pergunta testemunha a futilidade de longo prazo de uma fórmula de negócio baseada na estratégia da imitação. Voltando ao Capítulo 1, Arkadi Kuhlmann, do ING Direct, explicou-o da melhor forma com uma pergunta que colocou: Se faz as coisas da mesma maneira que todos os outros, por que motivo pensa que vai ter melhores resultados?

CAPÍTULO 3

Mensagens *maverick* (I): avaliação da sua estratégia

Poucas empresas decidiram, de forma consciente, ser apenas mais um interveniente indiferenciado no mercado, com mais um modelo de negócios rotineiro, seguindo uma fórmula pouco estimulante e difícil de se distinguir de outra. No entanto, é exactamente dessa forma que as empresas acabam por concorrer em todas as indústrias, por isso é que a concorrência parece tão implacável.

No seu importante livro intitulado *The Innovator's Dilemma*, Clayton M. Christensen despertou as empresas para o poder das "tecnologias disruptivas" – progressos na área digital que reformularam por completo o modelo económico organizacional dos segmentos de produtos, por vezes até de indústrias inteiras. Acreditamos que está a ser criada uma nova vaga de inovação estratégica à volta de *pontos de vista* disruptivos. Os líderes *maverick* não se esforçam apenas por criar empresas de elevado desempenho. Defendem agendas muito ambiciosas. Criam um auge concorrencial à volta de uma forte apreciação crítica das suas indústrias. Apresentam ao mundo uma lufada de ar fresco que atrai os clientes, transmite energia aos colaboradores e molda o seu negócio, desde os mercados que têm em vista até aos clientes que servem e às mensagens que transmitem. Eles compreendem que a única forma sustentada de liderança de mercado é a liderança reflectida.[1]

Roy Spence, da GSD&M, chama ao seu irrevogável objectivo "posicionamento para lá da derrota". Ser transparente no que diz respeito ao objectivo da empresa e bastante inflexível na transformação dessa motivação num conjunto de estratégias de negócio e práticas de funcionamento e numa série de mensagens objectivas para o mercado. Perante esse posicionamento, as tradicionais respostas concorrenciais revelam-se na maior parte das vezes ineficazes. "Ninguém tem tempo para as empresas que as confundem", argumenta. "A Neiman Marcus sabe que se dirige aos ricos. Há que agir de acordo com essa percepção. A Nike está no negócio de esmagar a concorrência. Então assim seja. As empresas que entram em dificuldades são as que não têm certezas sobre aquilo que são".

À medida que for trabalhando numa forma de posicionamento para lá da derrota – conforme for pensando nos valores que defende como organização e como líder – faça a si mesmo as cinco perguntas que se seguem sobre a estratégia da sua empresa.

1. Tem um sentido de objectivo diferenciado e disruptivo que o diferencia dos seus rivais?

Esta é a pergunta importante subjacente aos dois primeiros capítulos deste livro, sendo este o aspecto que distingue os *mavericks* que destacámos dos concorrentes imitadores. Os fundadores da DPR Construction estavam determinados, desde o momento em que criaram a empresa, a ter em conta - honesta e abertamente - as imperfeições inerentes à sua indústria e a edificar uma organização que prosperasse ao solucionar essas falhas. Os fundadores da Cranium não lançaram a sua empresa porque tinham uma boa ideia para um único jogo de tabuleiro. Em vez disso, tinham uma alargada percepção crítica daquilo que estava errado no entretenimento familiar existente – e um fundamentado sentido de missão quanto à disponibilização de uma clara alternativa, tanto através de jogos de tabuleiro como através da publicação de livros, programas televisivos e outros ramos de actividade em que a Cranium começou a entrar depois do seu desenfreado sucesso no domínio dos jogos.

Mesmo quando a sua empresa era ainda uma *start-up* de pequena dimensão, os fundadores da Cranium acreditavam e agiam como se estivessem a apostar em altos voos – não pensavam apenas nos jogos, mas

Mensagens *maverick* (I): avaliação da sua estratégia

na forma como os pais poderiam relacionar-se com os filhos e como as famílias poderiam relacionar-se umas com as outras. "Sempre agimos como se fôssemos uma empresa muito maior do que na realidade somos", diz o "Grande Poo Bah" Richard Tait. "Somos ainda um participante relativamente jovem na nossa indústria, mas orientamo-nos como se fôssemos um movimento global. Isto não é um emprego. É a prossecução do sonho de dar a todos uma oportunidade de brilhar. É um objectivo ambicioso e etéreo, mas não pararemos até estarmos convencidos de que estamos a fazer progressos nesse sentido".

Ideais elevados, sem dúvida. Mas não confunda ideais elevados com ambições modestas. As empresas que mais baseiam em valores as percepções críticas que têm das suas indústrias acabam frequentemente por se tornar nos concorrentes mais especializados e mais agressivos. O valor accionista da Southwest Airlines, que advoga a experiência da diversão, excede o valor de mercado de todas as outras companhias aéreas norte-americanas *juntas*. A HBO, obcecada pela qualidade, foi a primeira rede na História da televisão a gerar mais de mil milhões de dólares em lucros anuais. O ING Direct detém activos superiores a 40 milhões de dólares por cada colaborador; a média dos bancos norte-americanos é de cerca de cinco milhões de dólares por colaborador. Por outras palavras, a instituição financeira de Arkadi Kuhlmann é oito vezes mais produtiva do que a concorrência na captação de activos. Quem diz que os valores baseados em ideais elevados não podem resultar num desempenho inédito?

2. Tem um vocabulário de concorrência que é único na sua indústria e que é atractivo para os seus colaboradores e clientes?

Referimo-nos a uma linguagem concreta, genuína, apenas falada internamente. O Commerce Bank, uma instituição de serviços financeiros com muito sucesso que abordaremos no Capítulo 7, tem uma estratégia e vocabulário criado internamente de tal forma únicos que até publica um dicionário de "Commerce Lingo". Os novos colaboradores aprendem o significado de "Um para dizer sim, dois para dizer não": "A regra que diz que todos os colaboradores podem dizer 'sim' a um cliente, mas que devem primeiro verificar com o seu supervisor antes de dizerem 'não'". Eles aprendem a essência de "retailtainment"*: "A arte de atrair clientes e de criar momentos de magia de forma a que cada um saia do Commerce com um sorriso". E assim continua ao longo de páginas e páginas, explicando termos que acabam por se tornar uma segunda pele e que tornam o Commerce num concorrente com características únicas.

Também pode estudar o caso da empresa mais empolgante e de mais rápido crescimento num dos negócios mais aborrecidos e de mais lento crescimento. Tal como a Southwest Airlines demonstrou um desempenho desafiador da gravidade numa indústria opressiva, a Whole Foods Market trouxe um novo modelo de concorrência para um negócio estagnado, cheio de estratégias de imitação. Esta rede grossista, famosa pelo perfeito acabamento dos seus produtos (alcunha: Whole Paycheck**), abriu o seu primeiro estabelecimento em 1980 e deu entrada em bolsa em 1992. Em 2005, já tinha mais de 170 lojas, 33 mil colaboradores, quatro mil milhões de dólares em receitas – e um desempenho bolsista que se assemelha mais ao do Google do que ao dos seus rivais, conhecidos pelas fracas receitas do negócio dos artigos de mercearia. (Os investidores que apostaram cem mil dólares aquando da entrada em bolsa tinham 3,5 milhões de dólares 13 anos depois).

Mas o sucesso da Whole Foods não resulta só da sua produção orgânica ou do peixe de preço elevado. Tem a ver com uma estratégia de negócio verdadeiramente original que se destaca dos seus concorrentes e que molda aquilo que a empresa vende e a forma como funciona. O *Chairman* e CEO da Whole Foods, John Mackey, desenvolveu uma ideologia de negócio que alia o gosto pela política liberal, o compromisso de vender comida saudável e assegurar um tratamento digno aos animais, o desejo de partilhar com todos os níveis hierárquicos da orga-

---
* **N.T.** Amálgama de "retail" e "entertainment", que significa algo como "entretenimento no retalho".
** **N.T.** Traduzido à letra significa "todo o ordenado".

Mensagens *maverick* (I): avaliação da sua estratégia

nização a informação financeira e a autoridade na tomada de decisões, bem como um verdadeiro entusiasmo pelo crescimento.[2]

Essa ideologia concorrencial molda a forma como a empresa comunica com os colaboradores, clientes e até investidores. A Whole Foods emitiu uma "Declaração de Independência" que nunca será confundida com as brandas e generalistas declarações de missão que a maioria das empresas reproduz nas paredes dos seus gabinetes e que esquece de imediato. A Declaração, que foi elaborada em 1985 e revista em 1988, 1992 e 1997, é um documento com um conteúdo valioso, meticulosamente redigido, sendo simultaneamente aspiracional e simples.

Com efeito, a declaração termina com o invulgar (e refrescante) reconhecimento de que a empresa, como qualquer outra organização, nem sempre vive de acordo com os ideais que defende. A Declaração "reflecte as expectativas e intenções de muitos. Não acreditamos que retrate sempre de forma exacta a maneira como as coisas actualmente se processam na Whole Foods Market, nem mesmo a forma como gostaríamos que elas fossem. É a nossa insatisfação perante a realidade actual, quando comparada com aquilo que é possível, que nos motiva para a excelência e para a criação de uma melhor pessoa, empresa e mundo", diz.

As empresas que pensam de forma diferente sobre o seu negócio acabam invariavelmente por também falar dele de forma diferente.

Que linguagem fala a sua empresa?

3. Está preparado para rejeitar oportunidades que proporcionam benefícios de curto prazo mas que desviam a sua organização da sua missão de longo prazo?

Em todas as empresas que estudámos nos dois primeiros capítulos, o caminho para a prosperidade tem sido determinado em parte pelo caminho não seguido – opções para não conquistar mercados que se revelavam sedutores mas que eram contrários à agenda defendida pela empresa, decisões de recusar clientes que podiam pagar as contas mas que não se encaixavam na "conta" estratégica.

Scott Bedbury, um génio do *marketing* que desempenhou um papel-chave na criação das marcas Nike e Starbucks e que reencontraremos no Capítulo 8, gosta de dizer que algumas das melhores iniciativas que tomou foram as oportunidades de crescimento que recusou. Chama a isso "Spandex Rule of Branding"* e aplica-se tanto à estratégia como ao *marketing*: "Só porque podes fazê-lo, não significa que devas fazê-lo".

A Spandex Rule ajuda a explicar o porquê de o ING Direct recusar oportunidades de negócio que fariam salivar os tradicionais banqueiros. Assim, explica por que razão Craig Newmark e Jim Buckmaster, da Craiglist, estão determinados em continuar a procurar motivos para não cobrarem aos seus visitantes, mesmo que os devotos utilizadores do *site*, tanto compradores como vendedores, estejam de certo preparados para pagar alguns serviços. Explica por que razão a Southwest Airlines nunca adoptou algumas das práticas mais comuns das suas concorrentes.

"As decisões 'invisíveis' que toma para se manter fiel aos seus objectivos podem ser dez vezes mais importantes do que as suas decisões visíveis", defende Roy Spence. "Nada é mais difícil do que dizer não a uma oportunidade atractiva. E nada é mais importante do que isso".

---

* **N.T.** Limite de Extensão de uma Marca.

4. Consegue ser provocador sem provocar reacções antagónicas?

Um teste-chave para qualquer potencial disruptor consiste em tentar perceber até que ponto consegue ser um diplomata convincente. Este conhecimento poderá ser o contributo mais duradouro do percurso de ascensão e queda da Netscape, a empresa que ilustrou o revolucionário fervor do *boom* das *dot-com*. O acto de mostrar uma bandeira vermelha a Bill Gates e aos seus colegas da sede da Microsoft em Redmond (Washington) acabou por forçar a Netscape a recorrer à bandeira branca como empresa independente.

Mesmo um impetuoso *maverick* como Arkadi Kuhlmann aprecia as virtudes da diplomacia. Não com os seus concorrentes, lembre-se, mas com os seus colegas. Afinal de contas, o ING Group opera em muitos dos ramos que Kuhlmann gosta de criticar, desde as hipotecas aos cartões de crédito. Por isso, ele tem o cuidado de garantir aos seus congéneres holandeses que é um membro da equipa, bem como um reformador da indústria. Nos anos 90, quando lançou o ING Direct Canada, Kuhlmann baptizou as salas de conferências da sede do banco com base em nomes de aldeias holandesas – um gesto simbólico que recebeu uma receptividade calorosa em Amesterdão. Com efeito, as competências diplomáticas de Kuhlmann estão tão bem desenvolvidas que, quando a *Fortune* fez uma sondagem junto das representações da empresa-mãe na América do Norte, chegou à conclusão que a subsidiária que mais se sentia holandesa era a do ING Direct USA.[3]

5. Se a sua empresa fechasse portas amanhã, quem é que iria realmente sentir a sua falta e porquê?

A primeira vez que ouvimos esta pergunta foi da boca do publicitário *maverick* Roy Spence, que nos diz que a aprendeu com Jim Collins, o guru da estratégia. Independentemente de qual seja a fonte original, a pergunta tem tanto de profunda como de simples – e vale a pena ser levada a sério quando avalia a sua abordagem em termos de estratégia e concorrência.

Por que é que a sua empresa faria falta? Por estar a fornecer um produto ou serviço tão único que não possa ser fornecido de forma tão exemplar por qualquer outra empresa. Porque criou um local de trabalho tão dinâmico que a maioria dos colaboradores teria grandes dificuldades em encontrar um ambiente semelhante num outro lado. Porque criou uma ligação emocional única com os clientes que outras empresas não são capazes de recriar. Pouquíssimas empresas preenchem qualquer um destes critérios – sendo talvez por isso que tantas empresas sentem que estão prestes a fechar portas.

A HBO não é uma dessas empresas. Num universo de 500 canais por cabo, é difícil argumentar que os telespectadores ficariam a olhar para paredes brancas (ou leriam um livro) se a HBO desaparecesse do pequeno ecrã. Mas há um segmento vital que sofreria danos irreparáveis – o crescente número de escritores, realizadores, actores e produtores que acreditam que não têm outra alternativa em televisão para fazerem o trabalho de que tanto gostam. "Eles dizem-nos: 'Queremos a sua voz. Queremos a sua visão. Queremos a história que vê'. E falam a sério", diz o criador da série *Sete Palmos de Terra*, Alan Ball. "Isso pode parecer óbvio, mas nas tradicionais redes televisivas cada decisão recebe o parecer de cada um dos executivos. Na HBO, eles deixam-nos encarregues da maior parte do trabalho e confiam nos nossos instintos". (Em vez de regressar com mais episódios de *Sete Palmos de Terra* quando a série terminou, o "oscarizado" Alan Ball voltou à HBO com dois grandes projectos).

Esqueça o arquivo de programação e a estratégia tecnológica da HBO. A vantagem desta estação mais difícil de imitar (e, por isso, a vertente do negócio de que mais se sentiria falta) reside na sua capacidade para atrair e dar asas ao talento de Hollywood que, de outra forma, fugiria do formato televisivo. "Fala-se sempre sobre as liberdades de conteúdo da HBO como uma espécie de vantagem injusta", afirma Carolyn Strauss, que fez todo o seu percurso profissional em televisão e que é *President* da HBO Entertainment, "mas as liberdades que são realmente importantes não têm a ver com a liberdade de praguejar, de estar nu ou de cortar a cabeça a alguém. Têm a ver com o poder de expressar um ponto de vista diferente e permitir que a voz do criador se faça ouvir da forma mais isenta possível".

Mensagens *maverick* (I): avaliação da sua estratégia

Estas liberdades, cuidadosamente veladas por Strauss, por Albrecht e pela equipa de liderança da rede, são a razão pela qual algumas das maiores vedetas do mundo e realizadores mais respeitados – desde Paul Newman a Tom Hanks, até Mike Nichols – entregam os seus projectos de paixão à HBO. Chris Albrecht compreende que existe "uma oferta limitada de talentos que conseguem criar televisão de sucesso" e que a maioria deles "tem uma boa oportunidade de ficar rico e famoso noutro lado". Assim, ele concentra-se em tornar memorável a experiência de trabalhar na HBO – o tipo de experiência de que os escritores, realizadores e actores talentosos sentiriam falta se se fossem embora. "Se está interessado no próprio conteúdo do trabalho, não existem muitas mais alternativas na área da transmissão televisiva onde possa fazer as suas próprias cenas na qualidade de criador", diz ele. Estas liberdades criativas são uma parte essencial da estratégia concorrencial da HBO.

Consegue identificar um segmento operacional da sua empresa cuja falta seria intensamente sentida no mercado? Se não for capaz, consegue encontrar uma boa razão para a sua empresa não estar a correr o risco de desaparecer?

SEGUNDA PARTE
Reinventar a inovação

CAPÍTULO 4

Ideias ilimitadas: por que razão ninguém é tão inteligente como os outros todos juntos

A prospecção do ouro é uma indústria antiga, uma indústria cansada. O ritmo de mudança está congelado. Tradicionalmente, as empresas mineiras têm-se preocupado com a capacidade das suas costas e não com a capacidade do seu cérebro. Queríamos fazer algo que ninguém no sector tinha ainda feito, que era ganhar acesso ao capital intelectual do mundo inteiro.
    Rob McEwen, antigo *Chairman* e CEO da Goldcorp, Inc.

Rob McEwen estava a ficar sem ideias – e sem paciência. Tinham passado mais de cinco anos desde que tinha feito uma jogada que a maioria dos executivos na sua área considerava ser ouro dos tolos: com um investimento mínimo, comprou uma mina com um historial de baixa produtividade e relações laborais amargas. No entanto, a mina de McEwen situava-se no distrito de Red Lake, a noroeste de Ontário, o qual, desde a descoberta de ouro nos anos 20, tinha produzido mais de 24 milhões de onças, o que correspondia a quase dez por cento da produção total de ouro do Canadá. Esta propriedade caída em desgraça contrastava com a fidedigna e produtiva mina de Campbell Lake, da qual se tinham extraído nove milhões de onças ao longo dos anos.

McEwen calculou que tinha de haver depósitos ricos de minério algures no seu terreno de 22 mil hectares. *Mas onde?* Assim, decidiu subir a parada e concedeu aos seus geólogos da Goldcorp, Inc. dez milhões de dólares para aplicarem na exploração da mina faminta de capital de Red Lake, situada a mais de dois mil quilómetros da sede da empresa, no centro de Toronto.

Os geólogos rapidamente deram notícias tentadoras: em nove dos poços exploratórios que tinham perfurado, a concentração média de minério era 30 vezes mais rica do que aquilo que Red Lake estava a produzir na altura. *Eureka*! A Goldcorp tinha descoberto ouro. Contudo, a descoberta levantou tantas questões como respostas. *Qual era a dimensão do depósito?* McEwen e os seus geólogos não sabiam. *Quais eram as melhores localizações para passar da exploração à perfuração profunda?* A equipa não sabia dizer. *Quanto tempo e dinheiro seria necessário para ter essas respostas?* Ninguém estava preparado para fazer uma estimativa segura.

Enquanto a Goldcorp lutava para dar sentido a esta descoberta promissora e para compreender que terreno estava a pisar, passou mais um ano. Cansado, frustrado e desejoso de romper com a rotina, McEwen, um entusiasta confesso das ciências e da tecnologia, decidiu passar uma semana no MIT[*] com uma delegação de *Presidents* e CEO de outras empresas, para ficar a par das tendências das Tecnologias de Informação. Parte do programa dessa semana concentrou-se no Linux e no *software* de "fonte aberta" – códigos informáticos elaborados por programadores espalhados por todo o mundo, pessoas muito apaixonadas pelo seu ofício ou com um interesse suficientemente forte no sucesso do projecto em que trabalham para disponibilizar voluntariamente tempo e talento para a criação de *software* que não pertence a qualquer empresa, mas sem o qual não se pode viver (ou, pelo menos, trabalhar). Durante anos, os programas de "fonte aberta", tais como o Apache, o Perl e o Sendmail, têm sido a espinha dorsal fundamental e invisível da Internet. É um dado adquirido entre os peritos da Internet, mas algo que, para nós, leigos, exige uma mudança de mentalidades: a plataforma tecnológica mais importante do mundo assenta em ideias e códigos informáticos gerados em grande parte por um corpo descentralizado de programado-

---

[*] **N.T.** Massachusetts Institute of Technology.

Ideias ilimitadas

res voluntários. A maioria deles nunca se conheceu e são poucos os que trabalham juntos num ambiente formalizado.[*1]

No caso do Linux, uma série de equipas autodirigidas em todo o mundo criou um sistema operativo que alimenta uma parte crescente dos servidores informáticos de todo o planeta – e tornou-se num interveniente de peso na indústria do *software*. Algumas das maiores empresas de tecnologia do mundo, incluindo a IBM, a Hewlett-Packard e a Intel, destacaram centenas de programadores e contribuíram com avultados montantes financeiros para a causa Linux. Mas, a verdadeira acção está no voluntariado popular que inventam funcionalidades, criam códigos-fonte, eliminam vírus – e partilham as suas ideias com todos os envolvidos no projecto.

Quanto mais McEwen aprendia sobre o fenómeno da "fonte aberta", mais intrigado ficava. Apercebeu-se de que as pessoas, para trabalharem *com* a empresa dele, não tinham de trabalhar *para* a empresa dele. Ele podia ir em busca de estratégias de prospecção nos lugares mais recônditos do mundo. "Subitamente, fez-se luz", recorda. "Foi como um *flash*: é este o conceito de que tenho andado à procura! Regressei rapidamente a Toronto, convicto de que tinha de mudar a forma como a Goldcorp encarava a indústria mineira. Queria que criássemos uma nova abordagem à exploração em Red Lake".

McEwen fez o esboço dos tópicos da sua ideia para os geólogos e executivos da Goldcorp. A empresa iria usar a Internet para publicar todos os seus dados sobre a mina – 50 anos de mapas, relatórios e informação geológica não processada – juntamente com *software* que exibia os dados em duas e três dimensões. Iria depois convidar cientistas

---

[*] **N.A.** Contudo, "fonte aberta" não significa "sem fins lucrativos". O *software* de "fonte aberta" inspirou uma enchente de investimentos de capital de risco em empresas que fornecem esse código-fonte de base, que prestam serviços nesse domínio e que, de alguma forma, o comercializam. Só em 2004, de acordo com o jornal *New York Times*, os investidores de capital de risco injectaram 149 milhões de dólares em *start-ups* criadas em torno dos sistemas de "fonte aberta". Esta é a segunda vaga de investimento na "fonte aberta". Em 1999 e 2000, segundo o jornal *Times*, os investidores de capital de risco investiram 714 milhões de dólares em 71 empresas de *software* de "fonte aberta".

e engenheiros de todo o mundo para fazerem o *download* dos dados, analisá-los como achassem melhor e apresentarem propostas de planos de prospecção à Goldcorp, que reuniria um júri especializado para avaliar as propostas. O objectivo seria ajudar a empresa a encontrar os próximos seis milhões de onças de ouro.* Contrariamente aos primeiros tempos do Linux, isto não seria um trabalho de amor ou um símbolo de rebelião de fanáticos pelos computadores. Haveria uma recompensa – um prémio monetário no valor de 500 mil dólares, a ser dividido entre 25 semifinalistas e três finalistas seleccionados pelo júri.

McEwen estava entusiasmado. Muitos dos seus colegas estavam horrorizados. Como é que a Goldcorp podia partilhar grande parte da sua informação com o mundo exterior? Era como se a Coca-Cola decidisse abrir o cofre e publicar a sua fórmula secreta. McEwen rejeitou esse argumento, dizendo que se tratava de uma mentalidade ridícula e desactualizada. "Todos conhecemos aquela imagem do século XIX de um prospector com a sua mula e uma picareta, que não diz a ninguém onde encontrou o seu ouro", afirma. "Muitos ainda pensam dessa forma, mesmo não fazendo sentido. Os nossos executivos disseram: 'E se alguém decide comprar todos os terrenos à volta do nosso?', e eu respondi: 'Nós temos 22 mil hectares. Preocupemo-nos primeiro com isso.'"

No entanto, a maior preocupação tinha a ver com a opinião do mundo exterior acerca da Goldcorp: por que é que os seus executivos e geólogos não conseguiam encontrar o ouro sozinhos? "Mesmo antes de arrancarmos com a iniciativa", conta McEwen, "a resistência aumentou muito: o resto do mundo não irá pensar que somos estúpidos? Ou, pelo menos, que Rob McEwen pensa que somos estúpidos?" O chefe tinha despoletado todas estas preocupações muito humanas nas suas cabeças. Muitos dos geólogos da Goldcorp tinham já os seus alvos favoritos, lugares onde acreditavam que a empresa iria encontrar o filão principal.

---

* **N.A.** Era um objectivo algo arbitrário – basicamente, a diferença entre os nove milhões de onças de ouro produzidos em Campbell Lake e os escassos três milhões de onças produzidos em Red Lake.

Ideias ilimitadas

A Goldcorp manteve esses objectivos para si, mas estava curiosa para ver se os indivíduos exteriores à empresa iriam chegar às mesmas conclusões. "Se 75 por cento daqueles que propuserem planos de prospecção considerarem que o vosso alvo é um bom lugar para perfurar, essa confirmação exterior fará maravilhas", disse aos cépticos. "E vamos todos estar aqui se fizermos essa grande descoberta, por isso todos sairemos a ganhar com esta infusão de capacidade intelectual. Transformei cada objecção em benefícios".

E assim nasceu o "Desafio Goldcorp". No grande evento anual da indústria mineira, a conferência de Primavera da Prospectors and Developers Association, McEwen divulgou o concurso da "fonte aberta". A maioria dos executivos e analistas financeiros presentes mostraram-se intrigados, para não dizer completamente hostis. ("Todos pensaram que estávamos loucos", recorda McEwen. "Rejeitaram completamente a ideia".) Mas quando esta chegou à comunidade mundial de cientistas e geólogos da indústria mineira, a reacção foi entusiástica – uma corrida virtual ao ouro. Mais de 1 400 participantes qualificados ("prospectores *on-line*", na terminologia do Desafio) fizeram o *download* do tesouro de dados da Goldcorp. Mais de 140 desses participantes fizeram cálculos, processaram os dados em programas de *software* e apresentaram planos de prospecção detalhados. Mais de metade dos alvos identificados pelas propostas vencedoras eram novidade para a Goldcorp – locais onde a empresa não tinha pensado perfurar. Vários anos após a conclusão do Desafio, a Goldcorp *ainda* estava a perfurar em locais identificados pelos vencedores. Inspirada pelo sucesso do Linux e do *software* de "fonte aberta", a empresa tinha descoberto uma nova maneira de descobrir ouro.[2]

Rob McEwen continua a maravilhar-se perante a energia e o vasto talento que o concurso libertou. (As propostas tiveram origem em 51 países e os semifinalistas eram oriundos do Canadá, da Austrália, da Rússia, dos EUA e de Espanha.) Contudo, mais impressionante do que a *quantidade* de ideias que chegavam a Toronto, era a diversidade e originalidade das mesmas. A Goldcorp estava a aproveitar áreas técnicas bastante diferentes e a receber propostas de cientistas com perspectivas inteiramente novas sobre como analisar os dados. Graças ao Desafio, a Goldcorp teve acesso a áreas de investigação e estilos de pensamento a que, de outra forma, nunca teria acesso.

"Estava à espera de ver imensos geólogos a utilizar as suas ferramentas padronizadas – análises geológicas, análises geoquímicas", diz McEwen. "Mas também assistimos a muitos a fazer uso da matemática aplicada, da física avançada, de sistemas inteligentes, de gráficos computorizados. Quando abri uma das propostas [que veio a ficar em primeiro lugar], quase caí da cadeira. Era uma representação visual da nossa jazida que mostrava muito eficazmente o que estava a acontecer no subsolo. Eu *nunca* tinha visto gráficos como este na nossa indústria".

Entretanto, a indústria raramente tinha assistido – se é que alguma vez o tinha feito – a algo parecido com o aumento do desempenho operacional e do preço das acções da Goldcorp. Hoje, Red Lake é considerada a mina de ouro mais rica do mundo em termos de concentração de ouro por tonelada de rocha que a Goldcorp extrai. (A localização da mina expandiu-se para 40 mil hectares.) Tem capacidade e reservas provadas de 6,6 milhões de onças, reservas essas que continuam a crescer à medida que a Goldcorp faz mais perfurações. Está a produzir tanto minério a um custo tão baixo que a Goldcorp é a única empresa que armazena ouro em antecipação de preços mais elevados no futuro. De facto, em finais de 2004 a Goldcorp detinha mais barras de ouro do que os bancos centrais de 45 países, incluindo gigantes como o Canadá e o México.

Não é de admirar que o preço das suas acções tenha valorizado tanto na Bolsa de Nova Iorque.[*] Durante anos, o *website* da empresa exibiu

---

[*] **N.A.** No final de 2004, a Goldcorp anunciou que ia comprar a Wheaton River Minerals, uma empresa sediada em Vancouver, numa troca de acções avaliada em 2,3 mil milhões de dólares. A "nova" Goldcorp está classificada como a produtora – de mais baixo custo do mundo – de pelo menos um milhão de onças de ouro por ano. Rob McEwen desempenhou as funções de *Chairman* da empresa resultante da aquisição até Outubro de 2005, altura em que saiu para dar asas à sua paixão pela exploração. Conquistou grande reconhecimento nessa área e tornou-se CEO da US Gold, que controla território promissor (mas sem confirmação) no Estado rico em ouro do Nevada, perto de minas de alto rendimento detidas por alguns dos gigantes da indústria.

orgulhosamente um *ticker* da cotação das acções, que comparava o seu desempenho desde 1993 (quando McEwen passou a Goldcorp de um fundo de investimento fechado para empresa cotada em bolsa) com o de alguns dos nomes mais famosos do mundo. O *ticker* mostrava que um investimento de cem mil dólares na Microsoft em 1993 valia 895 mil dólares em finais de 2005. Um investimento de cem mil dólares na Berkshire Hathaway de Warren Buffet valia 748 mil dólares. Um investimento de cem mil dólares na Goldcorp valia mais de *2,9 milhões de dólares* – uma valorização de quase 30 vezes.

Sem dúvida que o *brainstorming* global da Goldcorp esteve longe de ser o único factor por detrás deste bom desempenho. Houve a boa sorte da primeira descoberta em Red Lake. Houve o talento de Rob McEwen como pregador do mérito do investimento no ouro em geral e nas acções da Goldcorp em particular. (Muitas vezes terminava deste modo as suas conversas com os accionistas e com os *media*: "Lembrem-se que ouro é Dinheiro e a Goldcorp é Ouro!") Houve o aumento do preço do próprio ouro, que ultrapassou o limiar dos 500 dólares por onça, atingindo em finais de 2005 o nível mais elevado em 18 anos.

Contudo, o Desafio foi um acontecimento importante na História da empresa. Foi uma inovação revolucionária que dinamizou o processo de transformação de uma descoberta numa fortuna e que deu à Goldcorp uma reputação de criatividade e de originalidade num negócio que tem falta de ambas as características. "Esta é uma indústria atolada na inércia", diz McEwen. "Está cheia de pessoas que são lineares no seu raciocínio e graduais no seu progresso. Nós queríamos criar uma empresa mineira do século XXI".

Os indivíduos mais inteligentes (não estão) na sala – as melhores ideias vêm da maioria

De onde vêm as grandes ideias? A resposta típica é o que diz o folclore do empreendedorismo da tradição empresarial, o mito da criação do processo criativo. As grandes ideias têm origem nos grandes pensadores: do génio excêntrico, do fundador inspirado, do CEO visionário.

A História dos negócios está repleta de lendas heróicas de descobertas estimuladas por uma imaginação singular e determinação individual. Alexander Graham Bell e o telefone. Henry Ford e a linha de montagem. Edward Land e a fotografia instantânea. Walt Disney e a magia da Disneylândia.

Bill Gates, o homem mais rico do mundo e, pelo que se diz, um dos génios dos negócios de todos os tempos, dá-nos uma imagem perfeita do guia para a inovação do líder solitário. Em Março de 2005, o jornal *Wall Street Journal* publicou na primeira página a notícia das secretas e semestrais *"Think Weeks"** de Gates, nas quais o co-fundador da Microsoft se retira, em total isolamento, para uma cabana no Noroeste do Pacífico. Munido de relatórios escritos por colaboradores da Microsoft, alimentando-se de sumo de laranja e duas refeições por dia, Gates lê, reflecte e pensa em grandes ideias. O *Wall Street Journal* dá conta que, de entre as ideias de negócio candidatas à aprovação do chefe depois destes retiros, estiveram o *web browser* da Microsoft, o seu Tablet PC e o seu negócio de videojogos *on-line*.[3]

Como ritual singular que é, a *Think Week* reflecte uma mentalidade executiva comum a muitos responsáveis.

Durante décadas, a maioria dos líderes supunha que, porque assumia posições mais altas na hierarquia, recebia maior quantidade de opções de compra de acções da empresa e (pelo menos em teoria) tinha responsabilização pessoal pelos resultados financeiros, teria de propor, subscrever e certamente ser responsável por todas as ideias que moldavam o futuro da sua organização. Competia-lhes, tal como reza a expressão criticável, serem os indivíduos mais inteligentes na sala.

---

* **N.T.** "Semanas de Reflexão".

Ideias ilimitadas

Mas o que acontece quando os concorrentes se multiplicam, os mercados se tornam tão imprevisíveis, as tecnologias evoluem tão rapidamente e os problemas se tornam tão incontroláveis que nenhum líder individual – *nem mesmo Bill Gates* – consegue pensar nalguma coisa?*
Nessa altura, torna-se necessário conceber um novo modelo de invenção e criar uma nova série de ideias acerca do processo criativo. Foi o que Rob McEwen sentiu no MIT e a razão pela qual o seu contacto com uma abordagem nova, mais aberta e colectiva à exploração do ouro foi tão libertador. Independentemente do tempo que ele passou sentado a ponderar, não teria conseguido ultrapassar a inteligência colectiva de centenas de geólogos de todo o mundo.

Pense agora num tipo diferente de ritual de liderança, concebido por uma mentalidade diferente de encarar a divulgação de ideias importantes ou de agrupar pequenas observações em grandes perspectivas. Tom Brown não é nenhum Bill Gates (e quem é?), mas é extremamente bom naquilo que faz. Durante anos, Brown foi um dos mais proclamados analistas da banca em Wall Street, um investigador muito obstinado – cujas projecções tinham o poder de valorizar ou desvalorizar acções – e membro permanente do All-America Research Team da *Institutional Investor*. Actualmente, tal como outros influentes em Wall Street, Brown gere um fundo de capital de risco. A sua empresa, a Second Curve Capital, gere centenas de milhões de dólares ao fazer grandes investimentos de longo prazo em bancos e empresas de serviços financeiros (os únicos tipos de acções que ele compra ou vende) nas quais Brown e os seus colegas acreditam, e ao reduzir o investimento em empresas que consideram que obtêm mais dos investidores do que aquilo que merecem.

---

* **N.A.** De facto, apesar de haver muito que admirar na imersão de Gates em ideias sobre o futuro da Microsoft, as suas *Think Weeks* também se assemelham a sessões de estudo para um exame final. Muitos dos resultados destes retiros, pelo menos de acordo com o jornal *Wall Street Journal*, são a consequência de inovações tecnológicas que tiveram a sua origem noutros locais ou em problemas há muito existentes, como a segurança do *software*, que outros tinham detectado anos antes.

Escusado será dizer que Brown passa muito do seu tempo a socializar com os CEO, a desafiar CFO, a ser convidado especial na CNBC – a operar no mundo elitista dos gestores de *hedge funs* à procura da sua próxima decisão para um grande investimento. Todavia, Brown organiza uma vez por ano, na qualidade de líder da Second Curve Capital, um tipo diferente de pesquisa, apelidada de *"Branch Hunt"*, na qual ele liberta a inteligência colectiva de toda a empresa para ver as coisas que não consegue ver por si mesmo. Nos dias de *Branch Hunt*, todos os elementos da Second Curve Capital – o recepcionista, o especialista em Tecnologias de Informação, o representante do departamento jurídico, todos os analistas, o próprio Brown – comparecem ao serviço no Chrysler Building, que se eleva sobre o centro de Manhattan, e não usam fatos de executivo nem saltos altos, mas sim fatos de treino, *t-shirts*, calças de ganga e ténis. A empresa divide-se em equipas, a cada equipa é atribuída uma avenida e cada elemento da equipa passa a maior parte desse dia a visitar todos os bancos de retalho ao longo da avenida – um percurso que se estende pelo que parecem ser edifícios infindáveis e horas intermináveis.

Existe um método para levar a cabo esta loucura que provoca bolhas nos pés e nós acompanhámo-los em 2005 para os vermos em acção. Cada elemento da equipa deixou a sede da Second Curve com cinco notas novas de cem dólares. Eles usaram o dinheiro para abrir contas à ordem em dois bancos que visitaram, passando por um processo muitas vezes entediante (o qual chegou a levar 40 minutos nalguns balcões) e fazendo um relatório detalhado sobre a experiência. Cada participante da *Branch Hunt* levou consigo uma resma de formulários que lhe permitiria atribuir classificações rápidas mas precisas em cada paragem. (As "Regras do Jogo" do dia estavam no formulário principal: "NÃO fazer nada só por fazer. IGNORAR ideias preconcebidas. PROCURAR pelo Uau! em cada local.") Um elemento de cada equipa de quatro pessoas estava também munido de máquina fotográfica digital e foi encarregado de captar a experiência das visitas aos bancos – o bom, o mau, o feio e o inadvertidamente hilariante.*

Porém, o verdadeiro tesouro da *Branch Hunt* aconteceu ao final do dia, quando a empresa se voltou a reunir para avaliar as experiências de todos os intervenientes. Foi como um seminário animado sobre o passado, o presente e o futuro da banca de retalho. Muito do que viram foi a representação de quem eram e onde se situavam na organização. Alguns dos colegas de Brown demonstraram grande perspicácia relativamente à avaliação do serviço a clientes (ou falta dele) e ao moral dos colaboradores nos balcões. Alguns dos analistas da empresa falaram sobre o "quadro classificativo" de cada balcão da mesma forma que os fanáticos de basebol dissecam os painéis das pontuações.

Todos tinham olho para o absurdo. Cada uma das equipas ligou as suas máquinas fotográficas digitais a um projector e entreteve os seus colegas com as suas fotografias – muitas das quais valiam mais do que mil palavras.

(A favorita de todos: uma placa numa dependência do Chase a advertir os clientes para comportamentos suspeitos, incluindo "alguém [que] espirra mostarda ou *ketchup* para cima de si.") O próprio Brown era simultaneamente o distinto professor e o aluno brincalhão, distribuindo prémios de 500 dólares para o caso mais pitoresco, a melhor fotografia, a melhor placa e assim por diante.

Ao fim do dia, Brown e os seus colegas tinham ganho uma enriquecedora percepção derivada do conhecimento recolhido nas ruas e

---

* **N.A.** Aviso a quem quer que tente fazer isto em casa: tire sempre as fotografias no *fim* da sua visita. Os agentes de segurança não vêem com bons olhos estranhos que tiram fotografias nos balcões e muito provavelmente irão – como fizeram nesse dia – segui-lo para se certificarem de que não está a sondar o local. Aviso a quem está realmente a sondar um banco: diga ao segurança que está numa *Branch Hunt* e ele irá deixá-lo fazer o seu trabalho.

começaram a definir as questões a tratar no ciclo de reuniões seguinte com executivos bancários. Além disso, chegaram a algumas conclusões novas sobre a relação entre as exigências globais dos CEO e as realidades do dia-a-dia num dos mercados da banca de retalho mais competitivos do país – já para não falar na partilha de fantásticos relatos de guerra e um sentido renovado de camaradagem. Foi uma experiência instrutiva a não esquecer, repleta de conhecimentos que, de outra forma, poderiam não ter surgido.

Um dia de interacção bem concebida entre pares pode mudar as decisões de investimento de uma grande empresa de capital de risco de Nova Iorque? Claro que não. Mas, ao organizar a *Branch Hunt* ano após ano, destacando sempre mais colaboradores para auscultar o mercado e ficando mais sistemático no processamento das suas observações, Brown consegue gerar um percepção colectiva acerca do rumo que o sector bancário está a tomar, o que determinadas empresas estão a fazer bem feito, o que outras estão a fazer de forma errada – um conhecimento muito mais alargado do que algo que ele pudesse fazer sozinho.

Existe uma expressão nos círculos da "fonte aberta": "Muitos olhos tornam os vírus superficiais". Isto significa que, quanto mais pessoas inteligentes conseguir convencer a debruçar-se sobre um pequeno problema de software*, mais probabilidades têm de o resolver.*

O mesmo se aplica à liderança em geral. Muitos olhos, todos formados para um mercado específico ou um problema de negócios bem concreto, irão invariavelmente encontrar oportunidades que escapam aos olhos de alguns líderes de topo. Porquê tentar ser o mais inteligente na sala quando é muito claro, nos vários cenários, que ninguém é mais inteligente do que os outros todos juntos?

Ideias ilimitadas

É este o tema que vai orientar os próximos dois capítulos. Se concorda, conforme afirmámos nos Capítulos 1 e 2, que a originalidade se tornou na essência da estratégia – que uma perspectiva disruptiva, juntamente com valores autênticos, é o que separa os líderes de indústrias em rápido crescimento das empresas que não conseguem destacar-se do grupo – então torna-se urgente que o leitor, como empreendedor ou executivo, descubra e identifique novas ideias e pontos de vista que podem moldar o futuro do seu negócio. *Mas isso não significa que tenha de fazê-lo sozinho.*

Só porque está à frente da sua empresa, isso não significa que tenha todas as respostas. Uma das responsabilidades mais importantes de um líder do século XXI é a de atrair as melhores ideias do maior número de pessoas, onde quer que elas se encontrem.

O Linux é, obviamente, um dos símbolos representativos desta nova lógica de liderança e inovação – a alternativa radical de grupos de pessoas ao modelo do indivíduo mais inteligente na sala. Actualmente, os contornos de base da história do Linux são conhecidos de quase todos os programadores do mundo e o próprio *software* está bem instituído na corrente dominante da indústria informática. Em 1991, Linus Torvalds, um estudante da Universidade de Helsínquia, teve a inspiração de criar um novo sistema operativo concebido na linguagem de programação Unix, há muito estabelecida. (Linus mais Unix dá Linux). Um dos seus primeiros passos foi anunciar o seu plano ao mundo – e convidar todos a colaborar. Ao longo do tempo, este apelo à colaboração estimulou um exército voluntário de programadores, que se organizaram em pequenos grupos, disponibilizaram publicamente os códigos-fonte que foram criando, eliminaram vírus, acrescentaram funcionalidades, debateram actualizações – e juntos, a trabalhar numa comunidade descentralizada e *peer-to-peer*[*], criaram um sistema operativo de "fonte aberta" que actualmente é tido, juntamente com o Google, como o desafiador estratégico mais incomodativo da Microsoft.[4]

Mas o Linux representa mais do que o futuro dos sistemas informáticos. É uma metáfora do futuro da própria inovação. O mundo está a formar equipas de pessoas inteligentes, competentes e apaixonadas que estão desejosas de mostrar a sua sabedoria e competência – podem muito bem contribuir com alguma coisa, desde uma ideia fenomenal até uma série de pequenas inovações que podem destacá-lo dos seus concorrentes. Estas pessoas não têm de trabalhar para si para poderem trabalhar consigo. No entanto, tem de convidá-las a colaborar com a sua organização e convencê-las a darem o seu melhor.

Num relatório emitido pela Demos, um influente *think tank* britânico, os investigadores Charles Leadbeater e Paul Miller estudaram os métodos da "fonte aberta" como um fenómeno tecnológico e sociológico. Tal como todos os peritos na área, Leadbeater e Miller encaram o Linux como um sinal inequívoco da inovação levada a cabo por uma comunidade. Porém, afirmam insistentemente que o modelo da "fonte aberta" está a reformular muitos outros domínios científicos e sociais, desde os astrónomos de "fonte aberta", que deram enormes contributos na sua área, aos activistas *on-line*, que recolheram 24 milhões de assinaturas para apoiar a campanha do Jubileu 2000 – que levou ao perdão de 36 mil milhões de dólares de dívida externa dos países em vias de desenvolvimento.[5]

Leadbeater e Miller têm o seu próprio rótulo para esta crescente vaga de criatividade repartida. Chamam-lhe "A Revolução *Pro-Am*". Os *Pro--ams* são, como eles explicam, "amadores que trabalham com parâmetros profissionais". Eles são "conhecedores, instruídos, comprometidos e estão ligados entre si através das novas tecnologias". Eles representam também talento que está preparado, disposto e pronto a contribuir para projectos em organizações que o incentive a fazê-lo.

---

[*] **N.T.** P2P – de par para par; de utilizador para utilizador.

Ideias ilimitadas

> *Leadbeater e Miller defendem que a inovação no século XX "foi modelada por grandes organizações hierarquizadas, com profissionais no topo". A Revolução* Pro-Am *está "a criar novos modelos organizacionais repartidos que serão inovadores, adaptáveis e de baixo custo".*

J. C. Herz, uma autoridade incontestada nos jogos de computador (e consultora do Pentágono em matéria de influência das tecnologias dos jogos sobre a estratégia militar), observa o fenómeno *Pro-am* da "fonte aberta" em acção na sua área. Num relatório esclarecedor intitulado "Harnessing the Hive", ela documenta o que acontece quando entusiastas com especialização na área tomam literalmente posse dos seus jogos favoritos, modificam e melhoram os resultados e partilham as suas inovações com outros jogadores – um fenómeno que ela designa "inovação fortemente ligada em rede".

Herz salienta que a popularidade (e a imensa rentabilidade) do *The Sims*, um dos mais adorados e bem sucedidos jogos de computador de sempre, reside em grande medida no contributo dos entusiastas comuns, que concebem (e partilham) adereços, personagens e edifícios para povoar o mundo virtual. Ela estima que mais de 90 por cento do conteúdo do *The Sims* foi criado *pelos próprios jogadores* e não pela Maxis, a empresa (detida pela poderosa Electronic Arts) que vende o jogo. Ao facultar as ferramentas de programação e ao encorajar os jogadores a criar e a trocar conteúdos, a Maxis transformou a sua base de clientes num departamento voluntário de desenvolvimento do produto – e expandiu a sua posição de liderança num mercado muito competitivo.

O modelo de inovação *top-down* não pode de modo algum competir com a capacidade intelectual global desta comunidade distributiva, afirma Herz. A nova filosofia de criatividade é: deixa florir mil flores, desde que seja no nosso jardim. As empresas não podem ignorar "a inteligência colectiva da rede de contactos – o facto de que um milhão de pessoas será sempre mais inteligente do que apenas 20".

Tim O'Reilly, fundador da O'Reilly Media, editor de manuais informáticos e anfitrião da conferência anual O'Reilly Open-Source Convention, defende que a inovação sustentável já não tem apenas a ver com quem tem os cientistas mais dotados ou os laboratórios mais bem equipados. Tem a ver, isso sim, com quem tem a mais convincente "arquitectura de participação". Quais as organizações que tornam divertido, interessante e compensador para engenheiros e entusiastas *Pro-am* de todo o mundo o facto de contribuírem com uma ideia ou a solução para um problema? Quais as empresas que encaram os seus produtos e serviços como "versões beta perpétuas" – que podem sempre (e facilmente) ser modificados, ampliados e melhorados por clientes com interesse (e gosto) em tornar as coisas melhores e mais úteis?*

Num mundo que está a ser modificado por uma inovação maciça de trabalho em rede, o desafio estratégico que se coloca é o de conceber produtos que "ficam mais inteligentes à medida que são utilizados" – e o de conceber empresas com as quais as pessoas inteligentes querem interagir.

Em última análise, afirma O'Reilly, as empresas que têm mais probabilidades de se destacar no seu negócio são aquelas com mais disposição para aproveitar a inteligência colectiva de todos com quem negoceiam.

---

* **N.A.** O ensaio *on-line* de Maio de 2004 de Tim O'Reilly, "The Open-Source Paradigm Shift", é um ensaio único que muda a forma como vê o mundo a partir do momento em que o lê. No espírito das ideias que defende, está livremente disponível na Internet (**http://tim.oreilly.com**). Um ensaio posterior, "What is Web 2.0?" expande os anteriores argumentos de O'Reilly e é igualmente convincente.

Claro que as empresas irão sempre competir para recrutar a tempo inteiro os colaboradores mais talentosos e para recorrer o máximo possível às suas capacidades. Conforme veremos no Capítulo 7, os melhores líderes possuem uma resposta rápida à pergunta: por que é que as pessoas geniais poderiam querer trabalhar para nós? De facto, talvez o indicador mais poderoso da futura quota de mercado do produto de uma empresa – no âmbito da indústria onde opera - seja a sua posição actual no mercado de *talentos* dessa indústria: *estará a atrair mais do que a parte a que tem direito dos melhores talentos?* Mas, numa época em que as grandes ideias podem surgir de qualquer parte do mundo – e de qualquer um no mundo –, existem também novas questões: A sua empresa é o tipo de organização onde os mais inteligentes desejam trabalhar? Atrai poder intelectual, onde quer que esse poder se encontre? As empresas com respostas convincentes a estas questões são aquelas que irão criar a vantagem competitiva mais duradoura nos anos vindouros.

Colaboração... Concorrência... *Comédia*?
Conceber uma arquitectura de participação

Quando Tim O'Reilly explica a arquitectura de participação, ele, tal como tantos dos seus colegas evangelistas da tecnologia, baseia as suas ideias e *case studies* em investigação, fotografia, música e outras formas de *software* informático e *media* digital. Dá também ênfase aos progressos criativos que podem surgir quando milhões colaboram, formal e informalmente, à moda da *web*: "muitos para muitos". Como escreveu a revista *Business Week* num arrebatador artigo de capa intitulado "The Power of Us", os "quase mil milhões de pessoas *on-line* em todo o mundo – juntamente com o seu conhecimento partilhado, os seus contactos sociais, as suas reputações *on-line*, o seu poder computacional e muito mais – estão rapidamente a tornar-se uma força colectiva com um poder sem precedentes. Pela primeira vez na História da humanidade, a cooperação de massas através do tempo e do espaço é finalmente económica".[6]

É verdade, mas existe a possibilidade de se compreender mal (e, portanto, de se interpretar mal) muito do que está a acontecer com a inovação popular. Há dois pontos que merecem especial destaque. Em primeiro lugar, acontece que grande parte da colaboração *peer-to-peer* é movida por um intenso (e fortemente pessoal) espírito *competitivo* – um espírito que surge naturalmente em ambientes de negócio de todos os tipos.

> *Uma das formas mais importantes de muitos trabalharem juntos como um grupo baseia-se na concorrência individual entre si.*

Em segundo lugar, apesar de serem os especialistas em tecnologia quem tendem a dominar o debate acerca da nova lógica da criatividade, não há nada que limite estas ideias ao espaço virtual da Internet ou às fronteiras de Silicon Valley. Adoptar a inovação "fonte aberta" é tanto uma mentalidade de liderança como um produto da metodologia de desenvolvimento – e os líderes com mente aberta podem aplicar estas ideias em áreas que vão além do domínio da informática.

Se quiser apreciar as bases concorrenciais da colaboração "fonte aberta", faça uma visita virtual à TopCoder, Inc., uma versão empresarial e com fins lucrativos – diferente do Linux, do Apache e de outras abordagens comunitárias à criação de *software* de elevado desempenho. O seu fundador, Jack Hughes, descreve a TopCoder como "a 'fonte aberta' que encontra o capitalismo" – e no momento em que o leitor vê o seu modelo de negócios em acção, compreende o que ele quer dizer. Isto é realmente o paraíso dos fanáticos pela informática. A empresa, sediada nos arredores de Hartford, Connecticut, foi fundada em Abril de 2002 e tem vindo a crescer meteoricamente desde então. Em Fevereiro de 2006, a TopCoder tinha atraído quase 75 mil programadores individuais de cerca de 190 países como membros registados. Uma grande fatia do negócio da empresa é a criação de *software* sofisticado para clientes respeitáveis como a ABB, a Philip Morris e a ING. A TopCoder assina um contrato para criar uma aplicação informática para uma destas grandes empresas

Ideias ilimitadas

de renome, divide a aplicação em conjuntos de discretas componentes de *software* e depois dá liberdade aos seus elementos para criarem o código num estilo "fonte aberta", em que todos estão autorizados a contribuir e o seu trabalho está visível a todos. (Contudo, a identidade das empresas clientes mantêm-se quase sempre em segredo.)

Mas eis então onde reside a diferença: estes programadores colaboram para criar um óptimo código-fonte, rivalizando ferozmente entre si em concursos. O seu trabalho é organizado através de uma série de disputas *on-line* (bem como torneios ao vivo e no local) nas quais os membros da TopCoder lutam contra os prazos (e uns contra os outros) para conceber e criar as componentes mais elegantes e impressionar um júri composto por pares seus. Estes concursos estão cheios de arrogância de "fanáticos pela informática": os elementos gabam-se das suas proezas técnicas, dizem mal dos seus rivais e não têm receio de exprimir indignação (e de recorrer) quando não ganham.

"A concorrência está no centro desta empresa", explica o CEO Hughes, que transmite uma atitude dura e implacável. "Os bons jogadores têm tendência para serem naturalmente competitivos. Eles querem saber em que ponto estão e qual o seu valor. Também querem ser desafiados para melhorarem as suas competências. Se perguntar a alguém importante em qualquer área 'Como é que evoluí?', essa pessoa irá responder-lhe: 'Trabalhando com quem é melhor do que eu'. Por conseguinte, acabam sempre por ter uma pergunta em mente: 'Como é que consigo a oportunidade de trabalhar, e competir, com quem é melhor do que eu?'" Obviamente que a resposta de Hughes é no sentido de eles se juntarem à TopCoder.

Estes programadores estão exactamente a competir para *quê*? O dinheiro é um prémio óbvio. A comunidade dispersa da TopCoder inclui um notável número de jovens programadores provenientes de países que praticam salários baixos (China, Índia, Roménia, Polónia) que ganharam dezenas de milhares de dólares (em alguns casos, mais de cem mil dólares) por terem vencido concursos de criação de *software*. (Em meados de 2005, a TopCoder tinha distribuído mais de dois milhões de dólares em prémios monetários.) O reconhecimento também tem importância. O *website* da TopCoder segue o percurso do desempenho dos programadores individuais da mesma forma que o *Bill James Abstract* classifica os jogadores de basebol. Todos os elementos têm um cartão com as estatísticas pessoais (visível a todos os outros membros) que enumera todos os concursos em que participaram, quantas vezes saíram vencedores e quanto dinheiro já ganharam. Em última análise, todos estes dados se resumem a uma classificação numérica que capta a forma como um elemento individual se compara aos restantes elementos da comunidade. Se não tiver confiança (nem sequer for um pouco arrogante) acerca das suas capacidades, a TopCoder não é para si.

Adic (o seu *nickname* na TopCoder), um programador na casa dos 20 anos, nascido em Bistrita, uma pequena localidade na Roménia, é um exemplo paradigmático de alguém que prospera no ambiente ultracompetitivo de "fonte aberta" da TopCoder. Trata-se de um talentoso criador de *software* que está a tirar o seu segundo mestrado e que já venceu muitos concursos (incluindo 21 de 26 concursos de *design* Java em que participou). No total, já ganhou mais de 71 mil dólares na TopCoder – uma quantia de respeito para os padrões da Roménia – os quais tem vindo a poupar para comprar uma casa.

Mas numa entrevista realizada por *e-mail*, Adic salienta que não é o dinheiro que o faz continuar a criar programas para a TopCoder. As duas grandes motivações são a energia de competir com outros programadores e a oportunidade de melhorar as suas competências. "Claro que sem o dinheiro," acrescenta, "eu não podia dar-me ao luxo de gastar todo este tempo" [que gasto com a TopCoder]." Por isso "penso que o dinheiro é importante, mas não é o motivo *por que* eu o faço. É o que me *possibilita* fazê-lo".

Wishingbone (o seu *nickname* na TopCoder) é outro estudante de mestrado nos seus 20 e poucos anos. Vive em Hangzhou, na China, e já ganhou quase 20 mil dólares nos concursos da TopCoder – uma quantia de respeito naquela parte do mundo. Para Wishingbone, a parte mais memorável da experiência tem sido o reconhecimento que recebeu. Num *e-mail*, explica como foi importante para si ganhar o concurso que o tor-

Ideias ilimitadas 91

nou um "membro vermelho" da TopCoder (ou seja, um programador com uma classificação superior a 2200). "Fui o primeiro membro vermelho da minha faculdade," diz, " e penso que fui o primeiro membro vermelho da China. No passado, podia dizer-se que 'o Wishingbone resolveu milhares de problemas [de *software*] ou que o Wishingbone é o presidente do júri de um concurso de programação da Universidade de Zhejiang. Agora limitam-se a dizer que 'o Wishingbone é um TopCoder.'"*

O entusiasmo competitivo do segmento de negócio das "componentes" da TopCoder é inegável – isto é, o negócio de criar *software* comercial para grandes empresas clientes. Porém, esse entusiasmo não pode comparar-se ao que acontece com o segmento dos "algoritmos", um negócio importante que colocou a TopCoder no centro da mais competitiva fronteira da tecnologia – o concurso de captação de talentos de primeira classe em programação.

Tal como acontece com as componentes, empresas de renome (incluindo a Yahoo, a Google, a Microsoft, a Intel e a Sun Microsystems) pagam à TopCoder para desmobilizar o seu exército de programadores em torno dos algoritmos. Todavia, ao contrário do que acontece com as componentes, estes programadores não concorrem para criar aplicações comerciais para um cliente específico. Eles concorrem *simplesmente por concorrer* – para resolver quebra-cabeças digitais dentro de prazos apertados, sob grande pressão e um intenso escrutínio dos seus pares. Patrocinadores como Yahoo e Google observam os concursos atentamente, valorizando a oportunidade de terem os seus nomes associados a alguns dos mais talentosos jovens programadores do mundo – e de oferecer trabalho a concorrentes que se destaquem.** Em 2005, por exemplo, a TopCoder organizou o primeiro "India Code Jam" do Google, que

---

* **N.A.** A alusão aqui é tão deliciosa que é impossível resistir ao comentário óbvio: vivemos agora num mundo em que ser "vermelho" na China Vermelha diz tanto sobre as suas proezas enquanto programador como sobre as suas credenciais como Comunista.
** **N.A.** Por falar em conjunto global de talentos, o TopCoder Collegiate Challenge de 2005, patrocinado pela Yahoo, levou a Santa Clara (Califórnia) 24 finalistas de dez países, incluindo a Holanda, a China, a Polónia, a Croácia, a Noruega, a Austrália e a Eslováquia.

atraiu 14 mil inscrições na primeira volta. Havia muitos prémios monetários em jogo, mas os 50 finalistas ganharam algo ainda mais valioso – ofertas de emprego na empresa mais empolgante do mundo.

A denominada "Arena de Competição", onde decorrem os torneios semanais de criação de *software on-line*, é por si só um impressionante trabalho de *software*. O *site* contém uma área de treino, salas de conversação e quadros em tempo real da pontuação de quem está a liderar. Tanto os participantes como os espectadores conseguem simultaneamente competir, analisar a concorrência e treinar contra a concorrência num ambiente completamente transparente.

Hughes afirma que até mesmo os concorrentes mais fortes adoram explicar-se aos outros TopCoders. "A área da competição é concebida para facilitar a interacção e a instrução", explica. "Nas salas de conversação e nos fóruns de discussão, os elementos falam incessantemente acerca do último torneio – quem ganhou, quem não ganhou e porquê. Nós colocamos no *site* uma análise de cada torneio escrita por um dos elementos. E esta área está sempre cheia de maledicência e de debates durante um torneio. É isso que une os elementos. Quando realizamos os torneios nas instalações da empresa, todos estão desejosos de estar juntos para se conhecerem."

Os jogos na empresa (denominados "TopCoder Open" e "TopCoder Collegiate Challenge") intensificam ainda mais o ambiente emocional. Os melhores programadores encontram-se frente a frente, no palco, debaixo dos holofotes. Equipas de filmagem e um público animado vêem os concorrentes a franzirem os sobrolhos e a exibirem os seus dotes. Alguns deles estão abraçados à bandeira do seu país; outros apertam amuletos nas mãos para dar sorte. Estão todos ansiosos. A tensão entra numa espiral em cada ronda, à medida que os melhores jovens programadores do mundo avançam e recuam nas classificações baseadas na qualidade do seu código-fonte e nas suas capacidades para criticarem os códigos criados pelos outros concorrentes.

São estas as empolgantes imagens e fortes emoções que tornaram a TopCoder uma força tão importante na indústria informática. (De facto, é

Ideias ilimitadas

difícil encontrar uma empresa de *software* de renome que não seja patrocinadora de um torneio TopCoder.) Mas de acordo com Hughes, a realidade é menos empolgante. "A maior parte do tempo passado no *site* da TopCoder é passado nas salas de *treino*", explica. "Milhares dos nossos membros nunca competem, nunca obtêm uma classificação. Estão apenas a tentar melhorar as suas competências. Da perspectiva de um elemento, o *site* é construído tanto à volta da instrução como da competição".

Essa é a ligação essencial entre a colaboração e a competição, entre a inovação colectiva e iniciativa individual. Ao competirem uns contra os outros num ambiente completamente transparente, os talentosos programadores estão a aprender uns com os outros – e a criar software *em conjunto ao longo do processo.*

Trata-se de uma arquitectura de participação que funciona simultaneamente em vários níveis, o que pode explicar por que funciona tão eficazmente no mercado. "Na nossa essência", diz o CEO Jack Hughes, "somos uma empresa de gestão de talentos. Creio muito na "fonte aberta", mas também creio muito no capitalismo. Tudo o que fazemos é concebido para permitir que os criadores de *software* e programadores captem o valor que criam. Nós damos poder ao indivíduo".

Mas paremos de falar de concorrência entre "fanáticos pela informática" com elevados níveis de testosterona. Que dizer acerca da abordagem de "fonte aberta" à música, à comédia ou até mesmo a Shakespeare? Isto diz respeito ao nosso segundo ponto importante acerca da concepção de uma arquitectura de participação eficaz: *não se trata de um fenómeno unicamente* on-line. Para encontrar provas de como essa mentalidade pode remodelar o panorama criativo em áreas além da ciência e da tecnologia, basta observar os campos verdes da paisagem escarpada da Escócia.

Todos os anos, no mês de Agosto, artistas, produtores, caçadores de talentos e espectadores com bilhete convergem para a Escócia, para o

Edinburgh Fringe Festival – uma exibição de talento artístico que dura enquanto há luz do dia. O festival teve a sua primeira edição em 1947, quando alguns artistas não convidados decidiram actuar à "margem"* do mundialmente famoso Edinburgh International Festival. Quase 60 anos depois, o Fringe ofusca o evento principal. Em 2005, o Fringe Festival vendeu 1,2 milhões de bilhetes para uma concentração de três semanas que oferece perto de 27 mil actuações, envolvendo mais de 16 mil artistas em 1 800 espectáculos apresentados em cerca de 250 locais de actuação.[7]

Aquele que já foi um símbolo de rebelião artística é agora a maior concentração de artes do mundo, apesar de já ter perdido alguma da sua capacidade de surpreender e desconcertar. É claro que há bastantes recriações teatrais de Shakespeare – tanto tradicionais como vanguardistas – e uma quantidade razoável de comédia de *sketches*. Mas, o coração e a alma do festival é o trabalho ousado, experimental e por vezes completamente estranho. Durante o Fringe de 2004, o jornal *New York Times* ficou maravilhado com a variedade de ofertas em Edimburgo. Um espectáculo aclamado pela crítica, chamado *A Mobile Thriller*, teve literalmente lugar no banco traseiro de um Audi, fazendo exibições para três espectadores de cada vez. Um dos bilhetes mais vendidos, de acordo com o jornal *Times*, foi para um espectáculo chamado *Jackson's Way*, uma implacável abordagem cómica a um orador da área da motivação norte-americano. Entretanto, perto dali, Christian Slater protagonizava uma versão teatral do filme de Jack Nicholson *Voando Sobre um Ninho de Cucos*, a qual obteve críticas contraditórias.

Paul Gudgin, o director artístico do Fringe desde 1999, denomina o festival "a maior incubadora artística do mundo". O que acontece no Fringe influencia a cena artística em todo o mundo. Todos os anos, os espectáculos dramáticos e musicais com maior acolhimento do público são levados para representações em Nova Iorque, Londres e noutras cidades importantes. Em 2005, cerca de dois mil jornalistas e críticos fizeram crónicas sobre os êxitos, os fracassos e as actuações excêntricas desta produção artística

---

* **N.T.** *Fringe* no original.

Ideias ilimitadas

que dura três semanas. Ganhar o prémio mais prestigiado do festival, o prémio Perrier para a comédia, muitas vezes chamado o Óscar da comédia, pode ser o bilhete para uma ascensão rápida ao estrelato.

Todavia, o Fringe é mais do que artes dramáticas. É um símbolo ilustrativo do desempenho da inovação "fonte aberta". Dar vida ao Fringe é um grande desafio empresarial, quer ao nível de decisões criativas como em termos de logística. Quem vai participar? Qual o alinhamento ideal de comédia e drama, música e teatro? Quem irá actuar em que palco? Quem promove cada evento? E, no entanto, eis a parte extraordinária: *ninguém está a gerir o Fringe* – certamente não no sentido tradicional da palavra. Apesar de o seu cargo ser o de director artístico, Gudgin não decide quem vai actuar ou onde e não influencia o alinhamento global dos espectáculos. "Não temos nenhum guru artístico, nenhuma comissão, nenhum organismo coordenador de qualquer espécie", explica. "E, no entanto, surge todos os anos um grupo extraordinário de artistas que conduz o alinhamento a uma nova direcção".

Então, o que é que faz com que o Fringe funcione? Uma arquitectura de participação cuidadosamente concebida que combina criatividade irracional com o espírito de competição imperturbável. Gudgin e os seus colegas lideram a maior e uma das mais influentes concentrações artísticas do mundo, tornando o festival tão atractivo quanto possível para o maior número possível de participantes – e depois deixando os próprios participantes decidir o que acontece. "A analogia com o *software* [de 'fonte aberta'] é interessante", diz Gudgin. "Nas artes, todos querem ser o curador ou o director criativo – é a posição de criativo por excelência. No Fringe, temos de ser o completo oposto. O nosso trabalho é conseguir as circunstâncias absolutamente certas, vender a experiência no seu todo, tornar o Fringe o mais convidativo possível para alguém que queira eventualmente contribuir. Não podemos agir como curadores de novas ideias que não existem".

Essencialmente, o Fringe é um sistema auto-organizado estruturado em função dos cálculos dos interesses próprios de quatro clientes fundamentais: os artistas, os locais de actuação, o público e a imprensa.

Qualquer grupo de artistas ou artista individual pode actuar; o desafio é conseguir que um dos 250 locais de actuação acolha o seu espectáculo. Existe uma hierarquia bem conhecida de palcos em Edimburgo – alguns teatros têm mais estatuto que outros – e os diferentes proprietários dos locais de actuação usam critérios diferentes para avaliar os artistas. Assim que tenha conseguido local para actuar, o desafio é destacar-se da multidão – convencer os visitantes a irem ao seu espectáculo em vez de estarem presentes em qualquer um das outras centenas de espectáculos que têm lugar ao mesmo tempo – e convencer os críticos de que o seu é um espectáculo que merece referência. "Tem de se trabalhar muito e bem no Fringe", diz Gudgin. "O público tem de fazer muitas escolhas e muito rapidamente – você tem de sobressair verdadeiramente se quiser que o público o escolha. Mas se conseguir que o seu espectáculo resulte, entre os 1 700 espectáculos que decorrem no Fringe, então tem probabilidades de conseguir que resulte num mercado mais alargado".

Não há regras invioláveis para chamar a atenção. A maneira mais óbvia de criar *buzz* é ganhar um prémio nos primeiros dias do festival. Em 2005, Kahlil Ashanti estreou o seu espectáculo a solo chamado *Basic Training* numa casa completamente vazia. (No espectáculo, Ashanti desempenha 23 personagens diferentes à medida que vai relatando a sua dura vida na Força Aérea norte-americana, onde se juntou à brigada de entretenimento Tops in Blue). Porém, no final do festival, após ter ganho um prestigiado Fringe First Award, actuou com lotação esgotada e viu o seu nome no relato dos eventos desse ano no jornal *New York Times*. Alguns artistas gastam muito dinheiro a fazer *marketing* dos seus espectáculos. Outros apostam em proezas extravagantes – tais como um teatro de guerrilha nas ruas de Edimburgo. Mesmo assim, outros baseiam-se apenas em estratégias contra-intuitivas. Um dos bilhetes que se vendeu mais depressa no Fringe de 2003 foi um "espectáculo secreto" de Johnny Vegas, um comediante britânico. Com uma manobra de *marketing* da qual Yogi Berra ficaria orgulhoso, todos quiseram assistir ao espectáculo de comédia *stand-up* de Johnny Vegas porque ninguém sabia do que é que se tratava.

Ideias ilimitadas

"É muito difícil *impor* sucesso no Fringe", afirma Gudgin. "Tem de acontecer de forma orgânica. Assemelha-se muito a um mercado – ou a uma corrida de cavalos. Todos recolhem dicas sobre quais os espectáculos em que devem apostar. Os espectadores passam algum tempo nas filas das bilheteiras e falam do que já viram. Existe um 'passa palavra' bastante eficiente em Edimburgo". Nem mesmo o director artístico do festival pode interferir na forma como algum espectáculo em particular arranja maneira de ser referido através do "passa palavra": " Se [um espectáculo] prende a imaginação e anima a conversa, é um sucesso. Mas é um ambiente implacável, pois se surgir com a mesma história do ano anterior, não irá atrair qualquer atenção".

A verdadeira genialidade do Fringe – e a sua lição-chave para os negócios e para a inovação – não assenta nos tipos de espectáculos que funcionam, mas sim na maneira como todo o festival funciona e como ganha mais dimensão e importância a cada ano que passa.

A arquitectura de participação do Fringe centra-se na resposta à velha e poderosa pergunta: qual é a minha motivação? Gudgin e os seus colegas conhecem perfeitamente as razões pelas quais tantos artistas estão tão desejosos de apresentar o seu melhor trabalho em Edimburgo. Eles compreendem as regras da atracção – que tornam o Fringe um íman para artistas de nível elevado.

Para alguns é importante fazer parte de uma ocasião que os transcende. "Os verdadeiros artistas são artistas até à medula", afirma Gudgin. "Só o facto de ser uma pequena parte desta galeria extraordinária, com 17 mil outros artistas, é importante". Para outros, é importante aderir à competição na sua forma mais pura. "Se for um verdadeiro atleta, quererá ir aos Jogos Olímpicos", diz Gudgin. "Mesmo que saiba que não vai ganhar a medalha de ouro, quer ver como é que fica classificado em relação aos seus pares. O mesmo acontece com os artistas que vão ao Fringe".

Finalmente, e talvez mais universalmente, o Fringe apresenta uma oportunidade única para os artistas deixarem a sua marca, chamarem a atenção, serem descobertos. "Raramente se ganha dinheiro em Edimburgo", diz Gudgin. "Mas é possível começar uma carreira. Temos milhares de jornalistas no festival. Actuando aqui, tem mais probabilidades de ver uma crítica ao seu trabalho do que fazendo um espectáculo em qualquer outra parte do mundo. Isto é um campo de testes, uma forma de enriquecer o seu currículo, um lugar para ser visto".

Do ponto de vista do público, o Fringe assemelha-se a um festival de artes permissivo, ruidoso e basicamente altruísta. Do ponto de vista dos artistas, é um palco exigente, de alto risco, implacável e intensamente competitivo. O que funciona todos os Verões em Edimburgo funcionou em muitas das situações com que nos deparámos neste capítulo – uma arquitectura de participação através da qual a competição lado a lado leva à colaboração em grupo.

Para tornar a sua organização tão competitiva quanto possível, maximize as oportunidades de colaborar com o maior número possível de pessoas inteligentes de fora da sua empresa.

Para maximizar a eficácia desta colaboração comunitária, encoraje os participantes a competirem uns com os outros – e a aprenderem uns com os outros nesse processo. Para maximizar o que se aprende com este processo, minimize o instinto natural de liderança de controlar o que acontece entre os participantes.

Aquele último ponto pode ser o mais difícil de adoptar. Como líder, Paul Gudgin prega constantemente – *a si mesmo* – as virtudes do autodomínio. Todos os anos, independentemente do sucesso que o Fringe teve, há sempre críticas vindas de fora e é inevitável que surjam palpi-

Ideias ilimitadas

tes – demasiada comédia, insuficiência de drama de vanguarda, poucos espectáculos superpopulares (ou *demasiados* espectáculos superpopulares, o que significa que o Fringe está a jogar pelo seguro). E todos os anos Gudgin e os seus colegas resistem à tentação de usar a sua autoridade para fazer ajustamentos nos espectáculos ou no alinhamento.

"O nosso trabalho é fazer o mínimo absolutamente necessário para que este evento tenha lugar", diz enfaticamente. "A *pior* coisa que podíamos fazer era decidir que tipo de festival é que Edimburgo devia ser, envolvermo-nos no que chamo 'programação pela porta das traseiras'. A minha responsabilidade mais importante é garantir que são os artistas e o público que decidem os moldes do festival. A única coisa que temos de fazer é ter o menor número de regras possível".

CAPÍTULO 5

Inovação, S.A.:
"fonte aberta" aplicada aos negócios

Compreendemos que, para alguns executivos que pretendem obter um desempenho fiável de curto prazo e criar valor económico de longo prazo, a inovação trazida pela "fonte aberta" possa ser confusa, caótica e até mesmo estranha. *Hackers* independentes e voluntários, que contribuem colectivamente com as suas competências intelectuais e acabam por competir com a mais importante empresa tecnológica do mundo? Milhares de programadores individuais que concorrem para criar *software* que é comprado por empresas com as quais eles não têm qualquer contacto (e cujas identidades nem sequer conhecem)? Dezenas de milhares de actores, cantores e comediantes que se reúnem numa cidade da Escócia para criar um festival artístico que não é gerido por ninguém, mas para o qual mais de um milhão paga bilhete? Trata-se, acima de tudo, de uma mudança de mentalidades.

Mas estamos convencidos de que a lógica invertida da criatividade popular, transparente e descentralizada está destinada a reformular a estratégia e a liderança executiva da mesma forma intensa com que está a reformular a ciência e as artes. Com efeito, os principais evangelistas da "fonte aberta" estão a fazer a ligação entre as raízes do seu *software* e o futuro da inovação nas empresas. Entretanto, personagens influentes de uma série de grandes e importantes empresas internacionais estão a incorporar os princípios e práticas de "fonte aberta" na forma como organizam os seus departamentos de Investigação & Desenvolvimento (I&D) e como lançam novos produtos. Há dois mundos em rota de colisão – e não apenas nas páginas de um livro de ficção científica. Neste capítulo, analisamos aquilo que acontece quando a inovação "fonte aberta" é aplicada ao mundo dos negócios.

Eric Raymond é um escritor provocador, um orador apaixonante e um programador extremamente talentoso. É também um dos defensores mais destacados e influentes do poder da inovação "fonte aberta". Se Linus Torvalds, o fundador e fidedigno general do movimento de "fonte aberta", é o George Washington do sistema operativo Linux, Raymond é o seu Tom Paine – um controverso autor de panfletos e gerador de polémicas que inspira os convictos, critica veementemente os adversários perceptíveis e explica a causa a quem está de fora.* O ensaio *on-line* escrito por Raymond em 1997, intitulado *The Cathedral and the Bazaar*, que foi mais tarde publicado em livro, continua a ser o manifesto mais importante do movimento – está para a revolução "fonte aberta" como esteve o *Common Sense* para a Revolução Americana.[1]

Raymond mostra-se fascinado e divertido com a forma como um conjunto de ideias produzidas à volta do mundo dos computadores está agora no centro do diálogo internacional acerca do futuro da própria criatividade. "Há cinco anos, era visto como um louco radical", afirma sorrindo. "Agora faço parte da corrente dominante. E vai ver como este modelo se vai desenvolver exponencialmente, à medida que todos se forem apercebendo a sua eficácia".

Raymond mostra-se relutante em retirar conclusões generalizadas sobre as aplicações mais vastas da programação em "fonte aberta" nos negócios e na inovação. ("Quando me desvio muito do *software*, não posso ser tão seguro nas minhas afirmações. Sou muito prudente no que diz respeito a especular sobre outros domínios", defende.) Mas há uma

---

* **N.A.** Fiel ao espírito *hacker*, Raymond tem tanto de não convencional como de talentoso. Além do *software* de "fonte aberta", a sua outra grande paixão são as armas de fogo. Gere um *site* chamado "Geeks with Guns" e organizou sessões de formação sobre armas de fogo nas convenções Linux. "Os malucos pelos computadores e as armas são uma combinação natural", disse. "O *software* de 'fonte aberta' tem a ver com a conquista de liberdade: as armas de fogo pessoais têm a ver com a preservação dessa liberdade".

Inovação, S.A.: "fonte aberta" aplicada aos negócios

série de conclusões que está preparado para delinear – conclusões que os líderes que ponderam seriamente sobre a inovação devem ter em conta.

"O movimento de 'fonte aberta' demonstra claramente que, quanto mais pessoas inteligentes conseguir convencer a colaborar na resolução de um problema, mais probabilidades terá de o ver solucionado", afirma. "Escrever códigos pode ser uma actividade solitária, mas todos os *hacks*[*] realmente bons resultaram do facto de se aproveitar os conhecimentos e o talento de comunidades inteiras. Os criadores de programas que usam o seu próprio talento num projecto fechado acabarão por ficar atrás daqueles que sabem como criar um contexto aberto e evolutivo no qual centenas ou milhares de intervenientes detectam falhas e fazem melhorias".

"Existe uma outra lição óbvia", prossegue. "Não é possível motivar os melhores talentos com dinheiro. Este é apenas uma maneira de se manter a par do que se passa. Os melhores, em qualquer área, são motivados pela paixão. Esta é uma realidade que se torna mais visível à medida que o nível de competências necessário vai aumentando. Damos o nosso melhor quando estamos apaixonadamente empenhados naquilo que fazemos".

Mas não confunda a paixão, ou o espírito inerente à "fonte aberta", com falta de segurança ou com relutância em concorrer, recorda ele aos líderes das empresas. (O TopCoder é certamente um exemplo vivo desse ponto de vista.) "O mundo da 'fonte aberta' é ferozmente competitivo", salienta Raymond. "Todos gostam de pertencer a uma comunidade onde competem pela admiração dos seus pares. Querem acreditar que estão a trabalhar – e a competir – com os melhores talentos da sua área. Lido habitualmente com indivíduos que são os melhores programadores do mundo. Se trabalhar para uma empresa, avalia-se a si mesmo em comparação com uma centena de colegas. Se estiver a trabalhar no segmento de um código de 'fonte aberta', poderá comparar-se com milhares de pessoas de todo mundo".

---

[*] **N.T.** Programas informáticos alterados.

Raymond acrescentou ainda que aquilo que se aplica aos *hackers* independentes também se aplica aos empreendedores determinados e aos fundadores de empresas.

Em última análise, a inovação "fonte aberta" é mais do que uma nova forma de os indivíduos exibirem os seus talentos. É uma nova forma de as organizações superarem os seus rivais.

"No século XXI", argumenta, "uma das formas de concorrência entre as empresas – e isto vai além do *software* – será competir pela atenção dos talentos fora da empresa. Como é que se convence os mais inteligentes – que o CEO ou o director de Recursos Humanos nunca viram – a disponibilizarem voluntariamente a sua energia, a sua inteligência e algumas horas do seu tempo para ajudarem a organização a aperfeiçoar um produto ou a melhorar uma ideia? As empresas que conseguem atrair talentos exteriores vão de certeza marcar pontos em relação às que não o conseguem".

Larry Huston, *Vice-president* do departamento de inovação da Procter & Gamble (P&G), não tem praticamente nada em comum com Eric Raymond – que fala de forma acelerada, cria códigos e tem uma arma. Huston é um homem de empresa, na melhor acepção da palavra, que fez toda a sua carreira profissional na P&G e que emana um sentido de lealdade para com o maior fabricante mundial de produtos de grande consumo, um gigante internacional que vende um vasto leque de produtos domésticos cujas marcas acabam por ser sinónimo do próprio nome do produto. No entanto, Huston é também um disruptor empresarial, o tipo de líder de elevado impacto que vezes sem conta dá por si a trabalhar com o CEO e os executivos seniores da empresa no sentido de promover aquilo a que chama de "descontinuidades determinantes" na forma como a P&G faz negócio – desde a globalização das suas estratégias de introdução de produtos nos anos 80, à ponderação da "revolução lojista" que se verificou na Wal-Mart e noutros retalhistas de peso na década de 90. "Sou um indivíduo peculiar", diz com visível orgulho. "Tenho vindo a ser sucessivamente promovido ao longo da minha carreira, mas praticamente todos os cargos para que fui promovido foram criados por mim. Nunca 'substituí' ninguém. Sempre criei um novo espaço para mim."

O gabinete de Huston, em Cincinnati, adjacente a um complexo fabril com 81 mil m^2, conhecido como Ivorydale (do sabonete Ivory, claro), está situado no próprio edifício onde a P&G realizou parte das suas primeiras pesquisas industriais, há mais de 120 anos. Todos os recantos fazem lembrar o laboratório do século XIX – um edifício despretensioso com longos corredores, fraca iluminação e gabinetes simples. No interior deste símbolo da História de uma grande empresa, Huston está a levar a cabo uma transformação em termos de I&D que está directamente associada à lógica do *software* de "fonte aberta". "Trata-se de uma transformação muito, muito grande", diz. "Estamos a tentar mudar, de forma verdadeiramente descontinuada, toda a nossa abordagem à inovação".

Huston faz valer o seu ponto de vista com o fervor de um convertido. "O actual modelo de negócios para a I&D já não funciona", argumenta. "Não irá sobreviver. Na maioria das empresas, os orçamentos destinados à I&D estão a aumentar mais rapidamente do que o ritmo de crescimento das vendas. Isso não é sustentável. E a explosão da tecnologia é inacreditável. Actualmente, a P&G tem de estar atenta às Biociências, à Nanotecnologia e tem de utilizar *software* e computação de ponta. Como é que podemos criar sozinhos todas as capacidades científicas de que precisamos?"[2]

A resposta, evidentemente, é que isso não é possível. Nem uma empresa tão grande e abastada como a P&G pode dar-se ao luxo de fazer uma abordagem à inovação com base no "faça você mesmo" – não num mundo em que milhares, dezenas de milhares, *centenas* de milhares de investigadores com elevada formação desenvolvem – em laboratórios na Rússia, na China e na Índia - todos os tipos de inovação que são relevantes para o vasto leque de marcas da empresa.

É por essa razão que Huston está convencido de que a P&G deve olhar além das paredes dos seus reconhecidos laboratórios de investigação e para lá dos progressos dos seus próprios cientistas a tempo inteiro, devendo aproveitar o talento que se encontra disponível em todo o mundo. Apesar de a P&G empregar muitos dos mais inteligentes cientistas e engenheiros de cada domínio, o *Vice-president* da área de inovação da empresa sabe que ninguém é tão inteligente como todos os outros reunidos – e que nem todos podem trabalhar na P&G.

"Temos 7 500 colaboradores no departamento de I&D, que trabalham em 150 ramos científicos diferentes", explica Huston. "Mas quando analisamos estes 150 ramos em todo o mundo, percebemos que há um *milhão* e meio de pessoas fora da P&G com formação igual ou superior à dos nossos colaboradores. Por outras palavras, por cada colaborador que temos em determinada área, existem 200 lá fora com igual ou melhor capacidade. É óbvio que 200 pessoas conseguem inventar algo melhor do que apenas uma – não é preciso ser-se um génio para entender isso".

A missão de Huston é perceber de que forma é que a P&G pode aproveitar esses talentos de fora da empresa. Para isso, criou uma iniciativa, chamada "Connect + Develop"* (C+D, em vez de I&D), que tem como objectivo ajudar esta gigante do consumo a importar metade de todas as novas tecnologias e ideias para produtos que se desenvolvem fora das paredes da empresa. Segundo Huston, é difícil, para alguém de fora, avaliar o que está em jogo nesta mudança: "Cá dentro, nesta empresa com quase 170 anos de existência, temos um incrível sentido de orgulho na nossa ciência e *marketing*. E encaramos o mundo exterior como a outra metade do nosso laboratório de I&D. É uma mudança gigantesca."

Imbuído desse espírito de mudança, Huston está a fazer nascer uma onda gigantesca de programas empresariais e empreendedores. Uma estratégia tem de ter mais abertura de espírito no que diz respeito à forma

---

* **N.T.** Ligar e desenvolver.

como a empresa vê e escuta o mundo exterior. Huston seleccionou 60 cientistas e engenheiros dos laboratórios da P&G, retirou-os dos seus mundos de tubos de ensaio e microscópios e chamou-lhes "empreendedores tecnológicos". Estes empreendedores tecnológicos, que foram enviados para a Europa, China, Japão, Índia e América Latina, são os exploradores de elite da P&G na corrida pela descoberta de inovação fora das paredes da empresa. Eles visitam laboratórios governamentais e universitários, travam conhecimento com importantes cientistas e professores, marcam presença em feiras comerciais e até vasculham os corredores dos supermercados, à procura de inovações que a P&G pode levar para dentro de portas com vista a criar novos produtos ou a melhorar os que já existem.

O cientista Ed Getty, com 17 anos de casa na P&G, foi um dos primeiros empreendedores tecnológicos da empresa. Hoje, a sua função é certificar-se que os seus 60 colegas 'itinerantes' trocam ideias uns com os outros, bem como com o mundo exterior. "Somos defensores internos das ideias do exterior", afirma. "A nossa função é olhar lá para fora, descobrir tecnologias e produtos disruptivos e trazê-los para a empresa. Estamos a inovar na forma como inovamos. Trata-se de uma verdadeira mudança do jogo para nós".

Uma segunda estratégia é tornar-se um íman das ideias exteriores – criar e dominar um "fluxo de negociações" para a inovação, da mesma forma que os investidores de capital de risco cultivam um fluxo de negociações relativamente aos planos empresariais válidos. Assim, Huston está a criar e a defender "redes de inovação" internacionais formadas por terceiros – condutas de ideias que mantêm a P&G na corrente global da criatividade. A título de exemplo, a P&G fez parceria com a gigante farmacêutica Eli Lilly para ajudar a estruturar a Your Encore, uma empresa sediada em Indianapolis que alia cientistas e engenheiros reformados – talentos que ainda fervilham com energia e ideias – a empresas ávidas de ideias que podem beneficiar de um fluxo de conhecimento pericial, competências e experiência vindos do exterior. Huston é também um incansável defensor da NineSigma, uma empresa de Cleveland em rápido crescimento que criou aquilo a que chama "Troca Gerida"* – uma rede global com base na Internet, através da qual as empresas podem pedir a ajuda de investigadores de todo o mundo, podendo qualquer um deles ser contratado para solucionar um problema. Esqueça o envio do típico RFP** para os mesmos fornecedores de sempre. A NineSigma recorre à Internet para identificar os melhores talentos num vasto leque de domínios e direcciona RFP com alvos específicos a todos os cantos do mundo. A premissa de base é a seguinte: é extremamente provável que algum investigador brilhante, algures no mundo, já tenha resolvido o problema com o qual se debatem os seus brilhantes investigadores. A proeza é descobrir esses investigadores externos e convencê-los a trabalhar consigo.

"A inovação tem tudo a ver com redes", afirma Huston. "Tem a ver com fazer ligações, conjugar elementos, mover as coisas de um domínio para outro. A P&G tem demonstrado sempre mestria na forma como faz ligações a nível interno. Posso mostrar-lhe diagramas de como o nosso primeiro trabalho em torno dos sabonetes, combinado com o nosso conhecimento sobre o cálcio, levou ao nosso trabalho na área dos cuidados dentários, que levou ao nosso trabalho no domínio da osteoporose, onde estamos a caminho de colocar no mercado um medicamento no valor de mil milhões de dólares. A capacidade para fazer este tipo de ligações *exteriormente* encerra em si mesma a promessa de revolucionar a I&D."

A NineSigma não parece assim tão revolucionária – até se viajar até Cleveland, passar algum tempo na sede da empresa e começar a apreciar o seu impressionante alcance global. Pense na NineSigma como um motor de busca mundial de I&D – um Google alimentado por seres humanos que procuram boas ideias. "Pensamos ter uma receita de sucesso nesta área", diz o seu CEO, Paul Stiros. "Temos uma rede auto-expansível dos investigadores mais qualificados do mundo. Podemos encontrar pessoas que não sabem nada sobre nós, colocar-lhe à frente

---

* **N.T.** No original *Managed Exchange*.
** **N.T.** *Request For Proposal* – pedido de propostas.

Inovação, S.A.: "fonte aberta" aplicada aos negócios

um resumo de carácter tecnológico e fazer isso de forma clara, concisa e atractiva. Podemos descobrir, directa ou indirectamente, qualquer pessoa no mundo que tem o conhecimento, experiência ou perícia relevante para as necessidades dos nossos clientes".

Se isto lhe soa a vaidade, consulte as estatísticas. De acordo com Charles Brez, principal executivo do departamento de *marketing* da NineSigma, a National Science Foundation estima que existem três milhões de profissionais com o mesmo nível de competências (pessoas com funções de estatuto elevado) nas áreas da ciência e tecnologia em todo o mundo. A NineSigma já reuniu e organizou os nomes, afiliações, *backgrounds*, áreas de interesse – *e endereços de* e-mail – de mais de um milhão desses investigadores e a sua base de dados terá em breve um milhão e meio de endereços de *e-mail*.

Trata-se de um moderno filão virtual de especialização científica de todos os cantos do globo. Quando a P&G, a General Motors, a Avery Dennison ou uma outra das mais de 50 grandes empresas clientes da NineSigma se depara com um problema que não consegue solucionar ou começa a explorar um novo domínio de investigação, a NineSigma esboça um resumo técnico, disponibiliza-o a milhares de cientistas e engenheiros com interesses e experiência relevantes e convida-os a apresentarem propostas de trabalho para a empresa. "Somos uma operação paralela maciça", explica Shauna Brummet, bióloga molecular que é V*ice-president* das operações da NineSigma. "Podemos contactar milhares de pessoas, apresentar uma necessidade muito específica e dizer: 'Aqui está a oportunidade, aqui está a empresa com quem pode trabalhar, por que não lhe apresenta uma grande ideia?'" (Cada resumo da NineSigma é normalmente remetido a um universo compreendido entre 5 e 15 mil investigadores e gera entre meia dúzia a mais de uma centena de propostas.)

É a derradeira viragem do velho síndroma "não foi inventado aqui": nesta era de excesso científico, por que é que uma empresa se esforçaria em inventar nos seus próprios laboratórios algo que já tenha sido inventado num outro lugar?

> *"Aquilo que tentamos que as empresas compreendam"*, diz o CEO Stiros, *"é que sempre que inicia um novo projecto, sempre que avalia um novo problema técnico, deve olhar para fora das suas 'paredes' antes de reinventar a roda. Isto deveria tornar-se uma acção rotineira do processo de inovação: trazer para dentro soluções que estão disponíveis lá fora. É incrível pensar que existem pessoas dentro de grandes empresas que gastam milhões de dólares para redescobrirem conhecimento que já está disponível!"*

Stiros não fala apenas como representante da NineSigma – ele é também um cliente satisfeito. Assumiu a liderança da empresa em Setembro de 2004, depois de uma carreira de 24 anos na Procter & Gamble. Stiros era um velho colega e companheiro de viagem de Larry Huston e do grupo da "Connect + Develop". Com efeito, ele ajudou a promover algumas das mais notáveis inovações de produto de fora para dentro, incluindo o espanador Swiffer, o produto de lavagem a seco de automóveis Mr. Clean e um purificador de ar da Febreze chamado Scentstories. Ficou tão ligado às capacidades de auscultação do mundo da NineSigma e tão convencido do seu impacto na sua empresa que não conseguiu resistir à oportunidade de gerir a organização quando essa possibilidade lhe foi dada. Em Junho de 2005, só a P&G encomendou mais de cem projectos por intermédio da NineSigma. "Trata-se de uma forma bastante eficaz em termos de custos de fazer negócio", argumenta Stiros. "Os investigadores que encontramos já inventaram as suas soluções, por uma outra razão qualquer. Por isso, os seus custos já foram absorvidos".

Se quiser irritar Larry Huston, pergunte-lhe se a NineSigma e a "Connect + Develop" são apenas sinónimos engraçados para o *outsourcing* – esquemas inteligentes que encorajam os verdadeiros ícones norte-americanos, como a Procter & Gamble, a subcontratar trabalho na Índia, na China e noutros países recheados de talento técnico a baixo custo. "Não é nada disso", objecta ele. "Nós fazemos o *insource* das ideias de outras pessoas. Não estamos a pegar naquilo que já fazemos e a mandar fazer na Índia. Quando alguém na Índia tem uma grande ideia, uma ideia que faça crescer o nosso negócio, queremos poder trazê-la para a P&G e pedimos aos nossos investigadores para analisarem a forma de colocarmos essa ideia no mercado e criamos valor. Isto tem a ver com a P&G trabalhar com base nas ideias de outros e não com outros a trabalharem com base nas nossas ideias."*

Para reforçar este ponto, Huston gosta de contrastar a forma como a P&G aproveita os conhecimentos técnicos existentes em Bangalore, na Índia, a capital mundial não oficial do *outsourcing*, com a forma como a maioria dos conglomerados que fazem parte do *ranking Fortune 500* operam na região. Ao contrário dos seus colegas seniores de muitas gigantes empresariais, Huston não quer transferir o seu bem estruturado departamento de I&D para a Índia. Em vez disso, pretende ter acesso antecipado à investigação pioneira que os professores e empresas indianos estão a realizar. Assim, em vez de construir grandes laboratórios que empregam centenas ou milhares de investigadores a tempo inteiro, a P&G está a edificar um pequeno "posto de escuta" em Bangalore, constituído por 60 colaboradores, onde uma equipa "Connect + Develop" vai contactar os laboratórios universitários, os institutos governamentais e os departamentos de investigação de pequenas empresas, à procura de inovações que a P&G possa levar para dentro da empresa.

Huston é peremptório. Ele está à procura daquilo a que chama produtos "cozinhados" e tecnologias "prontas a sair" – inovações que a P&G consegue descobrir, adaptar e aplicar, de forma a lançar mais rapidamente novos produtos, com ênfase no aspecto da *rapidez*. Conta que em apenas um ano as suas várias iniciativas "Connect + Develop" em todo o mundo analisaram minuciosamente cerca de dez mil ideias do exterior, identificaram duas mil que mereciam uma análise mais profunda, reduziram-nas

---

* **N.A.** O que não significa que a P&G, como empresa, não subcontrate parte da sua tradicional tecnologia para computadores. Em 2003, a P&G celebrou aquele que foi, na altura, o maior acordo de *outsourcing* de sempre, quando a Hewlett-Packard ganhou um contrato de dez anos, no valor de três mil milhões de dólares, para gerir a infra-estrutura de Tecnologias de Informação da P&G.

a 500 avaliações técnicas positivas e deram origem ao lançamento de cem novos produtos. "Hoje, dispomos de redes em todo o mundo. Estamos a incorporar um superturbo no nosso departamento de I&D", afirma.

Estes produtos estão muito longe dos enredos dos romances de ficção científica ou das complexidades dos sistemas operativos da Internet – sendo isso que os torna tão relevantes e importantes para o negócio. Um pequeno exemplo é o do Mr. Clean Magic Eraser, uma esponja de limpeza para a cozinha. O rosto de Huston ilumina-se quando fala sobre o Magic Eraser ("a minha mulher *adora* o produto"), que tem sido um grande sucesso no mercado norte-americano. Como é que a P&G chegou ao Magic Eraser? Um dos empreendedores tecnológicos da equipa formada por Huston ouviu falar, no Japão, de um novo tipo de espuma que estava a entrar nas prateleiras dos supermercados. Originalmente, a espuma estava a ser utilizada como material de isolamento para automóveis e como material de protecção de embalagens - até que um empresário japonês percebeu que, quando o material ficava molhado, desenvolvia uma qualidade abrasiva que era óptima para a limpeza da casa. Este empreendedor tecnológico soube também que um dos maiores fornecedores da P&G, a gigante química BASF, tinha produzido a espuma para o mercado japonês. Assim, a P&G comprou a licença do material, celebrou contrato com a BASF e pronto – um novo produto começou a limpar as cozinhas norte-americanas, sem ser necessário investir em I&D tradicional por parte da Procter & Gamble.

Outro pequeno exemplo é o das Pringle's Prints. As famosas batatas fritas finíssimas da P&G surgem agora numa versão com imagens impressas (através de moldes comestíveis) de personagens de filmes (como do *Madagáscar*) e de perguntas com palavras e imagens (com base no jogo "Trivial Pursuit Junior" e na edição de 2006 do Livro dos Recordes do Guinness), curiosidades acerca de séries de televisão e perguntas sobre jogos de tabuleiro. A ideia das Pringle's Prints teve origem dentro da P&G e não fora.

Conta-se que um dia uma colaboradora ficou tão empolgada com uma ideia que teve que pegou na finíssima massa da batata e colocou-a numa impressora de jacto de tinta para ver o que acontecia. ("Conseguem imaginar a reacção quando ela chamou o assistente informático?", diz Huston com uma risada.) Mas em vez de formar uma equipa com investigadores da P&G para resolver os desafios técnicos da impressão de imagens em grandes quantidades de batatas fritas, a Procter & Gamble recorreu a uma das redes tecnológicas de Huston para correr o mundo à procura de uma solução "pronta a sair" – alguém, algures, que já tivesse feito algo parecido com aquilo que a P&G queria.

A procura conduziu rapidamente a uma padaria em Bolonha, Itália, que se tinha especializado na utilização das impressoras de jacto de tinta com moldes comestíveis para o fabrico de bolos e outro tipo de alimentos. É evidente que uma padaria italiana pouco conhecida não estava em posição de operar à mega-escala da P&G. Assim, a empresa comprou a licença da tecnologia à padaria, fez parceria com um grande fornecedor e equipou a sua fábrica em Jackson, no Tennessee, com a tecnologia para produzir as Pringle's Prints. "Conseguimos colocar este produto no mercado em menos de um ano", conta Huston. "O que nos deixa empolgados é que as soluções podem ter origem nas pessoas mais improváveis".

O que tem para mim?
A arte da negociação "fonte aberta"

Há qualquer coisa de empolgante, sedutor e extremamente inspirador no desenvolvimento do Linux, na lógica auto-organizada do maior festival de artes do mundo e até mesmo na surpreendente história da criação de uma nova batata frita.

A imagem é irresistível: engenheiros e empreendedores talentosos, apaixonados e confiantes, espalhados por todo o mundo, que colaboram e competem para criar software, *solucionar problemas e conceber produtos.*

Mas o mundo dos negócios tem mais do que imagens irresistíveis. Tem a ver com custos e benefícios, vencedores e perdedores, prazos e condições. É por isso que a "fonte aberta" é muito mais de que um novo modelo de inovação. Tem a ver com a arte da negociação. Se quer aproveitar os melhores talentos do mundo, tem de criar razões atractivas para que venham trabalhar consigo.

Voltemos ao desafio Goldcorp. Quase instintivamente, Rob McEwen compreendeu de que forma a competição inspirada no modelo Linux poderia transformar as expectativas para a sua mina de Red Lake. Mas também compreendeu que, para o Desafio funcionar, teria que fazer algo mais do que ajudar a sua empresa a descobrir ouro. Tinha que se destinar a ajudar a sua indústria a descobrir os talentos dos participantes – aumentando a sua visibilidade e transformando as suas perspectivas para o futuro. McEwen tinha de fazer uma oferta que os melhores geólogos do mundo não pudessem recusar.

Com efeito, talvez o princípio mais importante por detrás do Desafio da Goldcorp fosse a abordagem de "fonte aberta" escolhida por McEwen. Um ano depois de ele ter falado sobre o concurso a uma céptica audiência de ilustres do sector, voltou à reunião anual de prospectores e responsáveis pela área de desenvolvimento empresarial para anunciar os resultados – *com os nomes dos vencedores na mão*. Longe de manter os seus conhecimentos apenas para si, McEwen partilhou a riqueza de ideias com os seus rivais. Patrocinou um simpósio de um dia, no qual os semifinalistas e finalistas apresentaram as suas técnicas e metodologias à indústria de extracção de ouro, que se mostrou fascinada com aquela manifestação global de talentos.

Para os participantes, aquele momento nas luzes da ribalta foi o verdadeiro prémio – e a principal razão para tantos talentos terem tanta vontade de oferecer as suas melhores ideias à Goldcorp. É certo que a oportunidade de ganhar um prémio monetário na ordem dos seis dígitos ajudou a persuadir os geólogos e cientistas de 51 países a apresentarem planos de prospecção a uma empresa mineira canadiana gerida por um homem que nunca conheceram. Mas o dinheiro foi uma motivação menor. O que mais importou foi a oportunidade de estarem num palco mundial, a hipótese de mostrarem orgulhosamente o seu material a toda a indústria. "É uma forma de criar 'estrelas', de dar a todas as pessoas do mundo o reconhecimento que não conseguem ter num local de trabalho tradicional. Para alguns dos nossos vencedores, foi – literalmente – uma experiência que lhes mudou a vida", diz McEwen.

Ele não está a exagerar. Nick Archibald, um geólogo determinado de West Perth, Austrália, viu no Desafio uma oportunidade de demonstrar de que forma o seu *software* de criação de gráficos poderia revolucionar a exploração mineira. (Foi a sua proposta que quase fez cair McEwen da cadeira.) O seu modelo virtual a 3-D das jazidas de ouro da Goldcorp colocou a sua jovem empresa no mapa e atraiu clientes de todo o mundo. A sua empresa, Geoinformatics Exploration Inc., está cotada na TSX Venture Exchange de Toronto.

Para Mark O'Dea, que conquistou o segundo prémio, o impacto do Desafio foi praticamente instantâneo. No dia seguinte à cerimónia pública, dois experientes executivos da área mineira convenceram o geólogo canadiano a juntar-se a eles num novo empreendimento. Qual era o alvo? Tal como os colegas de McEwen tinham previsto, eles compraram terrenos junto à mina da Goldcorp. Antes do Desafio, O'Dea lutava para deixar a sua marca na indústria mineira e tinha passado seis meses destacado na Índia pela Phelps Dodge. Foi percorrido um longo caminho desde essa altura até assumir do cargo de *President* e CEO do Fronteer Development Group, que, entre outras propriedades, controla dezenas de milhares de hectares de terrenos na região de Red Lake.[3]

Para Alexander Yakubchuk, que recebeu o terceiro prémio, a recompensa teve tanto de pessoal como de profissional. Durante anos, este geólogo russo, antigo professor da Universidade Estatal de Moscovo, tinha alimentado o desejo de aplicar os seus talentos no Ocidente. O seu prémio, no valor de 75 mil dólares, permitiu-lhe mudar-se com a sua família para Londres. Arranjou trabalho no Museu de História Natural de Londres e foi aí que se tornou um gestor de exploração da Gold Fields Limited, uma das gigantes da indústria mineira. "Eu já tinha alguma visibilidade devido ao meu trabalho académico, mas o Desafio promoveu a minha visibilidade a nível internacional", conta Yakubchuk.

Por outras palavras, por detrás deste fluxo de ideias progressistas estiveram alguns cálculos empresariais orientados pela experiência prática. Geólogos talentosos, como Archibald, O'Dea e Yakubchuk ajudaram McEwen a descobrir ouro. McEwen ajudou-os a brilharem aos olhos dos seus pares – e a concretizarem a fase seguinte das suas carreiras ou planos empreendedores. "Sou curioso por natureza", revela o *Chairman* da Goldcorp. "*Adoro* ideias. E todos nós temos ideias que se aplicam para além daquilo que estamos a fazer no momento: o nosso emprego actual, a nossa área de trabalho actual, a região do mundo em que vivemos. Foi esse talento que quisemos libertar e atrair. Para isso tínhamos de mudar o estatuto de quem vencia, ajudando-os a ganharem fama e a fazerem fortuna, a criarem verdadeiro valor tanto para eles como para nós".

Darren Carroll passou anos a trabalhar no desafio de transformar o potencial da inovação "fonte aberta" em verdadeiro valor de negócio. Carroll, um veterano na Eli Lilly, era o principal procurador norte-americano da gigante farmacêutica na defesa do Prozac, antes de se tornar CEO da InnoCentive, um "laboratório virtual de I&D" financiado pela Lilly e sediado nos arredores de Boston. O reconhecido patrocinador de empresas e co-fundador da InnoCentive, Alph Bingham, era um talentoso investigador e executivo de topo, com 27 anos de casa na Lilly, e criador da e.Lilly – um *think tank* interno e uma empresa de capital de risco que ajuda a Lilly a realizar experiências, não para futuros medicamentos, mas para o futuro da própria inovação.

Darren Carroll, Alph Bingham e Larry Huston são amigos, pares e companheiros de viagem. Todos eles apoiaram a criação da Your Encore, todos eles apregoam as virtudes da NineSigma e todos eles apoiam o desempenho da InnoCentive. No entanto, Bingham, ao contrário de Huston, começou por posicionar a sua empresa – orientada para o futuro – fora da sua área de actividade principal. Os escritórios da e.Lilly ficam a cerca de 32 quilómetros de distância da sede da Lilly

Inovação, S.A.: "fonte aberta" aplicada aos negócios

e estão decorados com um estilo desportivo que recorda os tempos das *dot-com*. As salas de conferências foram buscar os seus nomes a artistas famosos, como Chagall, O'Keefe, Pollock e Warhol. As paredes estão decoradas com *graffiti* associados ao mundo dos negócios – perguntas e *slogans* destinados a captar o espírito incansável da inovação. "Uma solução é aquilo que resulta quando deixa de pensar acerca do problema. Só os peixes mortos se deixam arrastar pela corrente", diz um deles.

Mesmo assim, Bingham, tal como Huston, é um homem puramente de negócios. Ele organizou, patrocinou e investiu num *portfolio* de iniciativas destinadas a aproveitar a inovação "fonte aberta" como uma fonte de forte vantagem competitiva. O objectivo de todas estas iniciativas, explica Bingham, é aumentar a "quota de cérebros" da Lilly na comunidade científica mundial. Ele não usa esse termo da mesma forma que os responsáveis de *marketing* quando estão preocupados com a sua visibilidade em relação a um público-alvo. Ele usa-a mais no espírito de inteligência de grupo. "Dispomos de uma 'mente colectiva' e a questão que se coloca à Lilly é: 'A que fracção dessa mente podemos aceder?' Se nos limitarmos apenas àqueles que conseguimos contratar das melhores universidades e àqueles que conseguimos convencer a trabalhar para sempre na empresa – bem, então teremos apenas uma pequena parte desse intelecto colectivo. Estamos a falar da democratização da ciência: O que acontece quando abre a sua empresa a milhares e milhares de mentes, cada uma delas com um conjunto completamente diferente de experiências de vida?", explica Bingham.

A InnoCentive é uma experiência que tenta responder a essa pergunta. Trata-se de uma jovem empresa criada com capital de risco que ainda está a dar os seus primeiros passos e à qual faltam ainda alguns anos até alcançar um considerável volume de vendas e lucros. Mas tem um enorme privilégio - explorar até que ponto a Lilly e algumas das mais poderosas organizações do mundo conseguem transformar a inovação "fonte aberta" numa forma instituída de fazer negócio. Poderá uma série de ideias criadas por *hackers* dos computadores que andam de sandálias transformar-se em sabedoria convencional no corpo executivo das empresas que fazem parte da *Fortune 500*?[4]

O modelo da InnoCentive é ilusoriamente simples. Recebeu inscrições de mais de 30 organizações "pesquisadoras", de entre as maiores empresas do planeta. Entre elas incluem-se a Lilly e a P&G, claro, juntamente com a Boeing, a Dow, a DuPont e a NestléPurina. São grandes empresas que, em conjunto, geram centenas de milhares de milhões de dólares em vendas, investem milhares de milhões em I&D e empregam dezenas de milhares de cientistas e engenheiros. Todas elas têm laboratórios repletos de problemas por resolver, que continuam a frustrar até os melhores cérebros da organização, porque os seus investigadores não têm tempo para trabalhar nesses problemas ou porque a empresa não dispõe de conhecimentos internos para os solucionar.

A InnoCentive registou mais de 90 mil biólogos, químicos, bioquímicos, cientistas de materiais e afins – profissionais de elevadas competências de mais de 175 países e de todo o tipo de carreiras. Entre estes "solucionadores" contam-se ambiciosos estudantes de mestrado, administradores reformados dos departamentos de investigação das empresas mais admiradas do mundo, engenheiros nucleares da Rússia e um vasto leque de especialistas da China, Cazaquistão e outros locais longínquos. (Em 2004, a China ultrapassou os EUA como maior fonte de cientistas registados. A Índia e a Rússia são a terceira e quarta maiores fontes de cientistas.)

Cabe à InnoCentive fazer a ligação entre pesquisadores e os solucionadores. As empresas "pesquisadoras" apresentam "desafios" muito técnicos e específicos no *website* da InnoCentive. Os desafios são enunciados com uma descrição científica, um prazo e um prémio, que pode chegar aos cem mil dólares. (Os anúncios não revelam o nome da empresa "pesquisadora" e são-lhes suprimidos os detalhes que possam dar pistas quanto ao produto a que estão ligados.) Os solucionadores competem para responder ao desafio de uma forma considerada um sucesso pela empresa "pesquisadora", momento em que o solucionador

é pago e o pesquisador passa a ser detentor da propriedade intelectual.*
O próprio *site* é uma espécie de Nações Unidas para a I&D – uma cacofonia digital de problemas, soluções, disciplinas especializadas e locais invulgares. Uma análise aos vencedores de prémios é como uma visita virtual às estações científicas de todo o planeta, desde Oxford e Universidade Estatal de Moscovo ao Shriram Institute for Industrial Research, em Bangalore (Índia), passando pelo Institute of Bioorganic Chemistry, na Bielorússia. Tal como na ONU, também há tradução simultânea: com um clique no rato, o *site* passa da versão em inglês para chinês, russo, japonês, coreano, alemão ou espanhol.

Darren Carroll mal consegue conter o seu entusiasmo em relação ao que a InnoCentive prevê para o futuro da inovação. "Isto não está sequer *perto* da antiga forma de fazer negócios", declara. "Estamos a fazer com que se ponha de parte os velhos pressupostos acerca da forma como o trabalho científico pode ser feito, onde é que pode ser feito e quem o pode fazer, bem como os termos nos quais estão preparados para o fazer".

Um dos momentos mais elucidativos para Carroll deu-se durante uma visita a Chernogolovka, uma cidade outrora secreta da ex-União Soviética, para onde o antigo regime enviava cientistas para trabalharem em investigações altamente prioritárias (muitas das quais, é claro, dirigidas contra os EUA.) Chernogolovka é um local pequeno, com pouco mais de 22 mil habitantes. Mas entre esses estão mais de 20 elementos da Academia Russa de Ciências, mais de 250 titulares de mestrados e mais de mil estudantes de mestrado.

---

* **N.A.** Existem pequenas (mas curiosas) diferenças nos modelos de negócios da NineSigma e da InnoCentive. A NineSigma tem a ver com a promoção de relações – a empresa actua na qualidade de intermediária entre uma grande empresa cliente e um investigador externo e depois cabe às duas partes chegar a acordo financeiro. (A NineSigma recebe uma parcela nesse contrato.) A InnoCentive tem a ver com transacções. Trata-se, essencialmente, de um mercado à vista, com respostas a complexos problemas técnicos. Os solucionadores desconhecem a identidade da empresa que colocou o desafio. E não é decididamente de bom tom uma empresa pesquisadora fazer uma ligação directa com um solucionador, contornando a InnoCentive.

"São pessoas incrivelmente inteligentes", salienta Carroll, "que viveram em total isolamento até há bem pouco tempo. E eis que dei por mim a falar com o chefe de um importante departamento de um grande instituto de investigação acerca da forma como os seus cientistas poderiam colaborar com a InnoCentive. Mostrei-lhe o *website* e o indivíduo analisou os desafios. 'Está a ver aquele? A minha equipa poderia resolvê--lo neste momento', disse-me ele. 'Mas por aquele outro, a sua empresa "pesquisadora" apenas está disposta a pagar 75 mil dólares. Penso que vale 500 mil dólares – nunca trabalhámos essa área'. E assim continuou. Em poucos anos, um dos locais mais isolados e inacessíveis do mundo permitiu-me entrar dentro dos seus laboratórios. E o meu objectivo é abrir a sua investigação ao mundo e deixar que alguém faça a sua proposta monetária. Um grande passo na via da mudança radical".

Carroll tem tido grande contacto com as mudanças de mentalidades que têm varrido o mundo das ciências.

> *Mas a sua verdadeira função é fazer com que o fantástico se torne um hábito – transformar a inovação "fonte aberta" numa característica comum da forma de fazer negócios, em vez de isso ser visto como uma janela para o futuro.*

Assim sendo, de que forma pode a inovação "fonte aberta" ser aplicada ao mundo dos negócios? Em primeiro lugar, levando a cabo uma batalha ininterrupta por aquilo a que Bingham chama de quota de cérebros. Esqueça o *Campo de Sonhos* – só porque se cria um laboratório virtual de I&D, isso não significa que alguém vai lá entrar. Na InnoCentive, o recrutamento em carne e osso é constante. Ali Hussein, principal responsável de *marketing* e *Vice-president* do departamento de mercados globais, que transitou da Amazon.com para a InnoCentive, faz uma viagem à volta do mundo cada cinco a seis semanas, defendendo pessoalmente a doutrina da inovação aberta em algumas das estações científicas mais remotas do mundo. Além disso, durante os primeiros anos de Carroll como CEO, Hussein andava na estrada 200 dias por ano, visitando parques científicos, laboratórios e universidades para persuadir potenciais solucionadores (e, tanto quanto possível, novas empresas "pesquisadoras") a aderirem ao processo virtual de I&D. "Ando no terreno, a evangelizar cientistas de renome, chefes de grandes organizações de investigação, responsáveis governamentais, acerca da forma como eles podem fazer parte de uma comunidade científica verdadeiramente global", diz.

A InnoCentive não recruta apenas cientistas e fica à espera dos melhores resultados. O seu grupo Scientific Operations (SciOps, na linguagem da empresa) mantém os solucionadores ocupados, encoraja os investigadores com competências específicas a trabalharem em determinados desafios e ajuda-os a analisar propostas promissoras mas que ainda não estão maduras. Para apoiar um único desafio, a SciOps poderá enviar *e-mails* a 20 mil elementos da InnoCentive. Quando um solucionador mostra interesse, abre uma "sala de projecto" confidencial, onde os especialistas da SciOps respondem a perguntas, lêem esboços e, se for caso disso, ajudam a dar seguimento à proposta. (Muitas soluções vencedoras passam por múltiplas fases de esboço antes de serem aprovadas pela empresa "pesquisadora").[*]

O russo Eugene Ivanov, membro da equipa SciOps da InnoCentive, diz que estabeleceu ligações muito fortes através do seu trabalho com solucionadores em locais remotos: "Os nossos solucionadores querem ser vistos como seres humanos reais, não querem ser apenas nomes num monitor. E querem sentir que têm um defensor, alguém que está do seu lado. Trato muitos dos nossos solucionadores pelo primeiro nome. Nunca nos vimos e talvez isso nunca venha a acontecer, mas o contacto pessoal é crucial".

---

[*] **N.A.** Da mesma forma, a SciOps colabora com empresas "pesquisadoras" de forma a controlar o delicado equilíbrio entre secretismo e abertura. Quanto mais pormenorizado for o desafio, mas probabilidades ele tem de ser solucionado. Simultaneamente, por óbvias razões de ordem concorrencial, as empresas "pesquisadoras" desejam desesperadamente proteger a sua identidade e os planos para o produto associados a um desafio específico.

Segunda lição de Carroll: as empresas só conseguirão o máximo dos talentos exteriores se os melhores cérebros dentro da organização repensarem a *sua* abordagem ao trabalho. "Os cientistas e engenheiros têm de alterar as descrições das suas funções", insiste. "Eu peço-lhes para pararem de se ver como solucionadores de problemas. Eles têm de se tornar *pesquisadores de soluções*. Não se trata de uma questão de semântica. É uma das mais importantes distinções que fazemos. Um solucionador de problemas é alguém que agarra num desafio, vai para o laboratório e não sai de lá até ter uma resposta. Um pesquisador de soluções olha à volta do mundo e é agnóstico no que diz respeito à proveniência da resposta, desde que seja a melhor resposta, ao mais baixo custo, no mais curto período de tempo".

Tal como Larry Huston da P&G, Carroll insiste que a "procura de solução" não é um eufemismo para *outsourcing*. Ele vê o mundo como um vasto laboratório cheio de ideias, experiências e inovações que só estão à espera de ser aplicadas.

O objectivo – e ele, como Huston, é peremptório em relação a isto – não é enviar trabalho rotineiro para países com baixo custo laboral, mas descobrir soluções inexploradas que já existem em laboratórios de todo o mundo e aplicá-las a problemas que precisam de uma solução.

Segundo Carroll as melhores soluções são as que exigem o menor volume de trabalho para os solucionadores. "O nosso modelo é concebido de forma a dar uma oportunidade inesperada a quem tem uma preparação sem paralelo", explica. "Procuramos cientistas que, no momento em que apresentamos um desafio no *site*, digam a si mesmos: 'Não acredito que eles ainda não descobriram esta solução'. Não estamos à procura de quem inicie uma corrida na linha de partida. Estamos à procura de quem possa começar a corrida a dez metros da linha de chegada – quem tem a resposta certa para o problema adequado, na altura certa".

Carroll chama-lhe o momento "agulha no palheiro": "Está no laboratório, sente-se encurralado, não sabe que via tomar, e de repente diz: 'vamos abrir este problema ao mundo'. E consegue chegar a um investigador que está a milhares de quilómetros de distância, que se debruçou exactamente sobre o mesmo problema durante cinco anos, que já tem uma solução na sua cabeça e que lhe diz: 'Isso é canja, já o fiz!'"

Parece uma ideia fantasista, não fosse o facto de acontecer a toda a hora. Carroll e os seus colegas conseguem recitar de cor esses momentos de "agulha no palheiro" – soluções que chegam dos lugares e dos domínios mais inesperados, com uma rapidez surpreendente. David Bradin, advogado de patentes na Carolina do Norte, soube da existência da InnoCentive através de um jornal de comércio e decidiu avaliar as suas implicações em termos da legislação relativa à propriedade intelectual. À medida que navegava no *site*, Bradin, licenciado em Química Orgânica, deparou-se com um desafio que tinha desnorteado uma empresa "pesquisadora" – e resolveu-o sozinho.

Um desses momentos favoritos de Carroll envolve uma empresa que se debatia há 18 meses com um problema relacionado com um novo medicamento. Este aspecto "paralisador" tinha baralhado os seus melhores toxicólogos e patologistas, por isso escolheu a InnoCentive como uma opção do tipo "não temos nada a perder". Uma especialista em cristalografia de proteínas viu o desafio e percebeu imediatamente qual a forma de aplicar ferramentas da sua área para o solucionar. "Quando ela ganhou o prémio", conta Carroll, "nós perguntámos a um investigador de topo da empresa "pesquisador"a se tinham alguma vez recorrido a um especialista em cristalografia de proteínas para os ajudar com o problema. Ele respondeu-nos: 'Temos um laboratório cheio deles ao fundo do corredor e nunca nos ocorreu pedir-lhes ajuda'".

É por essa razão que - mesmo quando Darren Carroll se esforça por tornar a inovação "fonte aberta" um hábito do palco empresarial - poderá nunca perder o seu poder de surpreender ou de inspirar. "Quando lançámos este projecto, houve pelo menos seis executivos seniores na Lilly que me chamaram à parte e me disseram que eu estava a dizer adeus a uma carreira muito boa. Agora dou por mim no centro do diálogo científico mundial. Amanhã, o nosso objectivo é mudar a própria natureza do trabalho: o que significa estar empregado e o que significa fazer algo produtivo".*

"Reconhecer diariamente a própria ignorância" – o que significa ser um líder "fonte aberta"

Reconhecer o poder da inovação "fonte aberta" não muda apenas as velhas ideias acerca de como e onde se pode trabalhar. Redefine o próprio trabalho de liderança. Quer estivéssemos de visita a um responsável sénior de I&D em Cincinnati ou a entrevistar um director artístico sediado em Edimburgo, ficámos impressionados com o que acontece quando os executivos seniores convidam muitas pessoas inteligentes – clientes, engenheiros, simples entusiastas – para as suas organizações. O resultado não se resume a uma libertação de talento inovador no sentido *bottom-up*: inspira uma menor arrogância na hierarquia *top-down*. É essa a verdadeira mudança de mentalidade no mundo dos negócios – não a antecipação do impacto da nova vaga da Internet, mas o reconhecimento das limitações das organizações à moda antiga. Um compromisso para com a inovação "fonte aberta" requer um compromisso para com um estilo de liderança mais aberto.

Os líderes que conhecemos nos últimos dois capítulos revelam um claro sentido de transparência pessoal. Rob McEwen convida toda a indústria mineira para aprender com os talentosos geólogos descobertos através do Desafio da Goldcorp. Paul Gudgin orgulha-se de não exercer influência de

---

* **N.A.** Longe de lhe custar a carreira, a experiência de Carroll na InnoCentive estruturou-a. Em meados de 2005, Darren Carroll e Alph Bingham fizeram uma espécie de troca de cargos. Bingham, patrocinador empresarial da InnoCentive, foi eleito CEO da empresa, tendo Carroll assumido o cargo de *Chairman*. E Carroll regressou a Indianapolis, sede da Lilly, para supervisionar os investimentos de capital de risco da empresa e as suas experiências com novos modelos de negócios.

Inovação, S.A.: "fonte aberta" aplicada aos negócios

bastidores sobre o conteúdo do Edinburgh Fringe Festival, apesar de ter o cargo de director artístico. Darren Carroll, que deu os seus primeiros passos na Eli Lilly, no mundo obcecado pelo secretismo da lei da propriedade intelectual, transformou o seu estilo de liderança por mérito da sua experiência com a inovação "fonte aberta". "Tornei-me muito mais democrático na minha abordagem à liderança", diz. "Observar de perto, de forma muito pessoal, o modo como uma abordagem democrática à inovação faz surgir as ideias mais incríveis de alguns dos locais mais improváveis, fez com que percebesse que seria bastante difícil olhar-me ao espelho se agisse de forma diferente no meu próprio negócio", afirma.

Um pequeno exemplo mas esclarecedor: Durante o mandato de Carroll como CEO, as terças-feiras na InnoCentive eram conhecidas como as "Terças-feiras da Verdade". Era nesse dia que tinham lugar as reuniões operacionais mais importantes da empresa – desde o departamento de gestão de contas à SciOps. "Não significa que não se dissesse a verdade nos outros seis dias", graceja Carroll. "Mas tínhamos a regra de que, às terças-feiras, se podia dizer tudo o que se quisesse, incluindo sobre o meu desempenho ou o de outro gestor sénior, sem qualquer receio de recriminação".

Há uma outra característica muito importante entre os executivos que citámos nos dois últimos capítulos, um misto – difícil de alcançar (mas fácil de reconhecer) – de confiança pessoal e humildade intelectual. Estes líderes progressistas não escondem os seus objectivos agressivos ou paixão competitiva.

Mas não confundem ambição com omnisciência. Como líder, o aperfeiçoamento da arquitectura de participação significa impor limites ao seu próprio ego – superar o estilo de liderança "que sabe tudo", que parece ser o estilo que se impõe por defeito na maioria das empresas. Pode pensar grande sem ter de pensar em tudo sozinho.

A lenda da publicidade Dan Wieden, co-fundador da poderosa agência Wieden + Kennedy, seria perdoado se transmitisse um ar de quem sabe tudo e que é tão natural no seu ramo. Mantém as funções de *President* e director criativo da empresa que lançou em 1982 com David Kennedy e a W+K continua a ser uma das agências independentes mais galardoadas do mundo. Foi Wieden quem criou o original *slogan* "Just Do It" para a Nike, sua cliente de há muito tempo. As muitas outras campanhas publicitárias arrebatadoras criadas para a gigante do calçado desportivo, juntamente com campanhas memoráveis para grandes clientes como a ESPN, a Miller Brewing Company e a Electronic Arts, contribuem para o registo de êxitos das referências da cultura *pop*. Mais recentemente, a W+K tem vindo a desbravar um novo terreno criativo – num mundo menos impressionado com os anúncios televisivos, independentemente da sua atractividade – ao entrar no universo dos documentários, comunidades *on-line* e mesmo num musical de estatuto da Broadway.

Por falar em génio criativo: Wieden gere uma organização composta por 600 colaboradores, com uma facturação anual superior a mil milhões de dólares, que tem realizado um trabalho sólido. Mas quando se visita a sede da W+K em Portland, Oregon, e se passa algum tempo com o seu co-fundador e os seus colegas, não se consegue detectar o mínimo sinal de arrogância intelectual. Wieden diz que o seu trabalho é "reconhecer diariamente a sua ignorância" – continuar a desafiar a organização e a ele mesmo, procurar ideias inesperadas, influências do exterior e novas perspectivas para problemas antigos.[5]

"É a coisa mais difícil de fazer como líder", reconhece, "mas é também a mais importante. Seja em que dia for, algo no mundo mudou durante a noite e é bom que se descubra o que foi e o que isso significa. Há que esquecer aquilo que se acabou de fazer e se acabou de aprender. Temos que reconhecer diariamente a nossa ignorância".

Inovação, S.A.: "fonte aberta" aplicada aos negócios

É difícil descobrir um executivo que não goste de apreciar o poder da curva da experiência – a ideia de que, quanto mais vezes fazemos determinada coisa (fabricar *chips* para computadores, construir aviões, escrever guiões televisivos), mais produtivos nos tornamos. Dan Wieden e os seus colegas também apreciam o poder da curva da *inexperiência* – a ideia de que quanto mais vezes fazemos uma coisa, mais importante se torna desafiar os pressupostos e os hábitos que nos ajudam a ser bem sucedidos, de forma a gerar uma vaga de inovações para construir o futuro. Na Wieden + Kennedy, procurar novas ideias significa deixar entrar novas ideias na organização – não através da Internet, mas através de uma arquitectura de participação que abre a agência publicitária ao pensamento exterior.

Uma peça crucial desta arquitectura de participação é a arquitectura da sede da W+K. Há alguns anos, Wieden imaginou um sólido edifício construído de raiz para a agência em rápido crescimento (o edifício foi inaugurado em inícios de 2000). Ele escolheu umas instalações de armazenamento a frio, com 90 anos de existência, localizadas no Pearl District de Portland, uma zona repleta de armazéns, grandes lojistas e artistas. Concebeu um vasto espaço aberto centrado num anfiteatro de quatro pisos e interligado por meio de pontes aéreas, carreiros acimentados e escadas. O edifício revela a sua riqueza minimalista, com os seus materiais lustrosos mas simples: vigas de madeira recuperada, soalho acimentado, corrimões em aço inoxidável e escadas dispostas como os assentos num estádio. O seu principal ornamento é a luz natural que entra pelas janelas e que oferece um círculo completo de vistas incríveis para o Monte Hood, Monte St. Helens, rio Willamette e o centro de Portland.

No entanto, o carácter mais distintivo da sede prende-se com o facto de ter sido construída tendo em mente as pessoas fora da agência – mais especificamente, uma política de porta aberta que preenche os seus corredores, salas de reuniões e espaços públicos com visitantes interessantes e convidados inesperados. Antes de a sede abrir portas, Wieden convidou o Portland Institute for Contemporary Art (PICA) para se fazer representar no edifício, visando imbuí-lo com a energia e as perspectivas dos artistas que passam despercebidos, bem como o seu trabalho. Em 2004, Wieden inaugurou um "quadrângulo" (cada grande cliente da W+K está estabelecido num quadrângulo, com os seus escritórios, sala de estar e cozinha) destinado a quatro organizações sem fins lucrativos e alargou a área do PICA para acrescentar uma bilheteira no piso térreo. Existe um programa para artistas residentes, que disponibiliza estúdios e espaço de ensaio para todo o tipo de actuações, e no anfiteatro tem lugar uma série de conferências alargadas à cidade – com capacidade de lotação para 400 espectadores.[6]

O resultado é um edifício com muita personalidade e cor – e inundado de ideias e novas perspectivas vindas do exterior. "A inovação é algo subtil e inexplicável", defende Wieden. "Quem pode dizer de onde vêm as perspectivas e as ideias? Mas se criarmos um local com uma energia não gerada apenas por nós próprios, mas também por aqueles que o visitam, que lá actuam, que lá fazem outros tipos de trabalho, criamos um espaço de aprendizagem magnetizante. Expande a nossa visão do mundo de uma forma que não é possível quando nos fazemos rodear apenas pelos da nossa espécie."[*] Trata-se de uma perspectiva para um mundo "fonte aberta" que tanto pode resultar num grande sucesso como redundar num grande fracasso: os líderes mais eficazes são os que mostram mais ânsia por aprender e os líderes experientes são os que baseiam a maior parte da sua aprendizagem na interacção com pessoas cujos interesses, *backgrounds* e experiências mais diferem dos seus.

A perspectiva de Wieden sobre liderança e aprendizagem explica uma outra iniciativa progressista da sua agência – uma escola de publicidade concebida não só para mergulhar os recém-chegados na forma como o negócio funciona, mas também para injectar no próprio negócio

---

[*] **N.A.** Um pequeno exemplo que nos foi dado por Kristy Edmunds, fundadora e administradora do PICA, ilustra o aspecto mais amplo da diversidade intelectual. Quando ela convidou o coreógrafo e historiador do movimento *hip-hop* Rennie Harris para apresentar o seu trabalho na Wieden + Kennedy, a agência publicitária recebeu um sinal de alerta. Harris fez uma dura palestra sobre a forma como a publicidade tinha distorcido a história e significado do *hip-hop*. "Ele foi um grande disruptor da sensação de auto-satisfação", diz Edmunds. "Também deu origem a uma explosão de energia. Uma equipa acabou por usar um dos *designers* de som do espectáculo de Harry num projecto publicitário."

a energia, vitalidade e perspectivas dos talentosos recém-chegados. A W+K lançou a escola, chamada "12", em Abril de 2004. Em vez de oferecer um programa curricular formal ou recorrer às suas tradicionais aptidões, oferece simultaneamente a 12 estudantes a oportunidade de realizarem trabalho prático, durante 13 meses, para clientes reais. Os estudantes pagam 13 mil dólares pelas despesas de ensino; os clientes que contratam directamente a "12", em vez de contratarem os serviços da Wieden + Kennedy, pagam honorários muito mais baixos por campanhas com "arestas" propositadamente por "limar".

A concepção da escola reflecte o espírito independente e a mente incansável do seu fundador, Jelly Helm, um director criativo com 40 e poucos anos que era uma "estrela" em ascensão quando saiu da W+K em 1997 para abraçar a carreira de professor e comentador social. (Num anúncio da Nike sobre futebol, foi ele o criador do *slogan* "Good Versus Evil", que se tornou um ícone. Um dos seus *spots* faz parte da colecção permanente do Museu de Arte Moderna.) Helm regressou seis anos depois, não para revisitar os sucessos do passado, mas para inventar um novo futuro para a publicidade – misturar a experiência inigualável da agência com a *inexperiência* de uma dúzia de indivíduos com um estilo revolucionário e de contracorrente. A escola, diz Helm, é "uma experiência disfarçada de agência publicitária, que está disfarçada de escola. Acima de tudo, é uma experiência sobre a forma como se podem criar coisas em conjunto, uma experiência que convida a ingenuidade a entrar na organização".

A primeira turma de estudantes, seleccionada a partir de mais de 2 500 candidaturas, incluía um ex-comediante de *stand-up*, um escultor, um ex-soldador e um experiente gestor de contas. Foram atribuídos quatro clientes ao grupo, incluindo a Cidade de Portland, que queria fazer um apelo nacional ao exercício do direito de voto, e uma empresa de *software* com um novo produto de pesquisa na Internet. Mas a verdadeira tarefa consistia em descobrir novas formas de trabalhar – um modelo de colaboração que repensa a fórmula da indústria publicitária '*copywriter* - director de arte - gestor de conta', que transformou aquele ramo de actividade naquilo que Helm considera ser "uma horrível terra do desperdício".

Quase não há "ensino" convencional na "12". Com efeito, a única aula regular é uma sessão mensal improvisada destinada a concentrar os estudantes na abertura, no trabalho de equipa e na experimentação. "Estamos a testar até que ponto a colaboração num estilo improvisado pode influenciar a criatividade publicitária", explica Helm. "O modelo da agência tem sido sempre pautado pela genialidade do indivíduo que tem uma ideia pioneira. Em seguida, este é rodeado e mimado por uma equipa que executa a campanha e reitera o brilhantismo de 'quem que teve a ideia'. O modelo da improvisação é exactamente oposto. Não há um génio, há um grupo. E compete a cada um deles melhorar as ideias de todos".[7]

Apesar de a "12" ser leve em termos de estruturas formais, tem sólidos alicerces na agência. A comissão "12" é um grupo "de estrelas de *rock* e de excêntricos" dentro da Wieden + Kennedy, que agem na qualidade de guardiães do programa. Além de se disponibilizarem como mentores informais, os membros dessa comissão organizam conferências e apresentações e chegam mesmo a dar uma ajuda nos projectos. Helm criou também uma comissão de *alumni*, composta por 12 antigas "estrelas" da W+K, incluindo a escritora Janet Champ, criadora das premiadas campanhas da Nike para mulheres, e Stacy Wall, cujos anúncios televisivos para o *SportsCenter* da ESPN são imediatamente reconhecíveis. Cada membro da comissão de *alumni* é mentor, durante um ano, de um dos estudantes.

Após apenas alguns anos de funcionamento, a "12" está a desafiar algumas ideias enraizadas na agência. O próprio Helm diz que está a aprender com os seus estudantes e com as suas abordagens "justificadamente contra-intuitivas", que vão por vezes contra as suas instruções explícitas. Um exemplo é o da campanha de *branding* para a Cidade de Portland. Helm incentivou a equipa "12" a criar uma "ideia geral" que resumisse a cidade – a resposta de Portland a "I Love New York"* ou "Don't Mess with Texas"**. O grupo debateu-se durante meses, na tentativa de gerar uma ideia brilhante, mas sem sucesso e com muita frustração à mistura.

---

* **N.T.** "Eu amo Nova Iorque".
** **N.T.** "Não se meta com o Texas".

Por fim, durante uma aula de improvisação, os estudantes chegaram a uma ideia revolucionária que deu origem a uma campanha mais inovadora e mais eficaz. Puseram de lado a procura de uma ideia geral para definir a essência de Portland e decidiram-se por muitas pequenas ideias que os habitantes da cidade poderiam misturar e conjugar para criarem as suas próprias definições – uma abordagem comunitária popular para se chegar ao *branding* urbano? A equipa criou uma centena de crachás, cada um com uma palavra representativa de algo distintivo acerca da cidade: Powell's (a famosa livraria de Portland), chuva, Monte Hood, etc. Helm ficou impressionado – e lembrou uma vez mais o quanto os veteranos da indústria podem aprender com os recém-chegados à profissão ou com os que nem têm nada a ver com ela.

"Foi completamente contra-intuitivo, completamente contra as regras da publicidade", afirma. "Em vez de uma ideia decisiva imposta, existiu a possibilidade de criarem as suas próprias campanhas para Portland. É possível fazer um pequeno poema dedicado à cidade ao escolher-se dois ou três crachás diferentes. Consegue-se um reconhecimento - muito subtil mas bastante poderoso - do cidadão comum nas ruas. Trata-se de uma ideia muito boa e é exactamente aquilo que eu *não* teria defendido".

E é essa, precisamente, a ideia por detrás da "12" – e a razão pela qual o misto de confiança pessoal e humildade intelectual é uma característica tão importante para os líderes, quer a sua empresa esteja a desenvolver um novo medicamento, a procurar ouro ou a criar uma campanha publicitária inesquecível.

"A maioria dos líderes quer 'dominar' os seus ramos de actividade", diz Helm. "Mas é quando pensa que já tem todas as respostas que acaba por se tornar mais fechado ao exterior. Estamos a tentar ser abertos a novos pensamentos".

O que é que a Wieden + Kennedy pensa ter aprendido com a "12"? É uma pergunta de fácil resposta, uma vez que Helm e os seus alunos compilaram um livro com 288 páginas sobre a experiência, intitulado *What We Learned**. O livro consiste numa autêntica viagem ao mundo caótico que está a ser criado na "12". Reproduz *e-mails*, memorandos parcialmente censurados, *sketches* e esboços em bruto de campanhas de *marketing*. Oferece também 388 lições que levam a um conjunto de mantras – profundos e profanos, radicais e disparatados – para realizar um fantástico trabalho criativo. Lição número um: o simples é difícil. Lição número 381: a humildade nunca é demasiada.

Quanto a Dan Wieden, também ele aprendeu importantes lições e *What We Learned* dá uma margem de manobra para o co-fundador da agência e outros líderes debaterem aquilo que esta escola de *outsiders* lhes ensinou. "Devemos começar todos os nossos projectos na mais perfeita ignorância; caso contrário, nunca começamos pelo princípio. Todos nós carregamos tanta bagagem, tantos pressupostos, hábitos, preconceitos nascidos da experiência, que se torna muito, muito difícil ver o mundo pelo que ele é e descobrirmos o nosso papel nesse mundo, o nosso verdadeiro papel, que não tem necessariamente de ser aquele que nos ensinaram a ter como objectivo. A "12" é uma tentativa, algo ingénua, julgo, de colocar o passado em espera. Ver se é possível, por fim, aprender a aprender. E como desaprender", conclui Wieden.

Estas não são palavras de um líder "que sabe tudo". São palavras de um líder de mente aberta, que tem a perfeita noção da profunda mudança que está a acontecer no carácter da liderança.

---

* **N.T.** "O que aprendemos".

CAPÍTULO 6

Mensagens *maverick* (II): abrir a mente do seu negócio

A inovação "fonte aberta" está a reformular a lógica da criatividade em variadíssimos domínios, desde o *software* e a Internet à indústria farmacêutica, passando pelas artes. Mas aplicar a mentalidade "de dentro para fora" inerente à "fonte aberta" significa abandonar os habituais pressupostos sobre a origem das grandes ideias, de quem deve fazer parte da sua empresa e de como deve ser feito o trabalho de inspiração para que todos dêem o seu melhor contributo.

É por isso que tantas organizações e líderes consideram que é difícil fazer a transição para este novo modelo de inovação. Ficámos impressionados com o espírito generoso de Rob McEwen quando ele convidou os seus rivais do sector da extracção de ouro a reunirem-se, a interagirem e a aprenderem com os melhores talentos descobertos através do Desafio da Goldcorp. Ficámos igualmente impressionados com o facto de nem um único dos seus concorrentes ter decidido imitar a iniciativa inovadora da Goldcorp nem lançar a sua própria versão do *brainstorming* global de McEwen – apesar das estratégias brilhantes e da onda de captação de atenção do público que daí resultou. Como é que tantos CEO inteligentes não foram capazes de retirar ensinamentos de uma ideia tão vencedora?

A InnoCentive, apesar de todos os seus feitos dignos de nota, também enfatiza as limitações da tradicional mentalidade de liderança quando chega a altura de fazer com que as organizações sejam receptivas aos talentos exteriores. Apesar de a InnoCentive ter atraído muitos solucionadores talentosos e captado muitos "pesquisadores" empresariais ávidos de ideias, o seu maior negócio de base – que nunca está completo – é convencer os líderes entrincheirados nas suas respectivas empresas "pesquisadoras" a apresentarem mais problemas nos quais a comunidade InnoCentive possa trabalhar. Na cultura científica individualista, os gestores de I&D precisam de uma grande dose de persuasão antes de terem vontade, já para não falar em ânsia, de convidar investigadores exteriores para resolverem problemas que eles não foram capazes de solucionar sozinhos. Como podem tantos gestores desesperados por resultados optar por não aproveitar um modelo que já demonstrou resultados científicos tão importantes?

As respostas mostram o que acontece (ou não acontece) quando o estilo de liderança à antiga se depara com a inovação "fonte aberta": só porque um novo modelo de criatividade resulta, isso não significa que os executivos ligados à tradição estejam dispostos a trabalhar da forma que esse modelo pede.

Mas se estiver preparado para se libertar das amarras da tradição, se estiver desejoso de testar as ideias que encontrou descritas nestes dois últimos capítulos, então certifique-se de que integra na sua agenda da liderança os princípios orientadores que se seguem. Eles podem colocar a lógica da inovação "fonte aberta" ao seu serviço e ao da sua empresa.

1. Mantenha uma concentração muito específica e bem definida.

Há uma grande diferença entre aproveitar os talentos exteriores e envolver-se num tipo de *brainstorming* sem regras que frequentemente assume contornos vagos e não produtivos. Quer se trate de Rob McEwen durante o seu mandato na Goldcorp ou de Jack Hughes na TopCoder, os mais eficazes líderes defensores da "fonte aberta" compreendem que a colaboração funciona melhor quando a concentração dessa mesma colaboração é muito específica e bem definida: descubra seis milhões de onças de ouro numa exploração mineira específica; crie a melhor componente para uma determinada aplicação de *software*.

Mensagens *maverick* (II): abrir a mente do seu negócio

Por outras palavras, não confunda ser progressista com ser mal organizado. Defina bem um problema e será meio caminho andado para encontrar uma solução.

Trata-se de um importante ponto de vista subjacente à crescente eficácia do Mercado de Desenvolvimento do Banco Mundial, uma das iniciativas mais improváveis – mas mais inspiradoras – "fonte aberta" que descobrimos. O Banco Mundial é uma das organizações mais orientadas do mundo para um modelo *top-down*, um lugar onde licenciados impecavelmente credenciados tomam decisões financeiras que afectam milhares de milhões de pobres. Em 1998, com o apoio do então Presidente James Wohlfenson, o Banco Mundial deu início a uma experiência para alterar por completo a sua cultura reconhecidamente elitista, criando um concurso global de novas ideias para promover o desenvolvimento económico – inovações que o banco iria financiar. De forma simplificada, o Mercado de Desenvolvimento está para o combate à pobreza como o Desafio da Goldcorp está para a procura de ouro – um concurso internacional, com um júri, rondas de avaliação e prémios monetários (no valor de milhões de dólares) para os vencedores.[1]

Ano após ano, o Mercado de Desenvolvimento tem ganho dimensão e registado melhorias, tornando-se mais empolgante e mais eficaz, em grande medida por estar cada vez mais *concentrado*. Em menos de nada, o Mercado de Desenvolvimento avaliou milhares de propostas à volta de dez desafios que organizou em áreas como a energia, a saúde pública ou a educação. Em 2005, os organizadores limitaram o evento a um único desafio – inovações que combinem crescimento económico e desenvolvimento sustentável – e conseguiram mais de 2 600 candidaturas provenientes de 136 países. Como todas as propostas respondiam a um único tema, o concurso ganhou mais intensidade – e o impacto foi mais profundo. Para alcançar um grau de concentração ainda maior, o banco tem organizado concursos semelhantes de "fonte aberta", chamados Mercados de Desenvolvimento de Países, um pouco por todo o mundo, desde a Argentina à Zâmbia. Ao avaliar as ideias populares de um país relativamente a um desafio (que difere de país para país), a concentração torna-se cada vez mais específica e os resultados são ainda mais impressionantes.

Pela sua própria natureza, a inovação "fonte aberta" é confusa, caótica e ligeiramente discordante das sensibilidades empresariais extremamente convencionais. É uma parte significativa do seu poder. Cabe ao líder, em grande medida, conceber experiências populares em torno de princípios que lhes dão mais hipóteses de sucesso – e isso significa manter a concentração.

2. Mantenha o leque de participantes alargado.

A verdadeira magia da inovação "fonte aberta" não consiste apenas no facto de muitos oferecerem as suas ideias, mas também no facto de imensos *tipos diferentes de pessoas* oferecerem as suas ideias. Não limite o círculo de participantes a especialistas do seu país, da sua indústria ou das suas categorias de produto. Tal como Larry Huston, da P&G, e Darren Carroll, da InnoCentive, gostam de enfatizar, as ideias mais surpreendentes surgem muitas vezes dos locais mais inesperados.

Certifique-se de que maximiza as hipóteses de ser surpreendido, maximizando o leque de participantes.

Nem sempre precisa de recorrer à Internet ou aspirar a chegar aos cantos mais longínquos do mundo. Pode começar por ver o que acontece quando quem normalmente não tem uma palavra a dizer sobre o seu negócio é convidado a dar o seu ponto de vista. É isso que torna os *Branch Hunts* de Tom Brown tão esclarecedores. Representam uma oportunidade para todos os colaboradores da Second Curve Capital, independentemente da sua especialidade, anos de casa, nível salarial ou grau de conhecimentos, avaliarem a mesma situação no mercado – o que importa é aproveitar a unicidade da sua origem, formação, interesses e experiências de vida. Aquilo que observa no mercado reflecte as suas raízes como pessoa.

A IDEO, influente empresa de *design* de produtos em Silicon Valley, criou uma disciplina empresarial através desta abordagem à criatividade baseada no conceito "diferente é melhor". Uma das suas inovações de marca é aquilo a que "descaradamente" chama "grupos diferenciados" – sessões de ideias que reúnem "pessoas muito diferentes e excepcionais", de todos os tipos de percursos, que partilham um interesse e paixão por uma categoria de produto bem definida. (Os grupos diferenciados são a alternativa inovadora da IDEO aos grupos de enfoque estereotipados, onde painéis de pessoas que pensam da mesma maneira, com o mesmo tipo de rendimento, demografia ou gostos avaliam produtos e ideias.) Tom Kelley, director-geral da IDEO, descreve um grupo diferenciado que se debruçou sobre o prosaico mundo do calçado. Dorinda von Stronheim, a "directora de *casting*" da empresa para a constituição dos grupos, formou um grupo que incluía uma animadora musical, um artista que trabalhava como condutor de limusinas e um faquir que caminhava sobre brasas, juntamente com todo o tipo de outras pessoas com convicções fortes (mas muito diferentes) acerca dos sapatos que calçavam no emprego ou em actividades de lazer. Este grupo iconoclasta foi então dividido em pequenas equipas e colaborou com *designers* na criação de protótipos reais para novos sapatos, com base nos seus interesses singulares e estranhas obsessões.[2]

Foi precisamente por serem tão apaixonados pelos seus interesses, tão empenhados naquela categoria de produto e tão *diferentes entre si* que o grupo diferenciado gerou conhecimentos muito mais úteis. É essa a lição para os líderes progressistas.

Muitos tipos de pessoas diferentes, todas à volta do mesmo assunto, tendem a gerar conhecimentos mais perspicazes. A sua missão é reunir esses tipos de pessoas diferentes.

---

3. Mantenha o ambiente divertido.

A inovação é um negócio sério, mas se está a trabalhar para aproveitar o talento de voluntários populares e contribuintes que não fazem parte da corrente dominante, então terá que fazer por manter o seu projecto "fonte aberta" animado, arrebatador e enérgico. Esse sentido de drama chega de forma natural aos organizadores progressistas do Edinburgh Fringe Festival. O Fringe nasceu no espírito da colaboração artística, mas ganhou reconhecimento mundial devido à intensidade da sua competição artística – mais especificamente, a sua destreza para aumentar a longa lista de recompensas, prémios e menções honrosas pelos quais os participantes competem. O festival de 2005 atribuiu nada mais nada menos do que 72 prémios e houve até lugar à votação para o prémio... de melhor prémio!

Poderá ser um pouco excessivo, mas há um método implícito na loucura do Fringe pelos prémios. É a mesma razão pela qual os torneios da TopCoder são organizados como concursos explícitos, com um júri, rondas de qualificação e finais com muito em jogo.

A criatividade tem tanto a ver com emoção *como com a invenção. Os seres humanos revelam-se na emotividade da vitória e na agonia da derrota. Mantenha os participantes estimulados e eles mostrarão mais interesse para apresentar grandes ideias.*

Esse princípio aplica-se dentro da sua empresa, bem como fora dela. Na Wieden + Kennedy, por exemplo, os colaboradores da agência competem para ganhar o Slime Mold Award – um programa criado por Dan Wieden, juntamente com Bill Davenport, CEO fundador da Wieden + Kennedy Entertainment. O Slime Mold é um programa de doação em que os colaboradores da agência apresentam os seus projectos de sonho a uma comissão e competem para conseguir que sejam financiados. Porquê encorajar os colaboradores a lutar pelas suas paixões extracurriculares em vez de os manter concentrados unicamente nos clientes? "Porque a criatividade é, basicamente, subversiva por natureza", explica Wieden. "Tem de ter elementos subversivos na organização para se manter de olhos abertos e em permanente evolução". Porquê aquele nome? "Porque os organismos unicelulares independentes* são os organismos favoritos de Dan Wieden", diz Davenport. "É como uma célula que não consegue mover-se só por si, mas que, quando agregada às outras células, se transforma numa criatura completamente funcional, capaz de fazer coisas que antes não conseguia. É essa a nossa visão sobre as pessoas e a criatividade".

As regras são simples: qualquer um pode apresentar uma proposta, desde que não tenha nada a ver com publicidade. A "comissão" do Slime Mold tem recebido propostas de todo o tipo, desde curtas-metragens a projectos artísticos, passando pela criação de mobiliário. Um notável êxito do Slime Mold é da autoria de Jeff Selis, produtor da W+K, que ajudou a criar anúncios para a Nike e para a ESPN, mas cuja paixão não profissional são os cães. Ele propôs um livro intitulado *Cat Spelled Backward Doesn't Spell God*. Segundo Davenport, "foi uma proposta estupenda. O único problema foi ele ter dito que isso custaria perto de 30 mil dólares e não três mil dólares. Eu disse: 'Não creio que seja possível', mas então apresentou uma nova proposta com a qual achava que poderíamos recuperar o investimento e nós demos-lhe luz verde para seguir em frente. Tirou as fotografias, escreveu um exemplar com a ajuda de um amigo e depois alguém dos nossos estúdios fez a paginação. Nós fizemos uma edição de autor e ele colocou seis mil livros na bagageira do seu carro e foi a todas as livrarias da cidade".[3]

Em Portland, o livro acabou por vender mais do que o mais recente fenómeno de vendas de Tom Brokaw, *The Greatest Generation*. A Chronicle Books descobriu-o, comprou-o e traduziu-o para quatro línguas. Selis tem escrito sequelas de grande popularidade, incluindo *Dog Bless America* e *Dog Save the Queen*. É muito divertido – e óptimo para o negó-

---

* **N.T.** *Slime molds.*

cio da Wieden + Kennedy. "Ao darmos às pessoas uma oportunidade de fazerem algo além da publicidade, damos-lhes uma injecção de criatividade e promovemos a nossa reputação criativa", conclui Davenport.

4. Não guarde os benefícios todos para si.

Se espera que estranhos (ou mesmo colaboradores e colegas) partilhem consigo as suas melhores ideias, não se surpreenda se eles esperarem algo em troca. Pode ser dinheiro, reconhecimento, mas o que costuma atrair para se envolverem em projectos "fonte aberta" é a oportunidade de darem mais de si, desenvolverem as suas competências, interagirem com os melhores talentos do seu ramo. Quer sejam os artistas do Edinburgh Fringe Festival ou os "malucos pelos computadores" que estão por detrás do Linux, do Apache ou de qualquer outro código informático "fonte aberta", os inovadores populares querem aprender com os melhores dos seus colegas que também inovam – e que o mundo veja o melhor das suas inovações.

Tem de criar uma organização e um estilo de liderança que o deixe tão à vontade para partilhar ideias com o mundo exterior como para aceitar ideias que têm origem nesse mundo exterior.

What We Learned, o livro produzido por Jelly Helm e pelos seus colegas na "12", a escola de publicidade da Wieden + Kennedy, representa um pequeno mas poderoso exemplo desta abordagem à liderança baseada no conceito de "partilhe o que sabe". *What We Learned* expõe a monografia do primeiro ano da "12", o mecanismo de selecção criativa para futuros estudantes e a História cultural da Wieden + Kennedy. O *design* do livro transpira vitalidade, está cheio de fotografias, trabalho artístico original e belíssimos anúncios – com capa em couro e letras douradas.

Mais importante ainda – e mais revelador – é o facto de o livro partilhar os resultados nus e crus de uma experiência em progresso, recheada de êxitos brilhantes e de fracassos. E não hesita em partilhar o cepticismo interno acerca da "12" antes de a escola ter conseguido dar provas à agência. Dave Luhr, o COO da agência, foi sincero em relação às suas desconfianças: "A minha primeira reacção intuitiva foi: 'era só o que nos faltava, 12 jovens sem qualquer experiência, uma escola *start-up* que nos vai custar tempo e dinheiro e mais uma experiência da agência que vai fazer desviar a nossa atenção do negócio dos nossos clientes'. Em vez disso, a '12' ajudou a dar nova vitalidade à agência e tivemos um dos exercícios fiscais mais fortes da História da W+K. As primeiras reacções nem sempre são as correctas. Lição aprendida."

Essa lição aplica-se muito além dos corredores da "12". A oportunidade de aprender é a mais valiosa moeda de troca na arte da negociação de "fonte aberta". Os mais inteligentes partilharão as suas melhores ideias com as empresas e líderes que partilhem aquilo que sabem – e que os tornem ainda mais inteligentes durante esse processo.

5. Continue a desafiar-se a si mesmo, para estar mais aberto a novas ideias e a novas formas de liderar.

O nosso último princípio orientador poderá ser o mais importante: o aparecimento da inovação "fonte aberta" não diminui a importância da liderança executiva. Mesmo as experiências mais radicais em matéria de colaboração de grupos têm no seu cerne um líder individual reconhecido, seja Linus Torvalds com o Linux ou Jimmy Wales, o fundador da *Wikipédia*, a enciclopédia *on-line* que é escrita e editada por quem a utiliza.

Mas os líderes que optam pela mentalidade "fonte aberta" fazem a si mesmos perguntas diferentes das dos outros líderes: Serei o tipo de pessoa com quem outras pessoas inteligentes poderão querer trabalhar e contribuir com ideias? Serei capaz de agir de forma tão aberta e transparente como os participantes no meu projecto? Conseguirei revelar força pessoal, até carisma, com humildade intelectual? Descubra as respostas certas a estas perguntas e terá todas as probabilidades de dar por si no centro das empolgantes inovações "fonte aberta".

Darren Carrol, que adora fazer ligações entre o impacto descentralizador da tecnologia e a lógica em mudança da liderança, descreveu o dilema que enfrentou enquanto CEO da InnoCentive e a forma como o resolveu. O seu ponto de vista capta o problema com que se deparam todos os líderes que pretendem convencer pessoas inteligentes a trabalhar *com* eles.

"Já não existe a clássica abordagem de liderança 'de um pau e de uma cenoura'", diz Carroll. "Temos 90 mil pessoas que trabalham connosco e, como líder, não posso fazer uma avaliação do seu desempenho, não lhes posso oferecer um bónus, não os posso despromover, não os posso despedir. Então, de que forma é que os pode levar a fazer coisas que, de outra forma, não fariam? Sendo mais aberto do que alguma vez foi. Neste novo mundo, o líder mais transparente é o líder mais atractivo. O líder que descobre uma maneira de todos ganharem será o líder que vai ganhar. O líder que tem uma mentalidade de 'jogo de soma nula' não receberá nada".

TERCEIRA PARTE
Reconciliação com os clientes

CAPÍTULO 7

Da venda de valor à partilha de valores: superar a era dos "excessos"

Mostrámos que é possível diferenciar um negócio indiferenciado. Ninguém precisa de mais um banco igual aos outros todos. Criámos uma experiência invulgar, inimitável, para os nossos clientes. Muitos contam-me que os seus filhos costumavam querer ir com eles à Starbucks ao sábado de manhã, mas agora querem ir ao banco!

Vernon Hill, *Chairman* e CEO do Commerce Bancorp

É sábado à noite em Manhattan e o Radio City Music Hall está a fervilhar. A sala de teatro tem a lotação esgotada, com uma audiência que mal consegue conter o seu entusiasmo. Ouvem-se gritos de alegria e aplausos estridentes entre as seis mil pessoas na multidão, a maioria das quais encheram o Radio City uma hora antes do início do espectáculo. Muitas das mulheres têm vestidos vermelhos ou lenços dessa cor. Muitos dos homens vestem camisas vermelhas ou gravatas dessa cor. Tanto homens como mulheres têm chapéus vermelhos engraçados.

Quando o espectáculo começa, a energia é imparável. As *Rockettes*, embelezadas com fatos vermelhos brilhantes, levantam as pernas num dos seus habituais números. O palco fica negro e os holofotes focam-se num novo grupo de dançarinas, vestidas de polícias citadinas, com ar de rufias e manejando bastões, que dão início a um número musical que se assemelha ao *West Side Story* actualizado para a geração do musical *Rent*. A multidão faz soar buzinas, acena pompons e dança, literalmente, nas coxias. Em determinados momentos, centenas de nova-iorquinos no público dão voz ao seu orgulho local, cantando "NYC! NYC! NYC!".

Elementos da multidão que vivem nos arredores de Nova Iorque e que fizeram a viagem até à cidade para assistirem ao espectáculo, respondem com vivas.

Será que se trata de uma espécie de trecho musical em voga no espectáculo Radio City "Christmas Spectacular"? Um musical de grande interacção com o público que corre o risco de se tornar um caos? Na verdade, trata-se de uma cerimónia de entrega de prémios organizada por um banco – um espectáculo anual único encenado por e para os colaboradores de uma empresa que construiu o seu negócio produzindo um espectáculo memorável para os seus clientes. O Commerce Bank, sediado nos arredores de Filadélfia, em Cherry Hill (Nova Jérsia), destacou-se dos seus maiores (e menos animados) rivais numa indústria que se tornou famosa – infame, na verdade – por fazer os seus clientes sentirem-se infelizes. O Commerce Bank transformou-a numa indústria que faz com que os clientes riam animadamente... no percurso até ao banco.

O Commerce desenvolve a sua actividade há mais de 30 anos. Foi fundado em 1973, com meia dúzia de colaboradores, 1,5 milhões de dólares de capital social e uma representação em Nova Jérsia. Actualmente tem mais de 13 mil colaboradores, mais de 35 mil milhões de dólares em depósitos, mais de 375 sucursais, desde Nova Iorque a Washington, D.C. e o seu plano de expansão prevê 700 representações em 2009. Para um investidor que tenha apostado cem mil dólares em acções do Commerce em Janeiro de 1985, os seus títulos valem 3,5 milhões de dólares 20 anos depois. O valor accionista da empresa, que era de 400 milhões de dólares no final de 1996, ascendia a aproximadamente seis mil milhões de dólares no final de 2005.[1]

Não admira que o Commerce tenha tantos rivais "no vermelho"*. Mas não é por isso que tantos dos presentes no Radio City estão vestidos de vermelho. Acontece que o vermelho é a cor oficial do Commerce Bank. Todas as sextas-feiras, em todas as representações do Commerce – sede, sucursais, até mesmo o serviço de informações do *call center*

---

* **N.T.** Expressão utilizada em bolsa e que significa "em dificuldades".

– é "Sexta-feira vermelha". Os colaboradores vão trabalhar com pelo menos um toque de vermelho na sua roupa – por vezes apenas um lenço vermelho, outras vezes vestindo uma peça de roupa fora do vulgar de cor vermelha, destinada a chamar a atenção dos voluntários da empresa que registam as excentricidades inspiradas por esse dia. Uma vez por mês, os clientes também participam nessa representação, deslocando-se ao banco vestidos de vermelho para se habilitarem a prémios.

O espectáculo anual "Wow! Awards" ("Prémios Uau!" - um misto de cerimónia empresarial dos Óscares e de encontro de universitários) aplaude os colaboradores que superam em grande medida as elevadas expectativas do banco no que diz respeito ao serviço e ao espírito animado. Vivenciámos a experiência tremendamente divertida de estarmos presentes na cerimónia de 2005 no Radio City Music Hall.[*] O investimento em tempo, dinheiro e energia foi impressionante. O banco contratou letristas e coreógrafos profissionais para criarem a música e os números de dança para o espectáculo. Mais de 250 colaboradores do Commerce passaram quatro horas por semana, durante dois meses, a ensaiarem em grupos e a treinarem com instrutores particulares para fazerem parte do elenco. As ruas à volta do Radio City estavam repletas de autocarros que transportaram milhares de colaboradores para assistirem ao evento – desde os caixas recém-admitidos que trabalham em *part-time* aos bancários com décadas de experiência, passando por adolescentes vestidos com calças de ganga e *t-shirts* e avós com os seus fatos favoritos.

No interior do teatro, perto de 50 colaboradores galardoados (seleccionados de entre 500 nomeados que envergavam faixas vermelhas) tiveram o seu momento de fama. *Melhor Apoio Retalhista dado por um Bancário! Melhor Assistente do Gestor de Sucursal! Melhor Apoiante do Departamento de Empréstimos! Melhor Analista de Crédito!* Um

---

[*] **N.A.** Quase tão divertidos como o próprio evento Wow! Awards são os DVD comemorativos, que são excelentes na captação da enorme energia dessa noite. O Commerce chegou mesmo a editar um CD com as músicas compostas propositadamente para os espectáculos, denominado "featuring the hit single, 'It's Time to Wow!'". Entre outras faixas, contam-se "Commerce Beat" e "Lovin' That Bank".

executivo sénior, em palco para entregar um prémio, fez a roda com bastante destreza. Uma homenageada especial saiu num Porsche Boxter (vermelho, claro), para delícia dos seus colegas.

"A banca é um negócio morto", diz Dennis DiFlorio, *President* do Commerce para a área da banca de retalho e um veterano com quase 20 anos de casa. "É uma *utility*, como as empresas de fornecimento de gás. Nós estamos a criar uma ligação emocional com os nossos clientes. O mundo não precisava de mais um banco – e então aparecemos nós. Criámos um fenómeno, um *buzz*, à volta da conveniência, serviço e cultura da nossa equipa. Somos excêntricos. A maioria dos que ocupam posições de liderança neste banco pertence à 'ala lunática'. Tem de ser assim. Criámos uma marca de culto num negócio morto".

Produtos excelentes! Preços baixos! Clientes descontentes? Por que razão os "bons negócios" não são suficientemente bons

Existe um clima de tensão no essencial da relação entre a maioria das empresas e os seus clientes. As empresas estão a oferecer melhores negócios do que nunca, que são – literalmente – as melhores pechinchas da História.

Nunca foi tão barato voar de Dallas para Los Angeles, fazer um telefonema de Boston para Bruxelas, comprar um computador portátil ou um leitor de DVD. Mesmo assim, quanto mais as empresas aumentam a qualidade e descem os preços – e quanto mais gastam em anúncios publicitários animados e promoções arrojadas – menos parecem impressionar os seus clientes.

Esta situação seria difícil de aprofundar se as provas não fossem tão claras. O Índice Norte-Americano de Satisfação do Cliente[*], um indi-

---
[*] **N.T.** No original, *American Customer Satisfaction Index* – ACSI.

cador fiável de como os consumidores encaram aquilo que as empresas lhes estão a vender, celebrou o seu 10º aniversário no Outono de 2004. Poucos motivos teve para ser celebrado. O índice avalia o grau de satisfação em 40 sectores e para 200 empresas. Apesar de algumas pontuações terem subido um pouco nos últimos anos, muitos sectores e empresas têm avaliações *menores* do que há dez anos. No final de 1994, numa escala de 0 a 100, o índice global era de 74,2. Uma década depois, a classificação era de 73,6. Em 1994, o sector das companhias aéreas pontuava 72; uma década mais tarde, a sua avaliação era de 66. Nas telecomunicações era de 81 e passou para 71. No sector dos computadores pessoais, em dez anos passou de 78 para 72.[2]

O mais impressionante sobre esta primeira década de existência do ACSI é que muitas das empresas com melhor desempenho operam nos segmentos mais tradicionais da economia. A empresa com a avaliação mais elevada de sempre no ACSI, que foi de 90, é a H. J. Heinz – que ninguém tem a ideia de que seja uma empresa de vanguarda. Entretanto, a classificação de 2004 para a Hewlett-Packard, a muito falada inovadora de Silicon Valley e fonte de fascínio entre os investidores e os meios de comunicação social, à laia de novela, foi de 71 – contra 78 em 1994. Entre outras empresas com pontuações ACSI mais baixas em 2004 do que em 1994 incluem-se a AT&T, a Whirlpool e a Wells Fargo. (Por incrível que pareça, mesmo enquanto estas e outras grandes empresas sofriam diminuições nas suas classificações, a satisfação do cliente em relação às Repartições de Finanças aumentou em 25 por cento entre 1999 e 2004, pela avaliação do ACSI. Até que ponto é que gostaria de gerir uma empresa menos popular entre os seus clientes do que a Repartição de Finanças?)

Por outras palavras, apesar de uma década de progressos fenomenais em termos de preço-desempenho no sector do *hardware* informático de todos os tipos, apesar de uma explosão de inovação na electrónica de consumo, telemóveis e acesso à Internet, apesar de algumas das campanhas publicitárias mais divertidas e cativantes de sempre, os consumidores continuam impassíveis e totalmente insensíveis.

> *Quanto mais os executivos trabalham para criar produtos mais baratos, mais seguros e mais desejáveis, mais descontentes parecem ficar os seus clientes.*

Se, conforme já afirmámos neste livro, as empresas concorrem pela originalidade das suas ideias e pelo poder do seu ponto de vista, então o que corre mal na forma como encaram os seus consumidores? Uma lamentável resposta é que há muitas empresas a *não* pensar nos clientes. Há tantas empresas tão atarefadas em comprar, consolidar, praticar *downsizing* e *outsourcing* que acabam por negligenciar as expectativas dos seus clientes, dando primazia às exigências de redução de custos de Wall Street. Adaptando o provérbio africano, quando dois elefantes empresariais se fundem, os clientes é que sofrem.[*]

Claes Fornell, reconhecido professor da Ross School of Business, da Universidade do Michigan, e criador do ACSI, fez uma análise aprofundada sobre o índice por ocasião do seu 10.º aniversário. Num texto decididamente aquém da realidade, analisou o porquê de tantas empresas terem tido uma classificação tão medíocre neste importante indicador da saúde competitiva no longo prazo: "Os culpados parecem ter sido a diminuição dos custos através de reduções de efectivos, fortes investimentos em tecnologia em detrimento do serviço ao cliente, fusões e aquisições, escolha limitada para o consumidor ou alguma combinação destes factores".

> *Dizendo-o de outra maneira, a satisfação do cliente sofreu porque as empresas fizeram os seus clientes sofrer enquanto os executivos corriam atrás de outras prioridades.*

---

[*] **N.T.** Provérbio original: "Quando dois elefantes lutam, o capim é que sofre".

Um exemplo clássico é o do serviço de assistência telefónica ao cliente. O sentimento de ansiedade que se criou em torno do *outsourcing* tornou-se um tema de debate político e da imprensa económica: por que deveria um cliente descontente em Bloomington, Indiana, ter de falar com alguém em Bangalore, na Índia, acerca de um problema no seu computador portátil? Mas a implacável *automação* do serviço – a quase total eliminação de qualquer contacto humano entre empresas e clientes – atende a prioridades mal orientadas. De acordo com o jornal *Wall Street Journal*, as empresas norte-americanas gastaram mais de 7,4 mil milhões de dólares num único ano para desenvolverem os seus *call centers* automatizados – sendo assim "mais difícil do que nunca conseguir falar directamente com alguém".

Esqueça o "prima zero" para falar com um operador. Agora, refere o *Wall Street Journal*, "tem de submeter o código secreto ou dizer a palavra mágica". Para chegar à fala com um operador, tem de premir asterisco-zero ou zero-cardinal ou zero-zero-zero. Mas é aqui que reside a dificuldade: *as empresas não dizem aos clientes que teclas devem premir*. E quando um número considerável de clientes descodifica sozinho os códigos, a empresa altera-os.[3]

Esta situação seria engraçada se não fosse tão deprimente - e tão obviamente contraproducente.[*]

Perdemos a conta ao número de executivos que nos deliciaram com planos para melhorar os produtos e serviços das suas empresas "ouvindo a voz do cliente". Memorando para o chefe: Atenda o telefone! *Os clientes estão a tentar falar consigo.*

---

[*] N.A. O artigo do *Wall Street Journal* referiu uma história simultaneamente engraçada e deprimente. Robert Barzelay passou 11 meses a tentar resolver um problema em torno de uma factura no valor de 110 dólares com o seu fornecedor de acesso à Internet. Apesar de ter passado cerca de 600 minutos em espera, nunca conseguiu falar com um operador. "Acabei por concluir que não havia seres humanos a trabalhar naquela empresa", contou ele.

No entanto, o maior problema é que muitas empresas, mesmo as comprometidas em tratar correctamente os clientes, confundem vender bons produtos a um preço competitivo com deixar uma impressão duradoura em quem os está a comprar. É um dos perigos mais salientes do capitalismo do século XXI: quando quase tudo fica mais barato ano após ano, oferecer aos consumidores um "bom negócio" não os irá fidelizar nem os fará felizes – porque alguém, invariavelmente, terá uma proposta ainda melhor. Foi Clare Boothe Luce que escreveu que "nenhuma boa acção fica impune". O mundo dos negócios tem a sua própria versão desse aforismo ubíquo: "Nenhum bom negócio deixa de ter adversário".

Três realidades ingratas definem o estado da concorrência nas indústrias, desde a automóvel à da aviação, da cinematográfica à dos fundos de investimento: excesso de oferta, sobrecapacidade e sobrecarga sensorial. As empresas estão a vender excessivamente de tudo; dispõem de recursos para produzir mais daquilo que já vendem em demasia; e estão a transmitir demasiadas mensagens de *marketing* aos clientes. Estes, por sua vez, não conseguem processar tudo o que estão a ver e a ouvir.

Há alguns anos, dois professores suecos de uma escola de Ciências Empresariais escreveram um dinâmico (se bem que um pouco excêntrico) livro intitulado *Funky Business: Talent Makes Capital Dance*. A obra fala da sobrecarga sensorial: Jonas Ridderstråle e Kjell Nordström, da Stockholm School of Economics, abordam tópicos que vão da computação ao cristianismo, da estratégia de negócio ao sexo. Mas eles são verdadeiramente práticos em relação àquilo a que chamam a "sociedade dos excessos" – um fenómeno que descreve praticamente qualquer mercado para qualquer produto e serviço no mundo desenvolvido. Na Noruega, referem, um país com apenas 4,5 milhões de habitantes, os leitores escolhem entre 200 jornais diferentes e cem revistas semanais. Na Suécia, com apenas nove milhões de habitantes, os apreciadores de bebidas podem escolher entre mais de 350 marcas de cerveja, contra cerca de 50 há dez anos. Só num ano, revelam com espanto, a Seiko vendeu cinco mil modelos de relógios. "Esta é a era do mais", declaram os professores. "Mais escolha. Mais consumo. Mais diversão. Mais medo. Mais incerteza. Mais concorrência. Mais oportunidades. Entrámos no mundo dos excessos: um mundo de abundância".

Em 2004, Barry Schwartz, professor do Swarthmore College, deu a conhecer um curioso desvio da sociedade dos excessos no seu livro intitulado *The Paradox of Choice: Why More is Less*. O mais impressionante no novo mundo de escolhas intermináveis, diz ele, não é o facto de as prateleiras das lojas ficarem mais apinhadas ou os negócios menos lucrativos, mas sim o facto de deixar os consumidores aturdidos, confusos – até deprimidos.*

> *"Neste momento, a escolha já não liberta, mas debilita",* escreve ele. *"Poder-se-á mesmo dizer que tiraniza. (...) Os norte--americanos de hoje estão a sentir-se cada vez menos satisfeitos, mesmo à medida que a sua liberdade de escolha aumenta".*

É uma conclusão perturbadora - mas que deve ser levada em conta pelos executivos diligentes das empresas cujas classificações ACSI estão em queda.[4]

Os desafios são claros: Como é que faz uma oferta atractiva a clientes que já têm mais do que suficiente daquilo que está a vender? Como é que se pode destacar da multidão quando essa vai ficando cada vez maior e mais expressiva (e melhor) ano após ano? Como é que cria uma relação com os consumidores que possa resistir ao desfile dos preços baixos, requisitos superiores e características cada vez mais modernas das ofertas da concorrência – uma relação que deixe o consumidor confiante de ter feito a escolha *correcta* e desejoso de continuar a fazer a *mesma* escolha?

---

* **N.A.** Um exercício esclarecedor para Schwartz, que não parece sair muito (pelo menos não para ir ao centro comercial), foi passar pelos corredores de uma loja de electrónica de consumo e anotar os formatos, modelos e marcas que disputavam a sua atenção. Em apenas uma visita, descobriu 45 sistemas de estéreo para automóvel, 42 computadores, 27 impressoras para esses computadores, cem televisores, 30 videogravadores e 15 leitores de DVD.

É tentador responder a todas estas perguntas com uma única palavra: Starbucks. O império do café expresso, sediado em Seattle, é um dos verdadeiros milagres empresariais das últimas duas décadas – mais do que uma marca icónica, mais do que uma empresa em crescimento, é um local e uma instituição que se tornou um elemento reconhecível da paisagem norte-americana, um chamado terceiro lugar entre a casa e o trabalho, onde as pessoas se encontram, pensam, relaxam, ouvem música, conferem o *e-mail* e, já agora, gastam com gosto 3,5 dólares por um *latte*. Ao conceber o seu produto de base não como um sistema de entrega de cafeína mas como uma experiência enriquecedora, consistente e diferente que tem em conta o aspecto das lojas, o que vendem, quem lá trabalha e até a linguagem exótica que os clientes usam para fazer um pedido, o *Chairman* Howard Schultz (que pagou 3,8 milhões pela Starbucks em 1987, quando a empresa tinha 17 lojas e cem colaboradores) criou um império com mais de dez mil lojas, um volume de negócios de aproximadamente seis mil milhões de dólares e um valor de accionista superior a 25 mil milhões de dólares. A Starbucks está a servir algo que cria laços com os clientes, não se tratando apenas de um local onde é possível beber alguma coisa – e 25 milhões de pessoas visitam-na todas as semanas para comprar seja o que for que a Starbucks esteja a vender.[5]

A questão, obviamente, é perceber até que ponto é que a Starbucks representa um misto único de negócio e cultura ou até que ponto as suas lições podem fazer nascer marcas bem sucedidas noutros domínios. Howard Schultz e Dan Levitan, o ex-banqueiro de investimento que geriu a entrada em bolsa da Starbucks em 1992, não têm qualquer dúvida em relação à resposta. São parceiros fundadores da Maveron, uma empresa de capital de risco criada em 1998 e que angariou cerca de 700 milhões de dólares para investir em empresas que pretendem vencer deixando uma impressão positiva nos seus clientes. A maioria dos investidores de capitais de risco procura tecnologias com "aplicações que superem as da concorrência" e que levem a uma entrada em bolsa com um enorme impacto. A Maveron (cujo nome é uma mistura

Da venda de valor à partilha de valores: superar a era dos "excessos" 155

das palavras *maverick* e *vision*) procura empresas com uma poderosa ligação aos clientes – aquilo a que Levitan chama um "contrato psicológico" que redefine as expectativas e reinventa uma categoria."*

"Muitos pensam que uma marca é *marketing* ou a embalagem, um invólucro", diz Levitan. "Para nós, a base de uma marca é o seu contrato psicológico – o contrato entre uma empresa e os seus colaboradores e entre esses colaboradores e os seus clientes. As grandes empresas de consumo são criadas com base na paixão genuína, além de um compromisso diário para com uma boa execução. Os colaboradores não sentirão paixão e não conseguirão manter a disciplina operacional se não se sentirem bem com aquilo que a empresa vende e com os valores que defende".

Não é de surpreender que a Maveron, sediada em Seattle, seja um investidor de relevo na Cranium – com sede na mesma cidade –, a notável empresa de jogos de tabuleiro que, conforme vimos no Capítulo 2, alterou as regras do jogo na indústria sobrelotada e desgastada em que opera. (Conforme iremos ver no capítulo seguinte, a Cranium é mais explícita do que praticamente qualquer outra empresa que estudámos no que diz respeito ao desenvolvimento de produtos que provocam impacto emocional nos clientes.) A Maveron é também uma investidora de peso numa pequena cadeia de restauração (receitas estimadas em 2005: cem milhões de dólares) em rápido crescimento, sediada em Chicago, chamada Potbelly Sandwich Works. Ninguém associado à Potbelly proclama aquilo que qualquer visitante sente imediatamente – que a empresa pretende reinventar o mercado norte-americano das sanduíches, da mesma forma que a Starbucks reinventou o mercado norte-americano do café. Mas os ecos são evidentes se ouvir Dan Levitan falar acerca da empresa (ele tem assento no Conselho de Administração, bem como Howard Schultz, Bob Kagle da Benchmark Capital – a

---

* **N.A.** A Maveron não é uma inexperiente nos investimentos em tecnologia. Foi uma das primeiras investidoras do eBay e o seu *portfolio* inclui várias empresas tecnológicas, entre as quais a Capella Education Company, uma universidade *on-line* em franco crescimento. A Maveron é também uma investidora privilegiada na Eos, uma companhia aérea transatlântica que opera exclusivamente em classe executiva e que angariou 85 milhões de dólares de financiamento inicial.

primeira empresa de capital de risco a apoiar o eBay – e Walter Robb, *Copresident* da Whole Foods Market, gigante do mercado de produtos alimentares de qualidade superior).

"Tem um ambiente muito colorido", diz Levitan acerca da empresa. "Os colaboradores mostram-se positivos e felizes. Há uma certa energia que torna o ambiente divertido. A Portbelly tem aquilo a que chamo um 'caldeirão de paixão pelo cliente'. A maioria dir-lhe-á que uma casa de sanduíches é uma casa de sanduíches e nada mais. A primeira vez que me deparei com essa atitude foi em 1991, quando ouvi dizer que uma chávena de café era uma chávena de café e nada mais. Agora, 25 mil milhões de dólares mais tarde em capitalização de mercado, o resto é História".

As semelhanças entre a Starbucks e a Potbelly são inquietantes. Tal como a Starbucks, que arrancou em Seattle 16 anos antes de Howard Schultz a ter comprado, a Potbelly era uma marca de culto na sua localidade de nascimento muito antes de ganhar dimensão nacional. Tal como sucedeu com Howard Schultz, o *Chairman* e CEO da Potbelly, Bryant Keil, não foi o fundador da empresa. Ele era um cliente devoto que que a comprou aos seus fundadores em 1996. (Desde então, angariou 60 milhões de dólares da Maveron e de outras empresas bastante reconhecidas. A empresa cresceu de meia dúzia de lojas em 2001 para cem lojas e perto de três mil colaboradores em finais de 2005. O plano de longo prazo é de mil lojas por todos os EUA.) Também como a Starbucks, a Potbelly recusou franchisar, preferindo apoiar-se em lojas próprias. É mais exigente, implica mais estratégia em termos de capital, mas mantém a qualidade, consistência e personalidade da marca – e mantém o contrato psicológico da empresa com os colaboradores e os clientes.[6]

Viajámos até Chicago para termos uma amostra em primeira mão da "experiência Potbelly". Foi uma refeição não só revigorante, mas também que mexeu com os sentidos. O estabelecimento, situado no piso inferior do enorme Merchandise Mart de Chicago, nunca poderá ser confundido com a Subway, a Quiznos ou outras cadeias indiferenciadas de sanduíches. É resplandecente, não convencional e está cheio de cor. Há três sinais de rua, cartazes e fotografias antigas, prateleiras cheias de livros. Ao contrário da Starbucks, a Potbelly tem preços incrivelmente razoáveis – cada sandes custa 3,79 dólares, cada *milk shake*, cerveja ou batido de frutas custa 2,69 dólares. A comida é servida com deliciosos toques que o cliente não consegue deixar de reparar. (O batido Oreo que pedimos, por exemplo, foi servido com mini-Oreos na tampa de plástico do copo e com um fino biscoito de açúcar na palhinha). Há uma pequena varanda por cima das mesas compartimentadas do corredor principal, onde os animadores tocam música ao vivo na maioria das tardes. E há, claro, um fogão de aquecimento em forma de barril ("potbelly"), um adorno existente em praticamente todos os estabelecimentos como tributo ao estabelecimento original.[*]

Bryant Keil, cujo escritório fica 23 andares acima do estabelecimento da Potbelly no Merchandise Mart, não tem a atitude típica dos responsáveis de *marketing*. É modesto, metódico, quase tímido. Mas, à medida que vai explicando a fórmula de crescimento da Potbelly, torna-se evidente que tem enormes ambições para a sua empresa – todas elas com base na manutenção de uma ligação pessoal única com os seus clientes. "É bastante fácil gerir um negócio medíocre", afirma Keil. "É exponencialmente mais difícil fazer as coisas bem feitas. É por isso que não gosto da palavra 'cadeia'. Nós personificamos a *anti*cadeia. Poderíamos inaugurar os nossos estabelecimentos mais depressa e a preços mais acessíveis se fosse tudo feito em série, pré-planeado e perfeitamente sistematizado. Eu gosto de ser perfeito, mas quero que os elementos dos nossos estabelecimentos sejam *imperfeitos*. Faz parte do charme."

Com efeito, a Potbelly realiza grandes investimentos na procura da imperfeição produtiva. A empresa tem um responsável pela conceptua-

---

[*] **N.A.** A história da Potbelly é bem conhecida em Chicago. Em 1977, um casal começou a vender sanduíches aquecidas e batidos para dinamizar o negócio na sua loja de antiguidades na Lincoln Avenue, na zona Norte da cidade. Com o decorrer do tempo, o negócio da comida superou o negócio das antiguidades, pelo que o estabelecimento se tornou numa casa de sanduíches decorada com antiguidades, incluindo um fogão de aquecimento, ainda em funcionamento.

lização, a tempo inteiro, cuja função é certificar-se de que todas as lojas, sejam em Dallas, Indianapolis ou Washington, D.C., têm o correcto misto de sinais de rua, obras de arte e artefactos que lhes dão um toque pessoal e local. A Potbelly tem uma oficina própria na zona ocidental de Chicago, onde carpinteiros, pintores e outros artesãos fazem os compartimentos das áreas de refeições, mesas e molduras para mobilar cada estabelecimento. Nem a ementa é perfeita. A ementa oficial da Potbelly limita-se a 11 sanduíches principais. Mas, ao longo do tempo, os clientes habituais percebem que o estabelecimento tem imensas opções que não constam da ementa – algo a que dentro da empresa se dá o nome de Potbelly Underground. Levitan, da Maveron, diz que a Potbelly Underground é uma pequena inovação que contém uma grande mensagem: "O desafio é: como é que uma empresa cresce mas continua a ter uma cultura de empresa pequena? A Potbelly Underground é uma forma de o cliente fidelizado dizer ao empregado do outro lado do balcão: 'Sou cliente habitual, faço parte do clube'".

Com o passar do tempo, os clientes veteranos ensinam os novos clientes de que forma podem fazer parte do clube. "É tão engraçado", diz Bryant Keil. "Alguém na fila diz: 'Quero um *cheeseburger*'. Os outros clientes vão olhar em volta e é possível ver as expressões dos seus rostos: eles aqui não têm *cheeseburgers*! Bom, na verdade temos. É uma sandes enorme com carne, sem molho, com todas as guarnições que são de esperar num *cheeseburger*. Então, os outros clientes ouvem, apreendem e também pedem o mesmo. Os clientes antigos ensinam aos novos clientes 'como ser um Potbelly'. É uma das coisas que adoro nos nossos estabelecimentos, a sensação de descoberta".

Tal como a Potbelly, as empresas analisadas nos próximos dois capítulos descobriram estratégias curiosas e esclarecedoras para dar a volta por cima à era dos "excessos". Estas empresas operam em indústrias muito diferentes e projectam personalidades radicalmente diferentes para o mundo exterior. Mas, de uma forma ou de outra, cada uma delas percebeu como parar de interagir com clientes puramente (ou até fundamentalmente) com base no valor económico dos dólares e dos cêntimos.

> *Em vez disso, encorajaram os consumidores a comprar os seus valores e criam laços de lealdade e identidade partilhada que ajudam ambas as partes a passar ao lado da desordem do mercado. Para se destacarem da multidão, estas empresas tiveram de se destacar por algo especial aos olhos dos seus clientes.*

O objectivo dos próximos dois capítulos é mostrar-lhe como é que essas empresas o fizeram – e o que as suas inovações significam para si.

Para tornar a sua empresa especial, torne o seu desempenho memorável

"Todas as grandes empresas redefiniram o negócio em que operam", afirma Vernon W. Hill II, sentado atrás de uma enorme secretária no seu espaçoso gabinete na sede do Commerce Bank. Hill, fundador, *President* e *Chairman* da instituição bancária, assemelha-se à versão de banqueiro tradicional que qualquer departamento de contratação de figurantes recrutaria. O fato que veste tem uma dupla fila de botões, a camisa está rigorosamente engomada, o alfinete de lapela reluzente e, claro, uma gravata vermelha. Enquanto um computador portátil lista os *e-mails* que vão chegando e um terminal da Bloomberg exibe cotações, Hill lança perguntas e instruções ao seu assistente.

Mas as aparências podem ser enganadoras. Hill está a trabalhar até mais tarde porque ele e três dos seus executivos de topo têm estado a analisar atentamente os protótipos de um novo produto do Commerce – um cartão de débito que os clientes podem carregar com dinheiro e oferecer como presente a amigos e familiares. Hill e os seus assistentes estão a trabalhar todos os pormenores do cartão, do tipo de letra ao *design*, passando pela dimensão do logotipo do Commerce.

"Quantos CEO de grandes bancos se preocupam com o aspecto dos seus cartões-oferta e com a forma como as suas agências executam o programa delineado?", pergunta Hill. "Nós *temos* que nos preocupar com isso. Acreditamos na execução zelosa: como é que pegamos neste cartão-oferta e o tornamos uma experiência "uau" para os nossos clientes? Neste momento, a maioria dos bancos que emite este tipo de cartões cobra por eles. Nós não vamos cobrar um único cêntimo aos nossos clientes; vamos emitir os cartões gratuitamente."

É esta mentalidade *maverick* que move Vernon Hill. O que diferencia a sua empresa das da concorrência, num segmento económico que está sobrelotado e mostra pouca inspiração, tem sido a sua capacidade para reimaginar um banco como uma empresa de retalho moderna, um banco que não age como um banco. "Apesar de ter tido formação como banqueiro, *não* sou um banqueiro", insiste. "Somos retalhistas do crescimento".

Tudo na abordagem de Hill reforça a sua mensagem de "não somos um banco". Ele não avalia o desempenho da sua empresa por comparação com o Citigroup, o Bank of America ou o Wachovia – gigantes do sector que passam a maior parte do seu tempo a comprar, a consolidar e a reduzir custos. Ele olha para a Target, a Gap e a Home Depot. O Commerce não chama agências às suas 375 representações; chama-lhes *lojas*. Como os retalhistas de classe mundial, Hill e os seus colegas ficam encantados quando os clientes visitam as suas lojas e estão sempre à procura de formas que façam com que os clientes continuem a voltar. (Algumas lojas Commerce recebem mensalmente cem mil visitas por parte dos clientes. Uma típica McDonald's recebe 25 mil visitas por mês).

A maioria das representações do Commerce está aberta 70 a 80 horas por semana – uma inovação nunca vista neste ramo antes da chegada do Commerce. Lembra-se do horário da banca? A loja Commerce na Rua 94 com a Broadway, em Manhattan, está aberta mais de 12 horas por dia entre segunda e sexta-feira (incluindo até à meia-noite às sextas-feiras), durante mais de dez horas aos sábados e cinco horas aos domingos. (Na realidade, todas as lojas abrem 15 minutos antes e fecham 15 minutos depois do horário fixado, o que é mais uma pequena forma de exceder as expectativas.)

Hill mal consegue conter a sua satisfação quando lhe perguntam por que razão não há mais bancos a manter as suas agências abertas tanto tempo como as suas. "É a ideia mais simples do mundo", diz ele. *"Vamos abrir quando os clientes querem que estejamos abertos.* Mas, hoje em dia, isso é uma heresia na banca. Pensam que somos doidos. A primeira pergunta que os banqueiros me fazem é: 'Como é que arranja pessoal para trabalhar aos domingos?' Sabe qual é a minha resposta? 'A Wal-Mart mantém-se aberta. O centro comercial mantém-se aberto. Todos os estabelecimentos de *fast-food* se mantêm abertos. Como é que pode ser difícil?' Nós não copiamos os bancos patetas. Copiamos os grandes retalhistas".

O que ele quer dizer, literalmente, é que as práticas que podem ser vistas como o procedimento operacional padrão num dado contexto, podem chocar num outro. A determinada altura da nossa conversa, Hill alcança uma prateleira e tira de lá um exemplar de *Built from Scratch*, a autobiografia de Bernie Marcus e Arthur Blank, fundadores da Home Depot. "Este é o melhor livro de negócios que alguma vez li!", exclama. "Compramo-lo às caixas. Cada gestor que vem trabalhar para este banco tem de o ler. Aprendemos mais com estas pessoas do que com quaisquer outras".

Um exemplo: a conhecida política calorosa de transferências do Commerce. Hill explica: "A Home Depot tem uma regra – que, por acaso, todos me dizem que a empresa já não aplica – acerca de como transferir um cliente de um colaborador para outro. Digamos que está no corredor oito e quer uma chave de fendas, que por acaso está no corredor cinco. O colaborador no corredor oito deve conduzi-lo até ao corredor cinco e mostrar-lhe as chaves de fendas ou deixá-lo ao cuidado do colaborador desse corredor. É aquilo a que se chama uma transferência suave. E como é que traduzimos isso para o Commerce? Digamos que nos telefona e que precisamos de transferir a sua chamada para outro departamento. O operador não se limita a premir um botão. Ele ou ela mantém-no em linha, contactam quem deve falar consigo e dizem 'Joanne, tenho o Jim em linha e é ele quem pode ajudá-la' e só então é que desliga. Chamamos-lhe uma 'transferência calorosa' – e é um conceito roubado directamente da Home Depot."

Hill poderá copiar ideias de outras indústrias, mas é peremptório acerca da singularidade do modelo do Commerce no *seu* sector: a primeira função de um banco, defende, é conseguir o maior número possível de depósitos. Isto soa a senso comum, mas traduz-se num verdadeiro desvio face à forma como os grandes bancos tendiam, até há bem pouco tempo, a fazer negócio. Durante anos, os bancos concentrados no dinheiro toleraram, basicamente, os pequenos depositantes – enquanto competiam para conseguirem empréstimos elevados, distribuírem cartões de crédito e obterem uma posição vantajosa nos mercados de capitais. Mas com a hipercompetição nos mercados de capitais, os clientes de menor dimensão começaram a parecer mais atractivos.

No entanto, Hill é igualmente peremptório quando diz que não pagará uma taxa de juro tão elevada quanto a da concorrência para ter depósitos. Com efeito, na maioria dos mercados do Commerce, incluindo na cidade reconhecidamente competitiva de Nova Iorque, as taxas do Commerce não são as mais invejáveis. É aí que a mentalidade do pequeno depositante dá o seu contributo. "Acreditamos que os clientes dão mais valor à experiência no estabelecimento do que ao preço mais baixo – que, no negócio da banca, corresponde à taxa de depósito mais alta", explica Hill. "Assim, fazemos tudo o que podemos para fortalecermos a nossa ligação com os clientes, para tornarmos a experiência divertida. E damos um milhão de pequenos passos para reforçarmos a nossa mensagem".*

São todos esses "pequenos passos" que fazem com que o Commerce tenha um desempenho tão memorável para os seus clientes – e parecer tão estranho para a concorrência. A empresa raramente perde uma

---

* **N.A.** Os leitores atentos perceberão que Vernon Hill e Arkadi Kuhlmann, ambos inovadores bem sucedidos na banca, têm abordagens radicalmente diferentes às estratégias de preços. Conforme explicámos no Capítulo 1, Kuhlmann concebeu uma experiência em que o elemento de base era ter as taxas de juro dos depósitos mais altas do sector. Hill oferece taxas baixas, juntamente com uma experiência para o cliente enriquecedora e divertida. Ambos os modelos mexeram com os clientes – e é possível os particulares serem clientes de ambos os bancos, uma vez que o ING Direct não disponibiliza contas à ordem, uma rede multibanco ou outros elementos básicos da banca pessoal.

oportunidade de transformar por completo a sabedoria convencional. Uma inovação clássica, que constituiu uma autêntica reviravolta, é a sua abordagem à palavra "f" na banca – o *float*.* Na maioria dos bancos, os clientes esperam três ou quatro dias para terem acesso ao dinheiro que depositam em cheque. Nalguns grandes bancos de Nova Iorque, poderão até ter que esperar uma semana para que os cheques fiquem disponíveis. No Commerce, o dinheiro de todos os cheques depositados fica disponível *no dia útil seguinte* – sem perguntas. "O *float* é uma regra que nenhum banco consegue explicar à sua equipa, muito menos aos seus clientes", diz Hills. "Assim, nós mantemos as coisas simples: 'deposita um cheque na segunda-feira e este estará disponível na terça-feira'. Não quero ter procedimentos que alguém com 18 anos não consiga explicar aos clientes."

Esse procedimento implica um custo: o Commerce fica mais vulnerável às fraudes do que a concorrência. Mas aquilo que perde com cheques sem cobertura é mais do que compensado com os cheques válidos. Tom Brown, o analista da banca e gestor de *hedge funds* que conhecemos no Capítulo 4 poderá ser o investidor mais frontal de Wall Street no que diz respeito ao Commerce. O Commerce é "o melhor banco do país", declara sem hesitação. "Quando conheci os seus responsáveis, eu era o maior céptico de todos. Eles não acreditavam no tratamento diferenciado a clientes diferentes. Eles acreditavam no incentivo aos clientes para regressarem às agências. Fizeram tudo ao *contrário* daquilo que é habitual na banca".

Brown salienta a eliminação do *float* como um exemplo clássico de inovação única. "A maioria dos bancos vê na verificação dos cheques uma forma de minimizar prejuízos", explica. "Mas Vernon não tem em mente fazer aquilo que vai minimizar os prejuízos. Está interessado em fazer coisas que maximizem a satisfação do cliente. Ninguém compreende por que é que a disponibilização dos cheques é tão complicada. É a queixa número um dos clientes e a queixa número um dos caixas.

---

* **N.T.** Valores em trânsito.

O Commerce tem uma mentalidade completamente diferente. Os seus clientes – e os seus colaboradores – adoram-na".

Talvez a inovação mais memorável de Hill, que representa um elemento verdadeiramente diferenciador para os clientes, seja o "Penny Arcade" do seu banco. Ao longo dos anos, como parte da sua motivação para reduzirem custos e afastarem os clientes das sucursais, os grandes bancos dificultaram e encareceram as idas aos bancos dos clientes que apareciam com um porquinho-mealheiro ou que pretendiam que lhes contassem as moedas. Mas onde a típica instituição financeira viu um custo a ser reduzido, o Commerce viu uma experiência memorável que valia a pena ser criada. Actualmente, as 375 lojas Commerce têm os atractivos e coloridos Penny Arcades situados orgulhosamente à entrada, disponíveis sem encargos para quem quer que os utilize. Hill está fascinado com o grande negócio em que os Penny Arcades se tornaram.

"Actualmente, estas máquinas são usadas quase 500 mil vezes por mês", diz. (Corresponde a mais de 1 300 vezes por mês, em cada loja.) "Temos lojas em Nova Iorque em que tivemos de colocar duas ou três destas máquinas. Ninguém no mundo, no meu negócio, gastaria o dinheiro que nós gastamos nestas máquinas. Todos querem aumentar as comissões ou reduzir custos. Mas nós estamos a tentar fortalecer os laços com os nossos clientes. A maioria dos bancos olha para cada linha de produto e tenta decompô-lo ao máximo: 'Podemos poupar dinheiro aqui, podemos cobrar mais dinheiro ali?' Os grandes retalhistas não o fazem. Eles perguntam: 'Como é que podemos tornar mais fácil, menos complexo e mais divertido fazer negócio connosco?' Eles avaliam a experiência por inteiro. E é isso que nós fazemos".

Criar uma experiência memorável nem sempre significa desafiar a sabedoria convencional. Por vezes, significa apenas recorrer ao senso comum.

Outra popular invenção no espírito da Penny Arcade é a máquina de cartões instantâneos em todas as representações do Commerce. Os clientes que pedem ou perdem um cartão multibanco já não precisam de ir ao banco, preencher um formulário e esperar que lhe chegue por correio um envelope sem remetente. Em vez disso, saem da loja com um cartão que foi feito e activado no local. "Por que razão há-de demorar uma semana para substituir um cartão multibanco?", pergunta Vernon Hill. "É de doidos. Estamos no negócio da conveniência. Tem a ver com a melhoria da experiência".

Em última análise, aquilo que diferencia o banco de Hill da concorrência, aquilo que molda as experiências memoráveis que acabaram por definir a sua relação com os clientes, é o simples facto de entrar numa das suas lojas. A cerimónia no Radio City foi apenas um vislumbre da vida no Commerce. Este é um banco que usa mascotes caricatas para entreter os clientes e os colaboradores, que realiza feiras de rua para celebrar a abertura de novas lojas e que oferece muitas outras versões (normalmente emocionais) daquilo a que Vernon Hill chama "retailtainment".

Para um *outsider* que tome contacto com o Commerce Bank pela primeira vez, a empresa pode parecer reveladora e hilariante – bem como fatigante. As cores. Os sorrisos. O sentido de humor que prevalece no local. *Como é que tantas pessoas conseguem estar tão animadas durante tanto tempo?* Na verdade, tal como tudo o resto na empresa, a cultura descontraída, animada e desafiadora de cada loja do Commerce resulta de anos de experiência, da intensa atenção aos pormenores e de uma absoluta determinação em sobressair na multidão.

Dennis DiFlorio, que reporta directamente a Hill, é o *yin* cultural do *yang* estratégico do CEO. DiFlorio gere todas as operações de retalho do banco. É um homem em missão no que diz respeito aos colaboradores que não ocupam posições de liderança. Ele praticamente salta por detrás da sua secretária enquanto explica por que razão o modelo de negócios do banco não pode funcionar sem a sua cultura no local de trabalho. "Recebo cerca de 12 *e-mails* por dia de clientes que nos admiram", diz ele. "E nunca são sobre os produtos, os horários ou as Penny

Arcades. *São sempre sobre as pessoas*. A nossa arma secreta, aquilo que sempre nos diferenciará, são as nossas pessoas e a nossa cultura".*

À medida que o Commerce Bank cresce a tão grande velocidade, o desafio que enfrenta é o de manter a consistência da sua cultura. É por isso que cada colaborador do Commerce traz consigo um cartão SMART (DiFlorio considera-o um "cartão compromisso") que enumera os cinco princípios de bom serviço da empresa. Cada gestor ou responsável anda munido com uma série de autocolantes vermelhos, com o formato do logótipo "C" do banco, para colar no verso dos cartões dos colaboradores sempre que, como diz DiFlorio, "apanhamos alguém a aplicar esses princípios". À medida que os seus cartões vão ficando cheios de autocolantes, os colaboradores trocam-nos por prémios. "É muito fácil apanhar as pessoas a fazerem as coisas mal", diz DiFlorio. "Aquilo que motiva esta empresa são os cinco princípios orientadores, aquilo que fazemos para empenhar os colaboradores no negócio, para os fazer sentirem-se bem. Compete a cada gestor ou responsável deste banco ver os colaboradores fazer as coisas bem". (Os gestores e responsáveis do Commerce distribuíram um espantoso número de 115 mil autocolantes "C" em 2005.)

Se Dennis DiFlorio é o principal *coach* de serviço ao cliente no Commerce, então Tim Killion é o chefe das claques. O seu título – gestor do Departamento Uau – não é suficiente para captar o sentido de objectivo e entusiasmo puro que este enérgico homem de 20 e poucos anos coloca na sua função: "Esta empresa lança as bases para todos nos divertirmos nos nossos empregos. Se nos divertirmos e gostarmos daquilo que estamos a fazer, então o cliente irá gostar da experiência de fazer negó-

---

* **N.A.** Isso não significa que o pessoal do Commerce não possa cometer erros graves. Em Maio de 2005, dois executivos do Commerce foram considerados culpados das acusações de conspiração num julgamento por fraude municipal em Filadélfia. Os executivos viram-se envolvidos no chamado esquema "pague para jogar", que implicava a concessão de favores ao tesoureiro municipal, Corey Kemp, que também foi condenado. Os acontecimentos na Câmara Municipal daquela cidade também enredaram dois executivos do J.P. Morgan, que se confessaram culpados das acusações de fraude telefónica. O Commerce não foi condenado neste processo, mas a reputação do banco, famoso pelas suas "Sextas-feiras Vermelhas", foi abalada.[7]

cio connosco. Tenho a oportunidade de colocar sorrisos nos rostos dos *meus* clientes – os 13 mil colaboradores que trabalham neste banco – e vou continuar a fazê-lo até alguém me fazer parar. Tenho um óptimo emprego. Não o trocaria por nada".

Qual é, exactamente, a sua função? "Manter 13 mil colaboradores entusiasmados com os *seus* empregos", diz ele, que o faz lembrando-lhes o quão invulgares eles são, bem como a empresa onde trabalham. Killion consegue falar durante horas acerca da melhor forma de um colaborador do Commerce sorrir, a maneira correcta de saudar um cliente ("*Posso* ajudá-lo?" em vez de "*Quer* ajuda?") e o motivo para a empresa impor um código de vestuário nos seus *call centers*. "Estamos constantemente expostos", explica. "Aparecem potenciais clientes. Aparecem analistas de Wall Street. Não podemos ter pessoas de *t-shirt* e ténis. Chamamos-lhe a hora do espectáculo. Estamos preparados para a hora do espectáculo a qualquer momento."

Killion leva a sério a noção de "hora do espectáculo". Entre os mais importantes aliados do Departamento Uau, dentro da empresa, estão 150 voluntários conhecidos como a Patrulha Uau. Estes voluntários têm empregos tradicionais e a tempo inteiro no banco, mas também trabalham com Killion na organização de eventos comemorativos, gerem concursos e contribuem para a cultura e o espírito do Commerce. Para fazer parte da Patrulha Uau não basta voluntariar-se; tem de passar por uma audição anual – literalmente. "As pessoas aparecem e mostram-nos que querem divertir-se", diz Killion. "Algumas escrevem uma canção e cantam-na. Outras apresentam a coreografia para um número de dança. Algumas fazem cinco minutos de comédia *stand-up*. É espantoso aquilo que trazem para nos mostrar. E tudo com um propósito: 'Hei, quero divertir-me no trabalho, posso fazer parte deste projecto?"

"A nossa cliente é a nossa categoria"
- vender um sentido de identidade

Por mais divertido que seja vivenciar o mundo "Uau" do Commerce Bank, é fácil interpretar mal as suas lições. Tornar a sua empresa memorável não tem de significar torná-la teatral – transformando os seus colaboradores num elenco composto por milhares.

> *O desafio não está no* desempenho *mas sim na* criação de ligações, *na oferta de algo tão diferenciado que não se deixe de reparar, mesmo num mercado a fervilhar com baixos preços e exigências elevadas. Numa era de sobrecapacidade e sobreoferta, os consumidores sobrecarregados estão desejosos de identificar as empresas com uma identidade apelativa.*

A Anthropologie, uma cadeia em franco crescimento de artigos para o lar e de vestuário para mulher, sediada em Filadélfia, destaca-se como uma alternativa atractiva à uniformidade de estilo e à uniformidade da moda que caracteriza grande parte dos estabelecimentos para o mercado de massas.*

Durante a última década, criou uma ligação com os clientes, a todos os níveis, tão poderosa como aquilo que Vernon Hill e os seus colegas criaram no Commerce Bank. Mas em quase todas as vertentes dos seus negócios, desde a estratégia de base à aparência e espírito das próprias lojas, as duas organizações percorreram meios decididamente diferentes para atingirem fins igualmente memoráveis. O Commerce revolucionou a ideia de banco ao criar uma experiência única para um vasto leque de clientes. A Anthropologie criou um novo espaço de prateleira num mercado saturado, oferecendo um vasto leque de produtos para uma cliente única – uma cliente a quem a empresa se dedica com uma intensidade única.[8]

O *President* da Anthropologie, Glen Senk, chama-lhe a estratégia do "conhecimento profundo da cliente" – que revelou resultados magistrais nas lojas da empresa e em Wall Street. "A maioria dos retalhis-

---

* **N.A.** E há *muitos* retalhistas. Tendo os Estados Unidos mais de 2,8 metros quadrados de espaço lojista para cada homem, mulher e criança do país (já para não falar do universo virtual dos catálogos e do comércio electrónico), é mais urgente do que nunca que as empresas se destaquem por algo especial aos olhos dos seus clientes.

tas dedica-se a conquistar uma vasta base de clientes ou especializa-se numa categoria de produto", explica. "Nós somos especialistas em clientes. Concentramo-nos em fazer sempre aquilo que for adequado para uma cliente específica que conhecemos muito bem. Cada produto que compramos, cada decisão que tomamos em termos de localização das lojas, cada acção que realizamos é feita através dos olhos dessa cliente. A nossa cliente *é* a nossa categoria".

Pergunte aos colaboradores da Anthropologie quem é essa cliente e eles conseguem traçar rapidamente um perfil demográfico convicto: mulheres entre os 30 e 45 anos, com habilitações académicas ao nível da licenciatura ou pós-graduação, casadas e com filhos ou comprometidas, empregadas ou ex-empregadas, cujo rendimento anual do agregado familiar está compreendido entre os 150 mil e os 200 mil dólares. Mas estes dados objectivos e estatísticos não captam a mulher vivaz e dinâmica que Senk e os seus colegas "Antropologists" chamam de "nossa amiga". Senk prefere descrever a sua cliente em termos psicográficos: "Ela é instruída e viajada. Tem uma curiosidade natural pelo mundo. Gosta de cozinhar, fazer jardinagem, beber vinho. Está em boas condições físicas. Tem uma mentalidade citadina. É bastante conhecedora – entende perfeitamente as nossas referências, quer sejam uma cidade na Europa, um livro ou um filme."

Wendy Brown, directora de lojas da Anthropologie, coloca a mesma ênfase quando fala da dedicada relação entre a empresa e as suas clientes: "Temos uma cliente e sabemos *exactamente* quem ela é. Não nos sentamos à volta da mesa a perguntar uns aos outros: 'Como é que achas que ela é?' Nós estamos atentos. Estamos no mercado. Vivemos onde as clientes vivem".

Isso poderá resultar do facto de parecer que muitas dessas clientes vivem nas lojas. As clientes da Anthropologie fazem visitas mais frequentes, permanecem mais tempo e compram mais do que os clientes de praticamente qualquer outra cadeia de lojas comparável. A visita média ronda os 75 minutos. O seu gasto médio é de 80 dólares por visita. (As clientes que compram por catálogo gastam uma média de 161 dólares por encomenda.) O volume médio de vendas da empresa por metro quadrado ultrapassa os 800 dólares, sendo dos mais elevados da indústria.

A soma total de todas estas vendas representa um dos melhores desempenhos do país no sector dos retalhistas especializados. Glen Senk entrou para a Anthropologie em 1994, quando a empresa tinha uma única loja e receitas anuais de dois milhões de dólares. Em 2005, a Anthropologie tinha 77 lojas e um volume de negócios estimado em 500 milhões de dólares, contra 320 milhões no ano anterior. Entretanto, os títulos da sua casa-mãe, a Urban Outfitters, ficaram tão na moda como as roupas e os artigos para o lar da Anthropologie. Entre Setembro de 2000 e Setembro de 2005, os títulos da Urban (ajustados às cisões) passaram de menos de 4,5 dólares para 27,5 dólares, dando à empresa um valor de mercado superior a quatro mil milhões de dólares.

Por que estão tantas mulheres dispostas a despender tanto tempo (e dinheiro) na Anthropologie? Porque Senk e a sua equipa não vendem apenas roupa e artigos para o lar. Vendem um sentido de *identidade*. É uma empresa que foi concebida desde o início em torno da identidade e emoção, não apenas em torno de fasquias de preços e unidades de manutenção de *stock*.

> *"Vir à nossa loja não significa apenas comprar alguma coisa"*, diz Senk. *"Tem a ver com a criação de ligações com as pessoas, com momentos bem passados. As clientes vêm até nós para aprender, não apenas para fazer compras".*

Richard Hayne, co-fundador e CEO da Urban Outfitters, demonstrou a sua capacidade – há mais de 30 anos – para retratar o estilo de vida de um importante grupo de consumidores.* Ele identificou os hábi-

---

* **N.A.** Graças ao sucesso das marcas Urban Outfitters e Anthropologie, o próprio Richard Hayne consegue ter um estilo de vida bastante confortável. Detém mais de 40 milhões de acções da empresa que fundou. Em finais de 2005, com os títulos a valerem mais de 30 dólares, Hayne era oficialmente multimilionário.

tos dos universitários da classe média alta relativamente ao ritmo das suas vidas diárias, à forma como faziam compras e como mobilavam os seus espaços e adaptou-os à sua primeira cadeia. Actualmente, a Urban Outfitters é um empório para "indivíduos de classe alta que ainda não têm uma casa" – homens e mulheres, entre os 18 e os 30 anos, cujo comportamento de compra ainda é motivado pelas suas vidas sociais.

Mais de 20 anos depois de ter fundado a sua primeira loja, Hayne contratou o arquitecto Ron Pompei, que tem liderado a direcção criativa de praticamente todos os espaços Urban e Anthropologie, para ajudar a perspectivar um local atractivo para a geração pós-Urban. A formação de Hayne como antropólogo enriqueceu o processo. A dupla passou quase dois anos numa "odisseia cultural" – a viajar, a ler, a visitar museus e exposições, a participar em eventos culturais e a auscultar os mercados estrangeiros. O que resultou desta pesquisa antropológica amadora, diz Pompei, "foi a evidência do retorno a uma sensibilidade mais ligada à simplicidade. Vimos coisas tácteis e viscerais. Coisas que mexiam com o corpo todo. A textura era muito importante. Contar uma história era primordial".

Estas pistas traduziram-se num conceito lojista que tem tanto a ver com o comportamento humano como com o comportamento de compra. Pompei dá a seguinte explicação: "a forma como as pessoas se avaliam a si mesmas e aos outros resume-se a três coisas: aquilo que têm, aquilo que fazem, quem são. A cultura dominante concentra-se naquilo que se tem. Recentemente, aquilo que se faz tornou-se mais importante. Quisemos responder a uma mudança em relação àquilo que se é". Além disso, diz Pompei, "quisemos criar uma experiência que estabelecesse a possibilidade de mudança e transformação. As pessoas começariam por ligar os pontos à sua maneira e a contarem a si mesmas uma história pessoal".

O desafio diário que as lojas enfrentam, acrescenta a directora criativa Kristin Norris - responsável por cada aspecto da sua aparência e espírito -, "é captar a atenção da cliente de modo a que esta explore cada canto e deixe a sua imaginação correr. Misturamos os artigos de forma a que lhe dê ideias. Tentamos sempre encontrar um equilíbrio entre o desejo de tornar as lojas um lugar fácil de fazer compras e torná-las intensamente interessantes".

Interessante é dizer pouco. Passe através das portas de madeira maciça da loja da Anthropologie na West Broadway (Nova Iorque) e a sua visão periférica vai ter muito que percorrer. Os seus olhos fixam-se de imediato naquilo que parece ser uma mesa de sala de jantar redonda, habilidosamente repleta de peças de serviços de jantar, copos cor-de--rosa, castiçais em ferro pintado de branco e cadeiras propositadamente envelhecidas e desencontradas. Do lado oposto encontra-se uma mistura de faianças e artigos modernos e reluzentes – panos da loiça com motivos alegres, coadores em cerâmica, uma enorme chaleira esmaltada – em cima de uma mesa comprida de cozinha, talhada toscamente, que faz lembrar uma feira no campo.

Observe a estrutura cavernosa, com um pé direito alto, e terá um vislumbre do Extremo Oriente. Uma orla de fitas, com lanternas em vidro penduradas, marca a entrada para aquilo que parece ser uma tenda num mercado do Norte de África, repleta de almofadas adornadas, carpetes, molduras com pérolas, cestos de pesca antigos e vasilhas em cobre polido. Por entre *chaises longues* entrançadas com desenhos decorativos, almofadas feitas com retalhos em veludo, gaiolas de pássaros ornamentadas, livros com capas em pele, toalhas de mesa em linho com motivos decorativos e bancos em ferro antigo, Marrocos mistura-se com a Turquia, enquanto a Itália se mistura com o Bali.

As peças de roupa estão agrupadas em minicolecções por todo o espaço da loja. Saias plissadas e casacos curtos de lã inspirados nos anos 20 encontram-se pendurados em toldos com riscas vermelhas e brancas; calças com pormenores subtis, casacos com motivos e blusas com bordados partilham o espaço em cabides de madeira trabalhada à mão e de metal; calças desportivas e *t-shirts* enrugadas estão empilhadas em cima de mesas antigas, juntamente com malas de noite com pérolas incrustadas e grandes pulseiras; pijamas de duas peças e camisolas entrançadas encontram-se espalhados num móvel com portas em vidro. A forte mistura de peças vanguardistas, artigos descontraídos e expressões étnicas é exactamente aquilo que se poderia imaginar para o guarda-roupa de um viajante exótico que regressa à sua confortável e opulenta casa na cidade.

Trata-se de um deslumbrante leque de artigos. Aquilo que torna a Anthropologie ainda mais atractiva é o facto de cada uma das suas lojas ser concebida para reflectir as suas clientes e o ambiente local. "A nossa filosofia é fazer com que cada loja tenha um espírito único", diz Norris. A loja de Greenwich (Connecticut) foi construída a partir de um velho celeiro e tem em exposição lareiras e quadros com motivos campestres para imprimir um ambiente rural; a loja de Seattle reflecte uma influência asiática, com seixos do rio e soalho em bambu; a loja de Dallas é mais pequena, mais intimista, mais feminina. Cada loja tem o seu próprio grupo de artistas e artesãos que interpretam os ambientes à sua maneira.

O resultado final é que a Anthropologie mantém o atractivo das pequenas lojas, mesmo a crescer ao ritmo de 20 novas lojas por ano. Com efeito, diz Senk, "nunca nos autodenominamos uma cadeia. Muitas das nossas clientes não sabem que há mais do que duas lojas e é exactamente assim que gostamos. As pessoas fazem compras nas nossas lojas porque somos especiais".

Ser "especial" não significa apenas ser subtil ou surpreendente. Significa também repensar algumas das convenções mais familiares do sector do retalho.

A título de exemplo, a empresa não faz publicidade – nunca.* Enquanto a maioria dos retalhistas especializados investe dinheiro e

---

* **N.A.** Então como se torna conhecida? Além do "passa palavra", o florescente negócio por catálogo da Anthropologie (19 milhões distribuídos em 2004) é uma poderosa ferramenta de consciencialização da marca e de geração de vendas. A Anthropologie é também uma preferência da imprensa da moda e dos departamentos de guarda-roupa de Hollywood – já para não falar de clientes devotas como Madonna, Sharon Stone, Susan Sarandon e Julia Roberts.

criatividade em campanhas publicitárias dispendiosas, ostensivas e protagonizadas por celebridades, a Anthropologie investe os seus recursos criativos na criação de uma experiência de loja empolgante. "Uma das nossas principais filosofias", explica Senk, "é que gastamos o dinheiro que outras empresas gastam em *marketing* a criar uma experiência de loja que exceda as expectativas. Não gastamos dinheiro em mensagens – investimos na execução".

A execução da empresa tem por base um leque de pistas sensoriais que libertem a imaginação da cliente. A equipa criativa de Kristin Norris acrescenta uma dose de capacidade artística pessoal em termos visuais à experiência de loja, já de si enriquecedora. Uma enorme escultura em fios de algodão projecta-se em forma de haste na loja da Anthropologie em Filadélfia. Um conjunto de chá de pernas para o ar (tendo penduradas chávenas, pires e uma mesa de café com motivos alegres) delicia os visitantes à entrada da loja do Westchester Mall. Cada loja adapta a sua lista musical (a Anthropologie trabalha com editoras independentes para dar a conhecer novos artistas às clientes) às várias mudanças de estação e estados de espírito. Até o *aroma* de cada loja está coordenado com a colecção e a estação. "Com o recurso ao som, visão, toque e cheiro, criamos uma poderosa ligação com as nossas clientes", afirma Senk.

Para fortalecer os seus laços com as clientes, a empresa não recorre a estudos de mercado impessoais, como inquéritos e grupos de estudos de mercado. Com efeito, Senk e os seus colegas são fanáticos pelo processamento de números quando chega a altura de analisar as operações. ("Posso dizer-lhe como é que as coisas são vendidas com base no decote, cores, carácter de novidade, preço, ponto, tecido – qualquer coisa, a qualquer momento", diz ele. "Este negócio tem tudo a ver com o investimento naquilo que se vende e com o desinvestimento naquilo que não se vende".) Mas no que diz respeito a compreender as clientes, eles substituem a ciência pela arte, preferindo passar horas com elas, pessoalmente, em vez de passarem dias à secretária a analisar folhas de cálculo.

O próprio Senk passa pelo menos quatro horas por semana nas lojas, assim como os seus principais assistentes. (De seis em seis semanas, ele também faz um "passeio pelos centros comerciais" para avaliar a concorrência, bem como as suas próprias lojas.) Durante as visitas de Senk às lojas, vai aos gabinetes de provas, ajudar as clientes a escolher o que lhes fica melhor. "É preciso entrar em contacto com as pessoas, qualquer que seja a sua posição na organização, e criar uma verdadeira ligação. Assim que encontre as calças adequadas para uma mulher", diz, sorrindo, "conquista uma cliente para toda a vida".

Há alguns anos, Wendy Wurtzburger, Directora-Geral de *merchandise* da Anthropologie, levou a cabo um esforço extra para que esse ajuste fosse ainda mais estreito. Introduziu um ritual trimestral chamado "festa do ajuste", em que as clientes "fazem compras" numa loja temporária, experimentam a roupa, fazem os seus comentários e dão conta das suas queixas e pormenores incómodos a um grupo díspar de colaboradores da Anthropologie. Um dos resultados destas "festas do ajuste" foi uma linha de calças de marca particular, chamada Flying Room, que rapidamente desapareceu das prateleiras. As clientes tiram fotografias, voltam à loja, comentam as fotos e falam acerca das suas experiências em pequenos grupos criados para o efeito.

Se parecer mais uma pequena reunião de amigas do que uma implacável transacção comercial – bem, é isso mesmo que a Anthropologie deseja que seja. Glen Senk é peremptório. "As nossas clientes são nossas amigas", insiste, "e a relação que temos com elas nunca, mas nunca, *em circunstância alguma*, pode ser a de venda. Nós ajudamos as pessoas a compor o seu guarda-roupa ou a criar um ambiente ecléctico nas suas casas. Tem a ver com ajudar alguém a sentir-se bem consigo. Não temos nada a ver com as vendas rápidas."

E quando existem casos de vendas rápidas, Senk age rapidamente. Para realçar o seu ponto de vista, ele conta uma história de uma colaboradora "estrela" que vendia artigos no valor de seis ou sete mil dólares em cada turno de três horas. "De cada vez que esta mulher trabalhava, a sua loja tinha um dia *incrível*", diz ele. "Fui observá-la e aquilo que vi foi que ela não se importava com o que estava a vender, desde que vendesse. Ela deixava as pessoas entrarem no gabinete de provas com coisas que simplesmente não lhes ficavam bem. "Isso são maneiras de tratar uma amiga? Foi despedida imediatamente."

Trata-se de uma lição inesquecível sobre a forma como as empresas que estão ávidas por sobressair da multidão tratam clientes ainda mais ávidos do que elas. Se está decidido a encorajar os clientes a comprar o que vende, então tem de valer mais do que a venda fácil. É uma maneira árdua de fazer negócio, mas que deixa uma impressão mais duradoura – e cria uma relação mais duradoura.

CAPÍTULO 8

Pequenos gestos, grandes sinais: estratégias fantásticas para se destacar da multidão

Uma loja de sanduíches com o seu próprio director artístico, uma equipa de artesãos para construir as mesas e os balcões, e uma ementa "secreta" para que os clientes habituais sintam que fazem parte da equipa. Um banco de retalho com colaboradores que são extrovertidos ao ponto de actuarem ao estilo de um espectáculo musical da Broadway. Uma loja de roupa que usa a visão, o som e até o cheiro para criar uma experiência sensorial que cative os compradores e liberte a sua imaginação. Pensamos que concordará que, até agora, a nossa procura de empresas que criaram novas formas de se relacionarem com os clientes e de prosperarem na era dos "excessos" nos conduziu a verdadeiros extremistas das marcas – organizações que operam, parafraseando Dennis DiFlorio do Commerce Bank, "na ala lunática" das suas indústrias.

Mas não tem de estar à margem para se destacar da multidão. A ligação com os clientes tem a ver com substância e não com estilo – criar uma forma mais atractiva de fazer negócio, seja qual for o seu ramo.

> *Num ambiente competitivo definido por demasiadas opções e demasiadas escolhas semelhantes, não é necessária assim tanta criatividade para ser memorável – para ser suficientemente diferente no seu mercado, de forma a que os seus clientes não consigam esquecer-se de si.*

A título de exemplo, ao contrário dos efusivos colaboradores do Commerce Bank, os inflexíveis colaboradores da DPR Construction não cantam, não dançam, nem se vestem com roupas engraçadas à sexta-feira. Mas interagem com os clientes de formas muito originais e prestam a necessária atenção aos pormenores, fazendo com que trabalhar com os construtores desta empresa seja algo tão diferente como realizar operações bancárias com os animados caixas do Commerce Bank. A forma ligeiramente diferente de operar por parte dos colaboradores da DPR impressiona bastante as empresas clientes.[1]

Conforme vimos no Capítulo 2, a DPR seguiu uma estratégia verdadeiramente original na indústria da construção – um modelo de negócios motivado pelo compromisso de reconstruir um sector da economia seriamente deteriorado. E a forma como habitualmente faz negócio reforça esse compromisso para com a originalidade. Quase todos os grandes projectos da DPR começam com um ritual especial de abertura – a criação de uma declaração de missão de projecto. A empresa reúne os supervisores e os principais elementos da sua equipa, juntamente com os representantes do cliente, o arquitecto, os engenheiros, os subempreiteiros, os fornecedores, os vendedores – todos quantos têm um papel a desempenhar. Este grupo passa vários dias juntos, a conhecer-se, a trabalhar com um coordenador e a delinear uma sólida declaração de princípios, prazos claros e indicadores de sucesso detalhados. Para a maioria dos participantes (não pertencentes à DPR), é uma forma estranha de trabalhar: Por que é que estamos a discutir termos linguísticos quando podíamos estar a colocar cimento? Mas é a forma singular de a

DPR trabalhar – e uma razão pela qual os seus projectos resultam, tendencialmente, tão bem.

A DPR constrói instalações dispendiosas, complexas e muito ambiciosas. Em 2005, a empresa terminou uma obra num complexo fabril em Oceanside, na Califórnia, para a Biogen Idec, o gigante da indústria farmacêutica. Foi um empreendimento enorme, com milhares de trabalhadores, custos directos de construção de 340 milhões de dólares e custos globais (terreno, equipamento, etc.) superiores a mil milhões de dólares.

Mas, antes de a DPR iniciar a construção do complexo de seis edifícios, que demorou quatro anos, trabalhou com uma equipa de representantes da Biogen para criar um sentido de camaradagem através – já adivinhou – do trabalho conjunto na redacção da declaração de missão.

"Houve sessões de criação de equipas, sessões de *coaching*, definição dos critérios de avaliação", afirma Peter Salvati, um executivo sénior da DPR em San Diego. "Íamos trabalhar com aquelas pessoas durante mais de três anos. Houve uma grande concentração no nosso percurso conjunto: Como é que nos iríamos tratar uns aos outros? Pode ter bons resultados, mas se as pessoas não se falarem quando tudo acabar, se não tiver criado relações duradouras, pode dizer que o trabalho foi um êxito?"

A acrescer aos prazos e aos detalhes técnicos, a declaração de missão motivou os elementos da equipa a demonstrarem "diariamente zelo e compromisso" e a adoptarem uma "postura enérgica e persistente com vista ao sucesso do projecto". Também os lembrou de que "os elementos da equipa não permitem que os outros fracassem" e disse-lhes para não se esquecerem de "descontrair, recarregar baterias e recuperar vigor para evitarem a exaustão".

Dificilmente encontrará este tipo de linguagem na maioria dos estaleiros de obras. Mas é precisamente o tipo de linguagem que faz com que a DPR seja uma empresa tão inesquecível. "Era possível entrar no edifício e *ver* qual era a missão", diz Salvati. "Havia cartazes que explicavam qual a sua relação com cada divisão do edifício e que exibiam as metas de conclusão da obra num calendário, com datas concretas mesmo para cada uma delas. Todos compreendiam o que se estava a passar".*

Os projectos da DPR terminam tal como começam, de uma forma memorável – com um ritual de encerramento que deixa uma recordação. A DPR leva a cabo entrevistas detalhadas e pessoais antes, durante e, especialmente, após qualquer projecto. As entrevistas avaliam o seu desempenho em relação a uma lista de "factores importantes de sucesso" – desde estimativas rigorosas de custos até ao recrutamento de pessoal, passando pela segurança. A DPR não está interessada em comparar o seu desempenho com as regras da indústria ou até com as expectativas dos seus clientes. A intenção é saber como é que a sua empresa se compara com o melhor desempenho que o cliente *alguma vez* experienciou, aquilo a que chama "melhor do que o melhor dessa área".

Durante estas prolongadas sessões, os entrevistadores encorajam os clientes a identificar a sua melhor experiência de sempre com uma empresa de construção e a classificar a DPR com base nesse padrão. A DPR já conduziu milhares destas entrevistas ao longo dos anos e acompanha o historial de resultados por projecto, por gabinete e por categoria técnica. A sua pontuação agregada em 2004, de 1,15, significou que os clientes a consideraram 15 por cento melhor do que a sua melhor experiência de sempre.

É uma maneira vigorosa de continuar a melhorar – e de continuar a criar interacções inesquecíveis, mesmo que o entusiasmo da empresa pelas entrevistas deixe os seus clientes esgotados. "Por vezes não nos deixam fazê-las", admite o co-fundador da DPR, Doug Woods. "Dizem 'vocês *eram* os melhores da área, ainda *são* os melhores da área e nós estamos cansados de fazer estas entrevistas. Vão procurar outra pessoa!'"

---

* N.A. Em Fevereiro de 2005, a Biogen Indec foi bastante afectada pela notícia de que dois pacientes que testavam o seu promissor medicamento para a esclerose múltipla, Tysabri, tinham falecido durante o tratamento. Como parte da sua estratégia de recuperação, a empresa vendeu o seu precioso complexo de fábricas à Genentech, importante empresa de biotecnologia, por 408 milhões de dólares. Por isso, as instalações em Oceanside irão continuar a produzir produtos farmacêuticos – mas medicamentos diferentes, para uma empresa diferente.

Pequenos gestos, grandes sinais

A DPR é um pequeno exemplo de uma enorme oportunidade que foi aproveitada.

Há muitas formas de desafiar as expectativas no mercado – e de fazer as pequenas coisas necessárias – de forma a conseguir impressionar positivamente os seus clientes.

Lembra-se do que falámos sobre os serviços de assistência telefónica ao cliente? Como é que tantas empresas, desesperadas para conquistar a fidelização dos seus clientes - que têm mais opções do que nunca - consideram que faz sentido subcontratar, automatizar ou, de outra forma, abandonar as ligações directas com esses clientes? Especialmente se se pensar na alternativa – investir na *criação* dessas ligações e fortalecer os laços que unem a empresa aos seus clientes.

A Vermont Teddy Bear é uma empresa afável, digna de figurar num postal ilustrado da sua terra natal. Mas a sua impressionante reviravolta, sob a orientação da CEO Elisabeth Robert, enfatiza o poder desta estratégia alternativa e transmite uma importante mensagem acerca dos limites da abordagem convencional das empresas quando se trata de estabelecer uma ligação genuína com os seus clientes.

Robert ri-se acerca da improbabilidade de "usar Howard Stern para vender ursinhos de peluche de 85 dólares a homens adultos". Mesmo assim, foi precisamente o que a empresa fez com os seus BearGrams. Praticamente um terço das vendas destes ursinhos ocorre duas semanas antes do dia dos namorados a um tipo de cliente apelidado de "Jack Atrasado"[*] – um indivíduo que está nervoso acerca da escolha acertada para a esposa ou namorada, que espera até ao último minuto e que está à procura de algo pessoal e "fiável".

---

[*] **N.T.** No original *Late Jack*.

Tudo o que a empresa faz tem a ver com o fortalecimento da sua ligação com os clientes. Elisabeth Robert chega aos seus clientes através de *spots* publicitários em directo em estações de rádio e canais de televisão orientados para os homens – Howard Stern, *talk shows* sobre desporto e corridas de automóveis. Os colaboradores até participam nos programas para desafiarem os apresentadores, trocar expressões de duplo sentido com apresentadores de rádio controversos e discutir basebol com os apresentadores de programas desportivos. "Não estamos a vender os nossos produtos", explica a CEO. "Estamos a vender a nossa equipa. Temos uma relação em directo com os nossos clientes, pela rádio e pelo telefone".

Antes de Robert iniciar funções, a Vermont Teddy Bear definia o seu negócio em termos absolutamente convencionais – a venda de uma série de ursinhos de peluche num dispendioso espaço lojista em Manhattan e uma estratégia destinada a arrasar a concorrência. Era uma receita para o fracasso. Em 1977, o ponto mais baixo da empresa, o outrora próspero negócio esteve quase à beira da falência.

Redefinir a estratégia com o objectivo de satisfazer as necessidades do "Jack Atrasado" significou reinventar praticamente todos os aspectos da forma como a empresa fazia negócio – e significou investir precisamente naquelas áreas onde a maioria das empresas está a fazer cortes. Esqueça a subcontratação ou a automação dos *call centers* de apoio ao cliente. Os operadores de telefone (*bear counselors*, na terminologia da empresa) são o fio condutor entre a empresa e os seus tensos clientes. Os *bear counselors* passaram dois *milhões* e meio de minutos ao telefone em 2004. Eles sugerem modelos diferentes, dão conselhos sobre as maneiras de personalizar o ursinho e garantem aos clientes que as suas encomendas irão chegar a tempo.

Por que é que a Vermont Teddy Bear não se rende ao movimento para reduzir os custos e vai para outro país? "Este é um produto com uma carga emocional", diz Robert, "e a nossa equipa tem padrões muito elevados para não decepcionar os nossos clientes. Eles não querem que sejam outros os responsáveis pelo relacionamento com os clientes. Para eles, é inaceitável."

Pequenos gestos, grandes sinais

A Vermont Teddy Bear também fez grandes investimentos para ajudar os clientes a superarem os seus problemas quando as coisas correm mal. Por exemplo, 40 por cento de todos os BearGrams encomendados para o dia dos namorados são enviados durante a noite do dia 13 de Fevereiro. Os clientes podem encomendar BearGrams até à *meia-noite* do dia 13 de Fevereiro e terem a entrega garantida no dia seguinte. (Para conseguir isto, a Vermont Teddy Bear cria instalações temporárias de expedição nas imediações do *campus* da FedEx em Memphis, no Tennessee.) Além disso, os clientes podem cancelar ou substituir um BearGram mesmo depois de o ursinho estar no camião de distribuição. "Não tem ideia de como é importante para um cliente o facto de poder cancelar uma encomenda", explica Robert. "O indivíduo telefona em pânico a dizer: 'Não posso dizer que a amo. Tenho de dizer que *gosto* dela'".*

Distribuir encomendas para o "Jack Atrasado" trouxe resultados tangíveis para a Vermont Teddy Bear. As vendas anuais, que atingiram um valor mínimo de 17 milhões de dólares antes de Robert tomar as rédeas da empresa, ultrapassam agora os 66 milhões de dólares e a empresa é solidamente rentável. Tornou-se também um ícone no seu Estado natal. A sua sede, ao estilo de um celeiro, é um dos pontos turísticos mais populares de Vermont, atraindo quase um milhão de visitantes desde que abriu ao público. Isto é o que pode acontecer quando pára de cortar nos custos e começa a fortalecer os laços com os seus clientes.

Emoção através do *design*
– desde promover produtos a contar histórias

Cada vez mais empresas estão a começar a compreender como é difícil competir nos "duros" factores dos negócios: preço, qualidade e características. É por isso que tantas empresas estão a pensar em grande e a investir ainda mais no lado *soft* – concebendo produtos bonitos de se

---

* **N.A.** De vez em quando, alguns "Jacks Atrasados" precisam de ajuda para um problema mais sério, não intencionalmente hilariante: compraram BearGrams para a sua esposa e para a sua namorada, mas trocaram as moradas. Corrigir *este* problema traz muita fidelização de clientela.

ver ou vendendo produtos através de campanhas publicitárias que apelam ao coração em vez da razão, rodeando-os de símbolos e ícones que não só transmitem confiança, mas também envolvem os sentidos. Para que as suas ofertas sejam ainda mais memoráveis, as empresas estão a trabalhar desesperadamente para as tornar mais emocionais.

Estão, literalmente, à procura de imenso amor. Esqueça as marcas registadas.* Na linguagem genuína de Kevin Roberts, o ostensivo CEO da Saatchi & Saatchi, o novo objectivo são as *marcas de amor*** – marcas que se tornam uma "bela obsessão", que inspiram "fidelização irracional" e criam um "caso amoroso de longa duração" com os seus clientes, ao invocarem elementos de "mistério, sensualidade e intimidade". O amor, defende Roberts, "quer dizer mais do que gostar muito. Não estamos a falar de grande afeição. O amor tem a ver com um profundo sentimento de ligação".[2]

A Cranium, cuja abordagem única à estratégia já foi explorada no Capítulo 2, tornou-se mestre na criação de ligações do tipo que Kevin Roberts adora. A Cranium não é uma empresa com clientes satisfeitos; é uma empresa com clientes *apaixonados*, desejosos por partilhar o seu entusiasmo com quem quer que lhes preste atenção. (São *Craniacs*, afinal de contas). Um grupo de foliões esbanjadores decidiu festejar a passagem de ano novo de viragem do século com uma viagem à Antárctica – e um jogo de Cranium. ("Temos fotografias do Cranium no Pólo Sul", afirma maravilhado o co-fundador Whit Alexander). Houve casais cuja festa de casamento teve como tema o Cranium. Um *Craniac* pediu a sua namorada em casamento durante um jogo, utilizando cartões do Cranium criados de propósito só para ele. (Ele enviou um *e-mail* com o seu plano para a sede da empresa e a Cranium concordou ajudá-lo.) "Ele ajoelhou-se", conta Alexander sorrindo, "e passou-lhe para as mãos um cartão para preencher o espaço em branco em que a pergunta era 'Casas comigo?' Ela disse que sim".[3]

---

* **N.T.** No original *trademarks*.
** **N.T.** No original *lovemarks*.

> *Por que é que tantos clientes ficam tão emocionalmente envolvidos com os jogos e experiências da empresa? Porque a empresa concebe os seus jogos e experiências para provocar este tipo de reacção.*

O processo de concepção do produto na Cranium começa com o que os fundadores denominam "momento de engenharia". Em vez de criar jogos à volta de géneros conhecidos (jogos de estratégia como o Risco ou o Stratego ou jogos de palavras como o Scrabble ou o Boggle), os criadores concebem jogos que têm por base situações específicas, com emoções reconhecíveis – situações e emoções que despoletam uma ligação pessoal. "Nós estudamos um determinado momento da vida das pessoas e perguntamos: 'Como é que a Cranium pode celebrar esse momento de uma nova forma? Qual a abordagem 'descontrair e esclarecer' para esse momento em particular?'", explica o co-fundador Richard Tait.

Momentos diferentes permitem que os jogos aproveitem emoções e experiências diferentes. O Cariboo (a palavra quer dizer "bem-vindo" em Swahili) foi o primeiro jogo da Cranium para a faixa etária do pré--escolar. Foi concebido para aquilo que Tait designa o "momento de dia de chuva" – quando uma mãe se senta calmamente com uma criança pequena e joga um jogo que ela quer que seja divertido, que valha a pena e que seja rápido. Os miúdos fazem corresponder os cartões a portas secretas, encontram bolas escondidas, abrem um tesouro – enquanto praticam as letras, os números, as formas e as cores. "Queríamos criar uma experiência de 15 minutos", afirma Tait, "algo que seria apreciado tanto pela criança como pela mãe". O Hullabaloo capta a energia frenética que se solta quando crianças que frequentam a escola primária se juntam – elas saltam, giram, rodam, batem com as palmas das mãos umas nas outras e dançam. O Conga, um jogo concebido para toda a família, foi feito para aquilo que Tait chama "momento de desligar a televisão" – aqueles momentos da vida apressada, agitada e sobrecarregada de qualquer família em que todos concordam que é altura de fazerem alguma coisa juntos. Os jogadores utilizam a representação, a escultura e jogos de palavras para adivinharem o que os outros jogadores estão a pensar – e para se relacionarem como uma família. "Queríamos encontrar uma maneira de descobrir histórias que nunca tinham sido contadas ou que tinham sido esquecidas", explica Tait. "Algo do tipo. 'Como é que eras mesmo em miúda, mamã? Qual era o emprego dos sonhos do avô?'"

Não se iluda com estas descrições amáveis e um pouco vagas. Existe uma genuína estratégia de engenharia por detrás da recriação de determinado momento – uma metodologia com 40 passos por meio da qual os criadores desenham, fazem protótipos, criam, lançam e revêem um novo jogo. Mesmo os elementos mais técnicos da criação do jogo – actividades, cores, limites de tempo – são definidos com ligações emocionais em mente. Jill Waller, a "CHIFF Activista" da empresa, pode falar até à exaustão acerca das "pedras de toque" de confiança que integram muitos jogos da Cranium.

"O milho numa maçaroca é uma pedra de toque", diz. "Todos as comemos em pequenos e têm um lugar especial no nosso coração. Os biscoitos são uma pedra de toque – lembram-nos os aniversários, é uma palavra alegre e divertida. Estas pedras de toque criam sentimentos aconchegantes e um sentido de 'personalização' para os jogadores". Esta intensa concentração num tipo de concepção de jogos que mexa com as emoções resultou numa colectânea de jogos que estabeleceram ligações consistentes com os seus clientes-alvo – e que se revelaram uma sucessão de êxitos sem precedentes.

David Rockwell, o influente arquitecto e *designer*, nunca desenhou, que ele saiba, um jogo de tabuleiro. Mas ele e os seus colegas desenvolveram um talento especial para criar espaços públicos que tocam aqueles que os visitam – espaços cujos princípios de concepção são tão emocionais quanto funcionais. De facto, o seu modelo de criação de edifícios memoráveis é compatível com o modelo da Cranium para a

Pequenos gestos, grandes sinais

concepção dos jogos, apesar de ser mais elaborado. Rockwell cria marcos de referência ao aspirar à criação do equivalente arquitectónico das *lovemarks* – edifícios cujas pedras de toque atraem as pessoas em vez de serem apenas um lugar onde elas podem ir.

Desde a sua fundação em 1984, o Rockwell Group já completou mais de 200 projectos, incluindo alguns dos restaurantes e os hotéis mais em voga de Nova Iorque, juntamente com projectos de entretenimento, tais como o casino Mohegan Sun, as instalações do Cirque du Soleil na Disney World e o teatro Kodak Academy Awards em Los Angeles. Rockwell e os seus colegas já desenharam estádios, bibliotecas, sedes de grandes empresas, museus – até mesmo cenários para os musicais da Broadway *Hairspray* e *All Shook Up* e para a longa-metragem *Team America*.

Mais impressionante que a amplitude dos seus projectos, porém, é a sagacidade visual e a atenção ao detalhe que a sua empresa aplica em cada projecto. De facto, a luxuosa encenação e o misto desordenado de materiais que caracteriza muito do trabalho de Rockwell levou alguns críticos com mentalidades puristas a reduzi-lo a "arquitectura de entretenimento". (Para as empresas obcecadas com a experimentação, como o Commerce Bank, a Starbucks e a Cranium, isto são fracos fundamentos para críticas.) Todavia, os críticos de Rockwell esquecem-se que o seu talento inconfundível não reside em criar impressões arrojadas com um estilo ousado, mas sim em estabelecer ligações duradouras com enredos atractivos (e muitas vezes subtis) – uma filosofia de *design* que é tudo menos superficial.

Essa filosofia poderá explicar a razão pela qual tantos restaurantes concebidos por Rockwell (50 ao longo de duas décadas) não só se tornam lugares da moda como também vingam num negócio reconhecidamente instável. O Nobu, o restaurante japonês de três estrelas criado pelo *chef* Nobuyuki Matsuhisa e desenhado por Rockwell há 20 anos, foi exportado para Londres, Milão e Las Vegas e gerou inúmeras imitações em todo o mundo. Ainda assim, as limusinas e os *town cars*[*]

---

[*] **N.T.** Espaçosos veículos de luxo.

apinham-se à volta do restaurante original em Tribeca, na cidade de Nova Iorque, e é quase impossível fazer uma reserva se não se tiver um nome sonante.

> *"A primeira e mais importante parte de qualquer trabalho"*, diz Rockwell, *"é contar uma história única e relevante acerca do espaço, do produto ou da experiência. A história é a plataforma fundamental para organizar as ideias. É dessa forma que se liga emocionalmente com as pessoas"*.

E é essa a razão pela qual todos os trabalhos de Rockwell começam com um mergulho em profundidade no que ele designa de "história secreta" do edifício. Uma equipa passa longos períodos de tempo com potenciais visitantes, possíveis clientes e outros grupos de pessoas fundamentais para aquele espaço. Faz o plano de uma série de temas que ligam o passado daquele espaço à vida dos seus utilizadores. A história secreta que daí resulta orienta todas as decisões subsequentes de *design*. "Para nós, um projecto começa com a reimaginação de tudo quanto existe acerca de um espaço", afirma Rockwell. "Quanto mais tempo passamos a lutar contra moinhos de vento e a persistir nos sonhos – muito antes de passarmos à forma, à cor e à textura – mais profundo é o efeito. Os melhores projectos começam com ideias puras em vez de ideias sobre *design*."

As ideias por detrás de dois grandes espaços distintos – um dedicado ao serviço público e outro comercial – ilustram a forma como as histórias secretas descobertas por Rockwell criam ligações memoráveis para as pessoas que contactam com os seus edifícios. Veja-se o caso do Hospital Pediátrico de Montefiore (HPM), uma ampliação de 123 milhões de dólares ao Centro Hospitalar de Montefiore que serve o Sul de Westchester County no Bronx, cujos residentes incluem algumas das crianças mais necessitadas de cuidados médicos do país. O promotor do HPM, o pediatra Irwin Redlener, definiu uma incomparável missão para a organização, dividida em três partes. Primeiro, criar não apenas um hospital, mas um sistema de saúde infantil que abrangesse toda a zona do Bronx. Segundo, livrar-se de todas as barreiras financeiras que estão entre as crianças doentes e o tratamento de classe mundial. Por último, incorporar "um programa que não vise apenas os cuidados médicos, que seja adequado e único, talvez até capaz de mudar a vida desta população de pacientes".[4]

Para transformar esse ambicioso programa numa experiência memorável, Redlener recorreu a Rockwell. O projecto não impunha restrições e revelava grandes aspirações. "Queríamos reformular a ideia daquilo que podia ser conseguido num hospital pediátrico", explica Redlener. "A nossa missão era providenciar cuidados de saúde excelentes e um ambiente global que despertasse a imaginação das crianças. Os hospitais têm a ver com cura. Este propõe-se a alterar vidas." Mais especificamente, ele queria despertar a imaginação juvenil, dando a conhecer às crianças doentes a visão do mundo do falecido astrónomo Carl Sagan, amigo de muitos anos de Redlener – uma visão do mundo que adoptava a interligação do universo e o gosto pela aprendizagem. (Quem disse que os hospitais tinham de ter apenas a ver com raios X, cirurgias e quimioterapia?)

Rockwell e os seus colegas concentraram-se na experiência da hospitalização na perspectiva das crianças, pais, médicos e enfermeiros. "Estas crianças aparecem-nos numa fase terrível da sua vida", afirma Rockwell. "Os hospitais, de uma maneira geral, são opacos. Nós explorámos o mundo das ideias e fizemos das crianças exploradores numa viagem rumo à saúde. Tratou-se de substituir o medo pela curiosidade. Percebemos quais eram os momentos mais pesados e desumanizantes para as crianças num hospital, momentos em que nem sequer dispõem de qualquer informação, e transformámo-los em ocorrências em que é possível obter informação, perspectiva e um sentimento de surpresa e felicidade. Criámos uma história suficientemente fundamentada para participarem".

Essa história faz parte do *design* do hospital a todos os níveis. Cada um dos sete andares para pacientes do HPM tem um tema e um *design* específicos. Saia do elevador no terceiro andar, onde se faz o tratamento de doentes em regime de ambulatório, e poderá ver a ideia de Sagan de que "nós somos feitos da mesma matéria que as estrelas" – associada à nossa origem comum através da teoria do Big Bang – representada num mural de vidro colorido, gravado com criaturas marinhas, flocos de neve e estrelas. Siga até ao quinto andar, especializado em problemas do foro cognitivo (distúrbios nos músculos faciais, na fala e na visão) e irá deparar-se com um parque infantil interactivo dedicado à exploração dos sentidos não visuais.

Os quartos dos pacientes não têm números; têm constelações, animais ou criaturas subaquáticas, dependendo do tema do andar. Um adolescente pode muito bem ficar no quarto da Ursa Maior, enquanto um bebé poderá ficar no quarto do Zangão. Em cada quarto, as persianas das janelas são murais feitos por medida que representam o Bronx em diferentes épocas. Espalhados pelos andares dos pacientes existem dúzias de recantos envidraçados, representando obras de arte feitas por crianças de toda a cidade. As obras em exposição – dispostas ao nível dos olhos das crianças – encorajam-nas a criar os seus próprios desenhos, colagens e esculturas nas enormes salas de cada andar, completamente apetrechadas para o efeito.

Rockwell e os seus colegas perceberam que 70 por cento das crianças hospitalizadas não saem da cama. Por isso, revestiram os tectos dos quartos com painéis de azulejos acústicos impressos com mensagens optimistas e divertidas. Além disso, reinventaram o mecanismo da cortina de isolamento em redor da cama, que deixou de fazer aquele ruído típico. A atenção ao detalhe é verdadeiramente espantosa – e o impacto emocional é verdadeiramente memorável.

É claro que Rockwell e os seus colegas estão no ramo em larga medida para ter lucro, por isso é habitual que as ideias mais atractivas da empresa estejam na base dos empreendimentos mais comerciais. O casino e *resort* Mohegan Sun em Uncasville, em Connecticut, fica a duas horas de caminho – e a um mundo de distância – do Hospital Pediátrico de Montefiore, mas está classificado como um dos projectos de maior impacto de

Pequenos gestos, grandes sinais

Rockwell. É um importante triunfo empresarial – o segundo maior casino do mundo, com receitas anuais superiores a 1,25 mil milhões de dólares. É também um monumento ao poder do *design* – um complexo de 98 hectares cuja "história secreta" configura a forma como os visitantes experimentam o *resort* (e gastam o seu dinheiro), mesmo que não consigam perceber todos os seus níveis de complexidade.

A história do casino remonta a tempos antigos – à história da tribo Mohegan de Connecticut. A importância das quatro estações na cultura Mohegan tornou-se no princípio organizacional de Rockwell para o casino original de 183 mil metros quadrados. Um "percurso de vida" – uma abstracção que representa o movimento migratório dos Mohegan rumo ao sul, iniciado há vários séculos, até à região de Connecticut – serviu de principal ferramenta de navegação. Lobos brancos a uivar e em tamanho real perfilam-se no topo de formações rochosas e marcam a entrada para um recinto de espectáculos.

Numa ampliação de quase 372 mil metros quadrados (incluindo um segundo casino, um centro de congressos e um complexo lojista), Rockwell incorporou a mitologia Mohegan dos cristais curativos em tempos encontrados em Uncasville. Ele construiu uma montanha interior (chamada Wombi Rock) a partir de 12 mil blocos transparentes em ónix e ferro que brilham com uma luz cor de caramelo – que alberga um salão para grandes apostadores, um restaurante e um clube nocturno numa série de salas que se assemelham a grutas. A Wombi Rock está por baixo da cúpula do maior planetário do mundo em funcionamento.

A densidade do detalhe no Mohegan Sun é excêntrica, quase incompreensível. Há paredes em casca de bétula, penas de peru revestidas de vidro e azulejos de camisas de milho secas, um tecto abobadado com 30 milhões de contas penduradas à mão. Rockwell não espera que os hóspedes do hotel e os grandes jogadores captem totalmente o tipo de artesanato e a cultura dos Mohegans, mas espera que o lugar transmita algo diferente.

"Não se pretendia criar um ambiente que as pessoas pudessem compreender imediatamente", diz. "A intenção era criar um grande espaço público que rejeita a ideia de que lugares públicos e grandes têm de ser repetitivos e produzidos mecanicamente. A nossa missão era incorporar detalhes e enredo numa única peça. Sente-se que houve trabalho artesanal e cuidado na criação deste espaço espantosamente extravagante. Não se compreende necessariamente o *porquê* de ser dessa maneira, mas sente-se e isso é especial. Não é preciso 'perceber' todas as referências, compreender todos os fios condutores da história, para se saber que se está num lugar que possui uma inteligência subjacente".

Paixões partilhadas
– por que é que o social tem poder

Apesar de todas as suas inovações *maverick*, os criadores de jogos da Cranium e os projectistas de David Rockwell estão, de certo modo, a dar origem a novas e empolgantes reviravoltas num desafio familiar – desenvolver bens, serviços e até espaços físicos que tocam o coração e ao mesmo tempo desafiam a mente. A próxima fronteira para tornar os produtos mais emocionais é transformá-los em algo *social* – criar um sentimento de propriedade partilhada e de participação entre os próprios clientes. Quantas mais pessoas convidar para moldar a personalidade da sua empresa, quanto mais permitir que partilhem as suas ideias umas com as outras, mais elas apostarão naquilo que a sua empresa faz – e mais interessadas se tornarão no seu êxito.

No novo mundo da concorrência, gerar imenso amor significa libertar imensa participação.

Peter van Stolk lembra-se perfeitamente onde estava quando compreendeu quanta paixão é que a sua empresa, a Jones Soda, inspirou nos seus clientes mais dedicados. Estava num restaurante da Taco Bell em Mesa, no Arizona, a pedir um *burrito* de feijão. A mulher que estava atrás do balcão reparou que van Stolk usava um pequeno emblema da

Jones Soda com o formato de uma carica. "Ela olhou para mim e perguntou: 'Que emblema é esse, meu?'", conta com uma risada. "Eu respondi: 'É um emblema da Jones Soda', e ela retorquiu: 'Eu sei *o que é*, mas por que é que o está a usar?'" Então van Stolk disse-lhe calmamente que era o fundador e CEO da empresa – altura em que a mulher saltou por cima do balcão, agarrou-o pelos ombros e atirou-o ao chão. "Nessa altura fiquei assustado", diz van Stolk. "Ela estava em cima de mim, histérica e a fazer uma grande cena. E depois simplesmente desapareceu para o escritório".

Momentos mais tarde, a aparentemente desconcertada empregada do Taco Bell reapareceu – agarrando garrafas de Jones Soda como se fossem um tesouro precioso. Acontece que nos rótulos das garrafas estavam as fotografias dos seus filhos. Esta mulher, como centenas de milhares de outros clientes da Jones, tinha enviado as fotografias para a empresa de van Stolk na esperança de serem seleccionadas para aparecerem nos rótulos de um dos mais de 20 sabores que a Jones vende. As fotografias dela atraíram votos suficientes dos outros clientes e obtiveram os aplausos suficientes do painel de juizes da Jones, tendo sido escolhidas – e tinham acabado de chegar às prateleiras. "Ela tinha passado toda a manhã a percorrer Mesa de carro, a comprar garrafas com os seus filhos nos rótulos", lembra van Stolk. "Estava muito emocionada".

Não é todos os dias que o CEO de uma empresa de produtos de consumo é fisicamente (se não amorosamente) atacado por uma fã frenética. Mas é esse o preço do negócio quando uma empresa trabalha para transformar produtos do dia-a-dia em símbolos de auto-expressão e interacção social.

Os clientes da Jones Soda não são apenas encorajados a beber o produto; são convidados, individual e colectivamente, a definir o produto, a moldar a sua identidade, a dar a sua voz à personalidade da marca e à mensagem que é transmitida ao mercado.

A Jones não prega as virtudes da marca aos seus consumidores; liberta a energia e a criatividade dos seus clientes para incutir na marca as suas virtudes. A Jones transforma o refrigerante numa plataforma de interacção social.

"Começámos esta empresa com a filosofia de que o mundo não precisa de outro refrigerante", explica van Stolk, no conforto de uma espécie de sala de conferências na sede da empresa em Seattle. Está rodeado de garrafas do seu refrigerante, vitrinas antigas e uma carta emoldurada do *Chairman* da Nike, Phil Knight. (O fundador da Jones é um grande fã da Nike e enviou a primeira caixa de Jones a Knight.) "Isso obrigou-nos a encarar as coisas de maneira diferente: Como é que podíamos criar uma ligação com os clientes, deixá-los brincar com a marca, deixá-los serem proprietários dela? É difícil para o departamento de *marketing* permitir que outros brinquem com a sua marca. Para nós, é a razão da nossa existência. Esta não é a *minha* marca. Este não é o *nosso* refrigerante. Pertence aos nossos clientes. Tudo nesta empresa tem a ver com a partilha da posse da marca com os nossos clientes".

Durante anos, a Jones Soda conquistou uma atenção fora do comum por parte dos *media* como resultado ao seu estilo exuberante e atitude rebelde. A empresa, que tem como público-alvo o cobiçado (e notoriamente difícil de atingir) grupo demográfico dos 12 aos 24 anos, vende uma série de sabores exóticos, incluindo bebidas carbonadas como a Blue Bubblegum, Fufu Berry e Green Apple; sumos naturais como o Berry White, D'Peach Mode e Bohemian Raspberry; e a WhoopAss, uma bebida energética de frutos cítricos. Os seus invulgares representantes – onde se inclui um prodígio do *skateboard* que tinha apenas quatro anos quando assinou contrato com a Jones – atraem os grupos de praticantes de *snowboard*, da troca de ficheiros e dos *piercings*. A Jones Soda é também mestre em proezas de relações públicas. Em vésperas do dia de Acção de Graças de 2005, lançou uma edição limitada comemorativa com sabores como Couves de Bruxelas com Presunto, Molho de Amora, Peru & Molho, Recheio de Ervas Silvestres e Tarte de Abóbora. O que faltava em paladar aos sabores – eles eram, na verdade, praticamente intragáveis – foi compensado com uma entusiástica cobertura mediática.[5]

Mas o "ponto forte" da Jones – o que a separa dos convencionais gigantes como a Coca Cola e a Pepsi e mantém o *buzz* no seu público-alvo – é a sua embalagem e personalidade, a sua presença nas prateleiras das lojas. Os rótulos da Jones Soda têm tanto de extraordinário quanto os seus sabores têm de exótico. Os rótulos, totalmente originais – obras de arte, na verdade – são concebidos essencialmente com base em fotografias a preto e branco. Mudam-nos regularmente e os clientes reparam no lançamento de novas fotografias. Porquê? Porque as fotografias têm origem nos clientes.

Ao longo dos anos, a Jones recebeu dos clientes perto de quatro milhões de fotografias. O *website* da empresa exibe uma selecção das imagens que foram enviadas por carta ou por *e-mail* para Seattle. (As imagens mais antigas vão para o arquivo mas, ainda assim, a galeria do *site* tinha mais de 240 mil fotografias em exposição da última vez que acedemos.) A Jones organiza as fotografias em categorias – gatos, cães, bebés, carros, paisagens, etc. – e os visitantes do *site* votam nas fotografias que devem constar dos rótulos. Quando a fotografia é seleccionada, o rótulo inclui o nome e a proveniência de quem a enviou. As garrafas com os rótulos são depois enviadas para o mercado geograficamente relevante. (Ou seja, a exuberante mãe de Mesa, no Arizona, não iria encontrar os seus filhos nas garrafas de Boston ou Chicago.)[*]

Trata-se de uma técnica de *branding* verdadeiramente original (que a Jones patenteou – uma arma fundamental contra os imitadores). Contudo, é apenas uma das muitas técnicas que a Jones utiliza para convidar os consumidores para moldar a estrutura da marca. Estes enviam por *e-mail* os seus provérbios favoritos, aforismos e mensagens, que são escolhidos para aparecer no *website* e para serem inseridos nas caricas de todas as garrafas. (As "previsões do futuro no interior das caricas"

---

[*] **N.A.** Em finais de 2004, tinham sido colocadas mais de quatro mil fotografias nos rótulos da Jones, por isso os clientes têm uma probabilidade em mil de serem escolhidos.

são outro elemento da assinatura da embalagem da Jones.) Os consumidores que desejam ter, impreterivelmente, a sua fotografia favorita numa garrafa de Jones podem visitar um *site* especial, pagar 34,95 dólares e encomendar um *pack* de 12 garrafas personalizadas com as suas fotografias nos rótulos.

O que é que tudo isto tem a ver com a venda de refrigerantes? Não tem nada – *e tem tudo*. Scott Bedbury é uma autoridade mundialmente reconhecida na criação de marcas de estilo de vida. Ele era o *Vice-president* sénior do departamento de *marketing* na Starbucks durante o período de forte crescimento da empresa em finais dos anos 90; antes disso, tinha passado sete anos como director de publicidade na Nike, onde lançou as lendárias campanhas "Bo Knows" e "Just Do It". Bedbury integrou o Conselho de Administração da Jones em 2003 depois de o seu filho – nem de propósito – lhe ter dado a conhecer a marca e a sua paixão por ela. ("Os meus filhos vão às compras comigo e procuram pelos rótulos", diz maravilhado.)

Assim, se a marca Nike tem a ver com competição e desempenho, e a marca Starbucks representa um "terceiro lugar" no estilo de vida norte-americano, então qual é o papel da Jones Soda ? "Tem a ver com a auto-expressão", diz Bedbury. "É isso que os rótulos significam. Retratam os jovens na sua verdadeira essência, que partilham com o mundo aquilo que acham bom, seja uma fotografia deles, do seu cão, de um pôr do sol ou de um monte de neve. Para mim, isto é terreno fértil para a próxima geração de ideias sobre *marketing*. É um fenómeno de interacção verdadeiramente único".*

O meio de interacção entre pares que a Jones utilizou a seguir foi o da música. Em Agosto de 2004, a empresa criou um novo *website*, a Jones Independent Music, para onde as bandas de música podem des-

---

* **N.A.** Durante anos, verdade seja dita, a Jones Soda era mais uma marca "borbulhante" do que um negócio estável. Peter van Stolk cometeu muitos erros crassos no início (como ter de cancelar o envio do primeiro milhão de garrafas de refrigerante) e na realidade a empresa perdeu dinheiro em 2002. Contudo, a força da marca permitiu que van Stolk e os seus colegas ultrapassassem as suas fraquezas operacionais iniciais e colocassem o negócio em terreno sólido.

carregar as suas canções, imagens, biografias e contactos. Os consumidores da Jones fazem o *download* gratuito das músicas, avaliam as canções e as bandas e criam listas de músicas para partilharem uns com os outros. Todos os meses, 20 bandas ou artistas a solo são escolhidos para aparecer nos rótulos da Jones Soda. Cada banda aparece em 50 mil a 150 mil garrafas, juntamente com a sua fotografia, nome e *website* – exposição valiosa para músicos em ascensão.

Por que razão devia uma empresa de *bebidas* oferecer aos seus consumidores um serviço de *música*? "Temos de ser relevantes", explica van Stolk. "Há muita energia à volta da música. No nosso *site*, os jovens podem descobrir bandas, conversar uns com os outros acerca do que ouviram e gravar os seus próprios CD. Não é relevante fazer publicidade para os meus consumidores. Mas ajudá-los a espalhar a palavra no que diz respeito a música – *isso* é relevante".

Uma vez mais, a mensagem não está direccionada para o refrigerante – a ideia é ligar a marca aos consumidores. "Não estamos a competir com outras empresas de bebidas", afirma van Stolk. "Essas empresas vêem na publicidade uma forma de estabelecerem ligações. Nós estamos a organizar uma legião. Esta não está apenas a criar fantásticos trabalhos artísticos, publicidade ou novos produtos. Ela constitui uma força de mudança social".

Peter van Stolk não se sente realizado quando relaciona os consumidores com a marca ou entre si – ele também quer relacioná-los com um mundo mais alargado. O próximo grande objectivo da Jones vai ser apetrechar a "legião" para trabalhar em questões mais importantes do que refrigerantes – por exemplo, a política relacionada com a água. A empresa está a arquitectar mil e uma maneiras de incentivar e informar os seus consumidores para que mudem de comportamentos em questões como abastecimento, conservação e gestão da água.

"Então, o que é a Jones?" pergunta van Stolk retoricamente. "Somos uma empresa de refrigerantes? Somos uma empresa de Internet? Somos uma empresa de relações sociais? É irrelevante. Somos bons a descobrir o que é que entusiasma as pessoas. Nem todas as nossas tentativas podem resultar, mas a questão crucial é que estamos a jogar um jogo diferente dos nossos 'concorrentes'. A minha crença fundamental é que as grandes marcas criam uma ligação emocional. No nosso caso, isso significa propriedade individual: as *minhas* fotografias, a *minha* carica, a *minha* música. Tudo o que criamos tem de acentuar essa ligação".

A Cranium e a Jones Soda têm muito em comum. São ambas marcas jovens e de grande visibilidade em categorias desgastadas e dominadas por gigantes já bem estabelecidos. Ambas estão sediadas em Seattle. E ambas têm consumidores que agem como fanáticos – clientes com ligações pessoais e profundas com as empresas e os seus produtos.

Estas duas criadoras de marcas *maverick* têm mais uma coisa em comum – estratégias de vendas que enfatizam os seus valores fora do comum. Uma razão forte pela qual os clientes da Jones e da Cranium são tão dedicados a essas marcas é que a maior parte descobriu as empresas por si.

Os consumidores têm mais probabilidades de ter um sentimento de propriedade pessoal em relação a marcas que descobriram sozinhos.

No início, os fundadores da Cranium, Richard Tait e Whit Alexander, tomaram a decisão de não prosseguir estratégias convencionais de *marketing* para o seu jogo de referência. As primeiras versões do Cranium não foram vendidas na Toys "R" Us, na Target ou em quaisquer outras lojas previsíveis. Em vez disso, foram vendidas na Starbucks, na Barnes & Noble e na Amazon. O Cranium foi o primeiro jogo de tabuleiro a fazer parte dos *stocks* destes retalhistas alternativos (para o sector dos brinquedos). O aparecimento de um produto tão exuberante em lugares tão imprevisíveis (e de alta visibilidade) criou um tremendo *buzz* – e veio dizer aos consumidores que procuravam jogos que a Cranium estava determinada a mudar o jogo.

"Dissemos a nós mesmos: 'Vamos levar os nossos jogos para onde estão os nossos clientes em vez de os levarmos para onde são vendidos'", recorda Tait. "Vendemos um milhão de jogos com base no 'passa palavra'. Isso nunca tinha sido feito antes. Nós alterámos as regras".

Peter van Stolk adoptou uma abordagem semelhante. A Jones Soda nunca gastou um único cêntimo em publicidade tradicional e quando van Stolk lançou o produto, vendeu-o exclusivamente em lugares que a sua concorrência considerariam bizarros e de difícil acesso: salões de tatuagens e de *piercings*, lojas de *skateboards* e *snowboards*, lojas de música, lojas de livros de banda desenhada. "Decidimos vender onde estavam os jovens e não onde estava a nossa concorrência, e deixar que as pessoas descobrissem o produto por si próprias," explica. "Queríamos colocar o refrigerante onde antes nenhuma empresa o tinha colocado".

Esta estratégia alternativa de distribuição fez com que a Jones crescesse mais devagar do que, de outro modo, teria crescido no início. Todavia, van Stolk estava mais interessado em demonstrar autenticidade do que em crescer depressa – aquilo a que chama "cimentar" a marca – antes de a exibir em espaços maiores. A Jones ainda está disponível nestes pontos de venda alternativos. Mas agora, depois de anos a consolidar as suas raízes, está também disponível na Target, na Starbucks, na Barnes & Noble e na Panera Bread, para referir quatro pontos de venda de maior destaque. O refrigerante entrou na corrente dominante sem afastar os seus fãs mais fervorosos. Isto pode parecer um conselho vindo de Yogi Berra, mas é verdadeiro: a melhor maneira de causar uma primeira impressão (e criar uma ligação duradoura) é vender onde estão os clientes – e onde a sua concorrência *não está*.

Mentes partilhadas
– ganha a empresa com os clientes mais inteligentes

Peter van Stolk criou uma marca desafiante, em torno de um compromisso para com a propriedade partilhada – convidando os seus consumidores a modelar a personalidade e o desempenho dos produtos da sua empresa. Reed Hastings, fundador, *President* e CEO da Netflix, a pioneira do aluguer de filmes através da Internet, colocou o compromisso da sua empresa numa fasquia ainda mais elevada em matéria de interacção com os clientes. Chamemos-lhe o conceito das mentes partilhadas. Numa era de escolha inesgotável e publicidade imparável, as empresas têm melhores resultados quando tornam os seus clientes mais inteligentes. E a maneira mais eficaz de tornar os clientes mais inteligentes é ajudá-los a instruírem-se uns aos outros.

A forma mais inteligente de sobressair perante os consumidores é possibilitar que revelem a sua inteligência colectiva.

Trata-se de uma outra perspectiva fundamental para o futuro do *marketing* – e o futuro da Netflix depende dela. Por um lado, a Netflix é um êxito estrondoso. Em apenas poucos anos, uma *start-up* desconhecida de Silicon Valley tornou-se um mestre da logística, um ícone do panorama cultural e uma verdadeira marca de paixão. A Netflix lançou o seu serviço de assinatura mensal de envio de DVD pelo correio em Setembro de 1999. Quando entrou em bolsa, em 2002, tinha 600 mil clientes pagantes e receitas anuais de 76 milhões de dólares. Em finais de 2005, tinha 3,5 milhões de clientes pagantes, quase 700 milhões de dólares em receitas e um valor accionista de aproximadamente 1,4 mil milhões de dólares.[6]

Por outro lado, as perspectivas da Netflix assemelham-se a um filme de terror. Seria possível Reed Hastings ter escolhido uma indústria *mais* traiçoeira para fundar uma empresa? Durante anos, a empresa esteve em confronto com a Wal-Mart e o seu segmento de aluguer de DVD. A Amazon irá provavelmente entrar no negócio a qualquer momento. E a grande rival da empresa, a Blockbuster, é um gigante do retalho com nove mil lojas, quase 50 mil colaboradores a tempo inteiro, seis milhões de dólares em receitas – e uma estratégia de imitação (pelo menos, superficialmente) de quaisquer inovações da Netflix que mexam com os clientes. Não admira, pois, que tantos analistas de Wall Street aplaudam o que a empresa criou – e tenham receio de observar o desempenho das suas acções.*

Mas é este o aspecto revelador da estratégia da Netflix – e a razão pela qual poderá mudar a forma como toda uma indústria perspectiva o seu futuro. Os gigantes do retalho, como a Blockbuster, estão concentrados na *distribuição* – a sua ideia é colocar a maior quantidade de cassetes VHS, DVD, jogos de computador, Raisinettes** e pipocas no maior número possível de lares. A Netflix é uma inovadora tecnológica que realça a qualidade da *selecção* – aproveitando a informação de milhões de elementos que ajudam outros a descobrir filmes que, de outro modo, não encontrariam. A sua grande proposta de valor não é apenas ser mais barata ou mais acessível do que a Blockbuster. É, sim, pôr termo ao próprio "complexo Blockbuster".

"É possível interpretar a Netflix de forma completamente errada", afirma Hastings. "Alguns pensam em nós apenas como um serviço de aluguer de DVD. Mas o verdadeiro problema que estamos a tentar resolver é o de transformar a selecção de filmes de modo a que os clientes possam encontrar um fluxo constante de filmes de que gostam. É um enorme problema de compatibilização. Temos 55 mil títulos de DVD. Existem 300 milhões de norte-americanos. Mas a maior parte não lhe sabe dizer quais os dez filmes que mais deseja ver porque sabe que são todos bons. A forma de resolver este problema é utilizar o conhecimento de outros para criar um efeito de comunidade. É, em absoluto, a chave para a satisfação do cliente."

Esta é uma perspectiva muito importante sobre a relação com os clientes – que se aplica além do universo dos filmes. No modelo da Netflix, os clientes não se limitam a influenciar o desempenho da

---

* **N.A.** A Netflix foi protagonista de análises decididamente confusas em Wall Street. A empresa entrou em bolsa com um valor nominal ajustado de 7,50 dólares por acção. As suas acções desceram para um mínimo de 4,50 dólares, dispararam para um máximo histórico de 36 dólares e actualmente flutuam desordenadamente com base em qualquer movimentação dos seus rivais.
** **N.T.** Passas cobertas de chocolate.

marca – eles influenciam outros clientes, cujas escolhas, por seu turno, os influenciam a eles. A Netflix não aspira apenas a criar um sistema supereficiente de expedição de DVD. O seu objectivo é criar um sistema *social* que mude os filmes que as pessoas vêem, baseado em larga medida nos filmes que *outros* clientes estão a ver. "O que estamos a tentar fazer é alargar os gostos dos clientes," afirma Hastings. "A Starbucks entrou num mercado insípido e criou uma cultura de apreciação de café. Nós damos a todos uma plataforma para que alarguem os seus gostos cinematográficos".

A palavra "plataforma" é fundamental. Durante anos, a Netflix teve um crítico de filmes a tempo inteiro e o próprio Hastings tem opiniões muito firmes acerca daquilo de que gosta. (É um entusiasta dos documentários.) Mas o que importa realmente é o que os clientes pensam – bem como a eficiência do *site* para encontrar clientes que pensam da mesma forma. Os clientes da Netflix adoram mostrar o que sabem. Cada membro da Netflix já classificou em média 200 filmes. No geral, os clientes contribuíram para o *site* com mais de *mil milhões* de classificações de filmes. (Não é invulgar a Netflix receber um milhão de novas classificações num único dia.) A empresa dispõe de *software* exclusivo, que divide, selecciona e analisa estas classificações para destacar filmes e fazer recomendações diferentes para cada cliente, de cada vez que visita o *site*.

É óbvio que muitos *websites* (mais especialmente a Amazon) disponibilizam muitas recomendações de produtos baseados no *feedback* dos clientes. Mas poucas categorias de produtos (e certamente poucas actividades culturais) são tão sensíveis às recomendações entre pares como as dos filmes. As recomendações estão a tornar-se a *essência* da experiência dos clientes na empresa de Hastings. Pense nisto como o "Efeito Netflix". Os membros seleccionam 60 por cento dos seus filmes baseados nas recomendações do *site*. Apenas 30 por cento dos alugueres na Netflix estão direccionados para novos lançamentos, comparados com os quase 70 por cento na Blockbuster. Curiosamente, com 55 mil títulos disponíveis em mais de 200 géneros – desde comédias de culto a histórias sobre homossexuais e lésbicas, passando pela animação japonesa de terror – os clientes da Netflix alugam trimestralmente 98 por cento de todos os títulos.

Hastings realça o "Efeito Netflix" com o exemplo de *A Domadora de Baleias*, um modesto filme produzido na Nova Zelândia que foi a coqueluche dos críticos aquando do seu lançamento em 2003. *A Domadora de Baleias*, que não fazia prever um êxito de bilheteira, passou para DVD no mesmo dia que *The Hulk* e *Os Anjos de Charlie 2*. Nos corredores da Wal-Mart e nas prateleiras da Blockbuster, os dois mega--êxitos de Hollywood deixaram *A Domadora de Baleias* à deriva. Contudo, entre os clientes da Netflix, *A Domadora de Baleias* ultrapassou ambos os filmes de elevados orçamentos e classificou-se entre os cem filmes do *site* mais alugados de todos os tempos.

"É esse o poder das recomendações", afirma Hastings. "*A Domadora de Baleias* teve um desempenho marginal no cinema porque foi difícil fazer a publicidade de forma eficaz. Mas nós promovemo-lo junto de quem gostou de filmes semelhantes e tinha esse tipo de preferências. Depois, estes atribuíram-lhe uma classificação elevada, outros viram as classificações e o número de interessados disparou. É isso que podemos fazer com [vários] milhões de assinantes. Se conseguirmos atingir os 20 milhões, seremos uma plataforma completa".

Esse é o cenário de sonho da Netflix. Irá atingir os dez ou 20 milhões de membros que pagam pelo serviço? Conseguirá suportar um contra--ataque ainda mais agressivo da Blockbuster, a possível entrada da Amazon e o inevitável aparecimento dos *downloads* autorizados pelos estúdios de Hollywood? É difícil de dizer – mas daria um filme incrível.[*]

Porém, independentemente do final do drama concorrencial, a moral da história é óbvia. Num sentido literal, o destino da Netflix está nas mãos e na mente dos seus clientes – ou seja, até que ponto é que valo-

---

[*] **N.A.** Apesar de muitos especialistas retratarem a Netflix como um concorrente em desvantagem, já venceu um potente adversário. Em Maio de 2005, a Wal-Mart anunciou que ia deixar o segmento do aluguer de DVD e passar essa operação para a Netflix. De acordo com o jornal *Wall Street Journal*, foi um sinal "de que a maior retalhista do mundo não conseguiu vencer a novata empresa de Internet no seu próprio jogo".

rizam a interacção e a aprendizagem com outros clientes, por oposição à mensalidade mais barata possível ou ao aluguer de filmes com grandes orçamentos na semana em que são lançados. No início de 2005, a Netflix revelou novas funcionalidades entre pares (chamadas "Netflix Friends") que permitem que o cliente partilhe classificações e críticas com um número máximo de 50 outros clientes, em vez de apenas as introduzir na base de dados do *site*. Os membros até podem ver quais os filmes que os seus amigos estão à espera de alugar, ao verem as suas filas de espera *on-line*.

Por outras palavras, enquanto os rivais endinheirados gastam dinheiro para alargar os seus sistemas operacionais, a Netflix procura formas de aprofundar o seu sistema *social*. "Esta é a segunda geração Netflix", diz Hastings. "Os filmes são muito sociais. Queremos tornar--nos uma experiência mais marcante pelo facto de os vossos amigos fazerem parte dela".

Criar este tipo de experiência partilhada devia estar na agenda de todas as empresas que pretendam criar uma ligação emocional com aqueles com quem fazem negócio. Os consumidores poderão aprender a adorar as empresas que os mantenham entretidos; mas não poderão evitar adorar as empresas que os ajudem a aprender.

CAPÍTULO 9

Mensagens *maverick* (III): criar ligações com os clientes

A era dos "excessos" deu lugar a um excesso de conselhos por parte de gurus do *branding* e dos especialistas da Madison Avenue. O que continua escasso – e os dois últimos capítulos foram concebidos para o oferecer em abundância – são as percepções e as lições dos inovadores do mundo real que estão a estabelecer ligações duradouras com os seus clientes e a criar, nesse processo, uma agenda *maverick* para o *marketing* e para os serviços.

Sempre acreditámos que o *marketing* e o serviço ao cliente desempenham papéis especiais dentro das organizações. Os *marketeers*, quase como parte da sua descrição de funções, desfrutam da liberdade – única entre as restantes funções empresariais tradicionais – de poderem pensar "grande" e desafiar as convenções. Estão autorizados (ou deveriam estar) não só a posicionar os produtos no mercado, mas também a projectar a empresa para o futuro – um futuro que outros executivos podem não conseguir ver.

Os representantes do serviço de apoio ao cliente não são apenas responsáveis pela resolução de problemas e pela gestão das reclamações. Eles são, na melhor das hipóteses, a consciência da empresa – os líderes cuja função é garantir que a empresa cumpre as promessas feitas aos clientes.

O facto de tantas empresas prometerem mais do que podem cumprir e depois não honrarem os compromissos que assumiram explica o motivo pelo qual tantos consumidores andam tão insatisfeitos – mesmo quando essas empresas oferecem bons negócios ao nível dos preços e das características. Paul English, um empreendedor da Internet, antigo *Vice-president* do departamento tecnológico da Intuit e um autodenominado "fanático do telefone", ficou tão exasperado com o estado dos serviços telefónicos de apoio ao cliente que criou uma "folha de batota" *on-line* a fim de revelar o maior número possível de códigos secretos que conseguiu reunir para conseguir falar com operadores verdadeiros.[1]

Quer falar com um operador de um grande banco da cidade de Nova Iorque? Prima cinco, pausa, depois prima um-quatro-asterisco-zero. Quer contactar um agente de um grande servidor *wireless*? Prima zero – *cinco vezes*. Quer entrar em contacto com um ser humano num dos maiores fabricantes de computadores do mundo? Escolha a opção um, marque a extensão 7266966, escolha de novo a opção um, depois opção quatro e novamente a opção quatro. Isto é maneira de estabelecer uma relação com os clientes, especialmente quando estes têm tantas outras opções?

É este o lado negro da experiência do cliente. Vejamos agora o lado bom. Toda a empresa aspira a desenvolver marcas que "mexam" com os clientes e que representem algo especial no mercado. Contudo, não pode construir algo especial com as mesmas velhas ideias de sempre sobre a concepção de bens, prestação de serviços e criação de mensagens. À medida que avalia as suas marcas relativamente à concorrência, verifique se conseguiu dominar os novos elementos básicos do *marketing*.

1. Há sempre procura para algo diferenciado.

Uma das desvantagens de se ser honesto em relação à sobrecapacidade, excesso de oferta e sobrecarga sensorial que invadem a maioria das indústrias é que é fácil ficar amedrontado: Quem é que quer entrar num mercado que já está muito preenchido? Mas até mesmo nos mercados mais preenchidos, há lugar para um inovador com algo original para oferecer e alguma coisa autêntica para dizer.

Bem, pelo menos esperamos que exista! Pense por momentos nas condições de mercado que rodeiam este livro. Baseados apenas nos dados relativos à oferta e à procura, a nossa dedicação a *mavericks no trabalho* parece ser, na melhor das hipóteses, um equívoco. O sector livreiro, bem como qualquer outro sector tradicional dos *media*, caracteriza-se pela oferta crescente, pela procura estática e pela concorrência implacável. Em 2004, os editores norte-americanos publicaram 195 mil novos títulos – 13 por cento mais do que o número de títulos publicados no ano anterior. Isso representa 3 750 novos livros todas as semanas, durante 52 semanas. Entretanto, nos três anos que decorreram entre 2001 e 2004, o número de livros vendidos desceu três por cento – e mais de um terço de todos os livros enviados pelas editoras para as livrarias foram devolvidos por não terem sido vendidos.[2]

É um mercado desafiante – e um mercado fatal para as editoras que se contentam em vender produtos medianos através das mesmas estratégias. Mas será um mercado tão diferente como, digamos, o mercado dos canais televisivos, dos automóveis, dos computadores pessoais ou de qualquer outro produto de que se lembre? É por esse motivo que temos defendido que as empresas, em quase todos os sectores, enfrentam o mesmo desafio crucial: Como fazer uma oferta atractiva aos clientes que já têm mais do que o suficiente daquilo que está a vender?

Há imensas respostas convincentes a esse desafio. Bryant Keil, CEO da Potbelly Sandwich Works, assistiu deliciado ao crescimento da sua empresa tão peculiar e única, que passou de uma loja em Chicago para cem lojas em todo o país. É claro que, seguindo qualquer análise objectiva, é difícil defender que o mundo precisa de outro fornecedor de sandes. A Subway, a gigante do sector, já tem quase 25 mil estabelecimentos (principalmente franchisados) em mais de 80 países.

O que é que Keil pensa sobre competir com uma empresa gigante num mercado tão preenchido? Não pensa: "Não estou a olhar para o que eles estão a fazer, estou a olhar para o que *nós* estamos a fazer. Temos de continuar a fazer mais do que aquilo que os nossos clientes esperam de nós; não podemos preocupar-nos com o que as empresas estarão a fazer". Até agora, as vendas competitivas de Keil estão a ajudar a sua empresa a obter resultados muito positivos. Uma típica loja Potbelly gera vendas anuais de um milhão de dólares – três vezes mais do que as vendas anuais de um típico estabelecimento da Subway.

2. Nem todos os clientes são iguais.

Se o seu objectivo é celebrar um contrato psicológico com os clientes, então quase por definição não irá *atrair* todos os consumidores. Claro que muitas pessoas diferentes começam o seu dia na Starbucks e que os depositantes do Commerce Bank provêm de várias origens. Mas, a maioria das empresas *maverick* com as quais contactámos concentra-se num conjunto restritamente definido de consumidores. A Anthropologie inspira um sentimento de descoberta cultural entre mulheres esclarecidas e com uma determinada mentalidade; a Vermont Teddy Bear é um salva-vidas para os homens desorientados que ficam desesperados quando têm de oferecer presentes.

Quando Elisabeth Robert e os seus colegas decidiram ampliar o segmento do produto de base – cuja denominação se inspira no nome da empresa –, trabalharam arduamente para manter o seu novo negócio distinto e diferenciado, a fim de permanecerem concentrados nas necessidades únicas dos seus clientes. A segunda maior linha de produtos da Vermont Teddy Bear, a PajamaGrams, opera de modo semelhante à BearGrams. Contudo, 70 por cento dos clientes da PajamaGrams são mulheres, enquanto que quase 70 por cento dos clientes da BearGrams são homens. As atitudes e expectativas das mulheres que compram presentes para outras mulheres (irmãs, mães, filhas) divergem bastante das atitudes e expectativas dos homens que compram prendas para mulheres. Assim, a empresa de Elisabeth Robert utiliza estratégias altamente personalizadas para ir ao encontro das necessidades da "Jill Adiantada" em contraposição com o "Jack Atrasado". A Vermont Teddy Bear não se quis diferenciar pelos produtos que vende (pijamas de duas peças ou ursinhos de peluche) ou pela forma como disponibiliza esses produtos (que obedece praticamente à mesma logística). A sua forma de diferenciação consiste em atender às necessidades, preocupações e mentalidades completamente diferentes que homens e mulheres revelam no mercado – e na forma como a empresa pode fortalecer as suas ligações com cada grupo de clientes.

Um teste para saber até que ponto é que a empresa está comprometida com os seus clientes mais importantes é a forma destemida como ignora (ou até ofende) aqueles que não são essenciais para a sua missão. Peter van Stolk, fundador e CEO da Jones Soda, conheceu muitos apreciadores de refrigerantes (e alguns retalhistas) que não se identificam com os sabores, os rótulos ou os invulgares representantes em torno dos quais a Jones foi criada. A sua reacção? A Jones deve estar a fazer alguma coisa certa.

"Se acredita que uma marca tem de ter um conjunto de convicções, então tem de estar preparado para irritar alguns", afirma. *"Nós não atraímos toda a gente. A minha atitude é: se não gosta da Jones, tudo bem. Não compre e tenha um bom dia"*.

3. Marca é cultura, cultura é marca.

Este é um ponto de vista que queremos defender nos próximos capítulos, mas que vale a pena salientar: existe uma relação directa entre a identidade de uma empresa no mercado (como se relaciona com os clientes) e o seu desempenho no local de trabalho (como se relaciona com os colaboradores). De facto, apesar de todo o seu grandioso sucesso como marca, o contributo mais importante da Starbucks para a agenda do *marketing* pode muito bem ser o seu reconhecimento de que são os seus colaboradores que dão vida à marca. É necessário um *barman* dedicado para preparar uma envolvente chávena de café.[3]

O que se aplica à Starbucks, aplica-se à Cranium – amiga da família, à Vermont Teddy Bear – centrada no serviço, e até mesmo à Anthropologie – orientada para a modernidade. O retalhista faz tudo para contratar colaboradores que sejam "apropriados para a clientela", afirma a directora das lojas Anthropologie, Wendy Brown, querendo com isto dizer que os colaboradores partilham muitas das atitudes, experiências e até perfis educacionais das mulheres que lá fazem compras. "Quem trabalha nas nossas lojas é viajado, instruído e tem outros interesses. Temos artistas, pessoas ligadas à literatura e até alguns médicos. Eles podem ter uma conversa decente com as nossas clientes".

Este princípio aplica-se certamente ao Commerce Bank – orientado para o desempenho – o qual tem contado com a sua cultura diferenciadora durante mais de 30 anos. "O que é engraçado acerca da cultura", diz o *President* do Commerce, Dennis DiFlorio, "é que não pode adquiri-la, não pode fundi-la, não pode convertê-la. A nossa cultura é algo que a concorrência nunca poderá copiar".

4. Publicitar *para* os clientes não é o mesmo que conciliar-se *com* os clientes.

Com as notáveis excepções da Netflix, que cobre as ondas aéreas e a Internet com anúncios do seu serviço, e da Vermont Teddy Bear, que dominou a arte dos *spots* de rádio de resposta directa, são poucos os nossos criadores de marcas *mavericks* que recorrem a publicidade cara para transmitirem as suas mensagens ao mercado. A Cranium, que faz alguma publicidade, tornou-se mestre em relações públicas, eventos especiais (muitas vezes encenados em parceria com a Starbucks) e proezas divertidas. A Jones Soda apoia-se num arsenal de tácticas de *marketing* de guerrilha – desde a introdução de sabores fora do comum até ao patrocínio de atletas de desportos radicais e surfistas.

A Anthropologie, apesar da sua presença no mundo da moda – receptivo à publicidade –, não gasta literalmente nada em publicidade. A lógica que segue é a seguinte: se quer que os clientes invistam e falem da sua marca, então invista tempo e dinheiro na criação de produtos de que valha a pena falar. Assim, está posta de parte a ideia de perder tempo na Madison Avenue a conceber mais uma campanha publicitária. Os compradores e estilistas da empresa passam metade do ano à procura de ideias para produtos que eles crêem que irão ter uma ligação com as clientes.

Keith Johnson, principal comprador de antiguidades da Anthropologie e, na prática, um antropólogo empresarial, desbrava o terreno para os seus colegas. Durante mais de uma década, o seu trabalho foi literalmente fazer compras pelo mundo fora e o seu passaporte (reforçado com 72 páginas extra, cheio de carimbos e vistos) pode comprová-lo. Johnson e os seus colegas procuram nas feiras de antiguidades, feiras de artigos em segunda mão, armazéns pouco conhecidos, lojas de produtos antigos, museus e fábricas da Europa ao Norte de África, passando pelo Extremo Oriente.

Para Johnson, o achado por excelência não é um objecto único que a Anthropologie pode vender na loja (os artigos encontrados, tais como livros de botânica antigos ou uma cómoda francesa, representam uma pequena percentagem das vendas de artigos para a casa, cerca de 30 por cento do volume de negócios total), mas também um objecto capaz de inspirar um novo *design* de interiores. "A minha função é dar à loja alguma estrutura, de forma a que o ambiente e a disposição das peças criem uma sensação fantástica", afirma. "Nós vendemos antiguidades, mas a concentração está na criação de um ambiente sugestivo. Ao mesmo tempo, estou sempre à procura de produtos que possamos reproduzir e transformar na nossa própria colecção. Há uma grande valorização dos produtos de marca. Isso reforça a experiência única da Anthropologie e as margens são fantásticas." Exemplo de um grande sucesso: uma taça de cerâmica para beber café com leite, produzida numa série de cores festivas, que custa quatro dólares e que se vende aos milhares todas as semanas, enquanto que a pequena colecção de antiguidades originais que a inspirou se vendeu a 45 dólares a peça.

Explorar o mundo não é um exclusivo da equipa de liderança da Anthropologie. O CEO Glen Senk instituiu recentemente o "prémio cinco anos de serviço", que oferece aos colaboradores de toda a empresa (dos empregados das lojas aos *designers* do catálogo) a oportunidade de acompanhar Johnson numa das suas viagens de quatro a oito semanas pelos vários continentes. Johnson tem imensos conselhos para dar a esses antropólogos principiantes. Mas, segundo ele, é mais frequente "ensinarem-me mais do que eu lhes ensino a eles. Os seus olhos ávidos e o entusiasmo que demonstram conduzem-me sempre a novos lugares". E é precisamente isso que se espera que retalhistas como a Anthropologie façam pelos seus clientes.

5. No que respeita à criação de valor de marca, o pensamento centrado nos dólares e cêntimos nem sempre faz sentido.

Vernon Hill, do Commerce Bank, gasta facilmente dinheiro na instalação de Penny Arcades em todas as agências, apesar de essas máquinas não gerarem um cêntimo em receitas directas. Elisabeth Robert recusa-se a contratar *bear counselors* estabelecidos na Índia ou na Irlanda, em vez de Vermont, apesar de a contratação nesses países poder significar a poupança de grandes somas à sua pequena empresa. A DPR Construction investe horas incontáveis na criação de declarações de missão para as fábricas e escritórios que constrói, apesar de tempo ser dinheiro, especialmente no ramo da construção.

Por que é que estas empresas *maverick* estão preparadas para assumir custos que as empresas tradicionais eliminariam num abrir e fechar de olhos? Porque o objectivo é maximizar o valor da sua ligação com os clientes e não minimizar as despesas.

Uma estratégia que causa boa impressão junto dos clientes, especialmente quando a concorrência insiste em assediá-los, é oferecer algo pelo qual as outras empresas cobrariam – ou nem sequer pensariam em oferecer. O investimento pode ser pequeno; o retorno não tem preço. Um pouco de generosidade pode levá-lo longe.

Os "Genius Bars" disponíveis nas mais de cem lojas de retalho da Apple Computer[*] são um grande exemplo deste fenómeno. Em 2001,

---

[*] **N.T.** Desde 9 de Janeiro de 2007 a empresa passou a designar-se apenas Apple.

quando as primeiras lojas da Apple abriram as suas portas, causaram um grande impacto nos clientes, com o seu *design* elegante e esquema de cores "mais brancas do que o branco". Mas, o elemento mais memorável das lojas acabou por ser a sua oferta de apoio técnico, pessoal e gratuito. Os clientes que estivessem dispostos a esperar na fila, sem terem feito marcação, podiam levar consigo o seu portátil avariado (ou o seu iPod) e um "génio" da loja iria tentar arranjar o aparelho nessa altura.[4]

Ron Johnson, o *Vice-president* sénior para a área de retalho da Apple, resumiu o impacto dos "Genius Bars" desta forma: "É a parte da loja com a qual as pessoas têm uma ligação mais emocional", afirmou ao jornal *New York Times*. O serviço grátis (oferecido com um sentido de estilo) teve custos extra para a Apple? Claro que sim. Mas como é que atribui um valor ao *goodwill* que cria?

O que funciona para os iPods e para o *software*, funciona também para as sanduíches. "Muitas empresas tentam passar a perna aos seus clientes para descobrirem maneiras de conseguirem algo mais deles", afirma Bryant Keil, da Potbelly. "Nós tentamos descobrir como dar mais *aos* nossos clientes. Está a ver aquele biscoito de açúcar? Podíamos retirá-lo, mas esses biscoitos são muito importantes para os nossos clientes. Podíamos construir as nossas lojas por metade do preço, mas isso seria um erro. Mesmo que os nossos clientes não reparassem, os nossos colaboradores iriam perceber e isso iria criar a cultura de seguir pelo caminho mais fácil."

"Essa simplesmente não é a nossa filosofia", prossegue Keil. "Em todas as lojas Potbelly, temos um pequeno recorte de um porco. E escrevemos à mão, no porco, quando a loja abre, um "P" e um "H". Isso lembra-nos que 'os porcos* engordam e os suínos glutões** são abatidos'. Se tentar ganhar algo - até ao último cêntimo - de tudo aquilo que faz, acabará por pagar caro".

---

* **N.T.** No original *pigs*.
** **N.T.** No original *hogs*.

QUARTA PARTE
Recriar o trabalho

CAPÍTULO 10

A empresa que se mantém: negócios que dão importância às pessoas

Não se trata de encontrar o programador mais fenomenal ou o estudante de Ciências Empresariais que ganhou todos os prémios. Trata-se de encontrar quem poderá um dia gerir a empresa. O que oferecemos são projectos atractivos, pequenas equipas e locais de trabalho dinâmicos. Procuramos capacidades prodigiosas, experiências de vida únicas e paixão genuína. A nossa equipa diverte-se com este trabalho. Adoram-no. E não se pode fingir isso.

Jane Harper, directora de Relações Universitárias e Programas de Inovação da IBM e fundadora do programa Extreme Blue

Ken Aponte está pronto para o seu momento sob as luzes da ribalta. Não, ele não está no Radio City Music Hall e não há nenhuma *Rockette* nas imediações. Ele está no palco de um auditório em Armonk, em Nova Iorque, frente a frente com o *Chairman* e CEO da IBM, Sam Palmisano, com o principal estratega da área tecnológica, Irving Wladawsky-Berger, com Nicholas Donofrio, *Vice-president* sénior para a área da tecnologia e produção, e cerca de duas centenas de outros executivos da IBM e génios da investigação. Foi uma carreira que ascendeu rapidamente: menos de três meses antes, Aponte estava a colocar o seu crachá identificativo pela primeira vez, no laboratório do *campus* da IBM em Austin, no Texas. Agora, ele e três colegas de equipa têm exactamente quatro minutos para apresentar a sua estratégia "biz-tech" para o chamado "Cell chip", um microprocessador super-rápido e ultra-

-sofisticado que é o principal motor da Sony Playstation 3 e que tem um grande potencial na aviónica, na imagiologia médica e noutras áreas dependentes da imagem.

O grupo apresenta o seu projecto sem perder a calma. Uma razão para estarem tão confiantes é porque conhecem a qualidade do material. Eles aperfeiçoaram os seus conceitos durante a maratona de criação do código, de soldagem das peças para os protótipos e de pedidos de recursos extra. Além disso, apresentaram e reviram o trabalho quase todos os dias durante as últimas semanas. Apresentaram-no a uma série de colegas da IBM. Apresentaram-no ao *President* e CEO da Toshiba, Tadashi Okamura, quando este fez uma visita ao laboratório de Austin. (O "Cell chip" faz parte de uma *joint venture* no valor de 400 milhões de dólares entre a IBM, a Sony e a Toshiba, com a duração de quatro anos.) De certo modo, a sessão em Armonk é apenas mais um momento memorável num turbilhão de três meses de investigação, *brainstorming* e discussões.

No entanto o que é mais espantoso é que Aponte e os seus colegas não são cientistas premiados ou executivos mais velhos – aqueles com importantes carreiras que poderiam merecer um público tão relevante. Eles são *estagiários de Verão*, elementos de uma unidade de elite constituída por estudantes de Engenharia, de Ciências da Computação e de MBA escolhida para o programa Extreme Blue da IBM. A IBM descreve o Extreme como uma incubadora de talentos, tecnologia e inovação empresarial. Para os participantes é uma experiência de "tudo ou nada" que divide estudantes altamente qualificados em pequenas equipas, atribui-lhes trabalhos em torno de grandes problemas, faculta-lhes tecnologia de ponta recentíssima e dá-lhes três meses para, citando o manifesto do Extreme Blue, "começar algo grande".

Imagine uma mistura do *Real World* da MTV e do Manhattan Project – grupos de jovens inteligentes, ambiciosos e ansiosos, a viver e a trabalhar em instalações exíguas, sob uma pressão intensa, concentrados em tecnologias e oportunidades de negócio com enorme potencial. "Isto não é para os fracos de espírito", afirma Jane Harper, uma veterana da IBM com 25 anos de casa que criou o Extreme Blue em 1999 e liderou o seu processo de expansão – o programa começou com algumas equipas de trabalho num laboratório em Cambridge (Massachusetts) e actualmente já tem a duração de um ano, com centenas de estudantes a trabalhar em 12 laboratórios de todo o mundo, incluindo Amesterdão, Pequim, Dublin, San José e Toronto. "Todas as equipas têm como objectivo fazer algo realmente especial, que nos arrebate. Todas atingem esse objectivo? Não. Mas algumas sim. Todos nós sobrestimamos o que pode ser feito num ano. Contudo, *subestimamos* o que pode ser feito em doze semanas".

Mesmo assim, o verdadeiro objectivo do Extreme Blue não é lançar novos negócios ou conquistar novos mercados. No curto prazo, o objectivo é tornar a IBM mais atractiva para novos tipos de pessoas – uma geração de programadores, engenheiros e empresários talentosos e impacientes cujo primeiro instinto é delinear o seu próprio plano de negócio ou ir para Silicon Valley em vez de se tornarem soldados rasos no exército global de 320 mil colaboradores da IBM. Os líderes mais antigos da empresa sabem que a vida na Big Blue dificilmente seduzirá os empresários de sucesso hipnotizados pelo requinte do Google, pela influência cultural da Apple ou pelo espírito de liberdade do código "fonte aberta".

Eles também compreendem que qualquer empresa empenhada em aumentar a sua quota de mercado (até mesmo uma empresa poderosa como a IBM) tem de reivindicar a sua quota parte em talentos jovens no seu negócio.

Em finais dos anos 90, quando Jane Harper era líder da estratégia embrionária da empresa relativamente à Internet, podia ler-se na placa colocada na porta do seu laboratório: "Esta não é a IBM do tempo do seu pai". É esta a mensagem essencial do Extreme Blue. Em 2004, mais de

4 500 estudantes candidataram-se às 200 vagas do programa. Ao longo dos anos, quase 80 por cento dos participantes no Extreme Blue aceitaram cargos a tempo inteiro na IBM. Passe algum tempo com alguns destes concorrentes do Extreme Blue que se tornaram parte da Big Blue e irá ouvir sempre a mesma coisa: "Pensava que nunca iria fazer parte da América empresarial", ou "Eu sou um viciado em *start-ups*, nunca me imaginei na IBM". São estas as ressonâncias de uma empresa com muitos anos e bem estabelecida, outrora caída em desgraça, que lança as sementes do seu futuro.[1]

A longo prazo, o objectivo do Extreme Blue é mostrar à IBM novas formas de trabalhar – acelerar a estratégia de mudança lançada pelo agora lendário Lou Gerstner e aperfeiçoada pelo seu sucessor, o CEO Palmisano. Os líderes da IBM parecem determinados em conseguir uma transformação cultural profunda como as que desconcertaram tantas organizações gigantes, desde a General Motors à Kodak. E a Big Blue considera que a forma mais contínua de uma empresa trabalhar com uma abordagem diferente é encher a empresa de indivíduos que trazem estilos diferentes de trabalho.[*]

Um exemplo esclarecedor: Jason Kelley, antigo participante do Extreme Blue, que teve a sua prova de fogo num projecto de segurança informática em 2002. Actualmente uma "estrela" em ascensão no grupo da indústria de *software* da IBM, reflecte sobre a sua experiência: "Poderá cometer erros, mas esses são admissíveis se tiverem a ver com o facto de estar a fazer as coisas demasiado depressa ou a ir atrás de coisas que são demasiado difíceis. Quando estava a elaborar o meu projecto, precisava de informações de um executivo sénior, que acabou por deixar a IBM para se tornar CEO de uma grande empresa de *software*. Telefonei para o escritório dele *todos os dias*. Falei com a sua assistente *todos os dias*. Ao fim de algum tempo, ela disse-me: 'Está a dar comigo

---

[*] **N.A.** Existe a ideia de que a IBM está cheia de pessoas que lá trabalham desde sempre. De facto, a realidade é mais complexa. Pelo menos metade dos 320 mil colaboradores da IBM estão na empresa há menos de cinco anos. Mesmo num ano menos bom, a empresa contrata mais de 20 mil novos colaboradores.

em doida'. Eu respondi: 'Pode acabar com isto, basta que me deixe falar com ele'. E foi o que ela fez. Nós andámos atrás de executivos de topo porque *tínhamos* de fazê-lo se queríamos concluir os nossos projectos".

O Extreme Blue está a reforçar esse tipo de comportamento por toda a IBM. O programa gerou tanto impacto nos últimos anos que Jane Harper e os seus colegas criaram "Shades of Extreme Blue" – versões diferentes do modelo, especialmente concebidas para diferentes interessados. As "Speed Teams" do Extreme Blue oferecem um programa de estágio semelhante ao original, só que permitem a participação de ainda mais jovens. (Houve 50 projectos "Speed Team" em 16 locais diferentes em 2005.) As equipas "BizTech" do Extreme Blue permitem que executivos e tecnólogos em início de carreira tenham uma intensa experiência de projectos semelhante à que têm os estudantes. As equipas "BizTech" trabalham juntas uma vez por semana e conseguem ter uma amostra daquilo que é o programa mais aprofundado. Existe até uma versão do Extreme Blue que inclui os clientes.

Então, qual é o resultado por excelência do Extreme Blue e das suas versões? De acordo com Harper, é toda a nova perspectiva sobre o futuro da própria IBM – uma perspectiva que eleva o lado humano da empresa ao mesmo nível de importância dos laboratórios de investigação da empresa ou da sua longa tradição de serviço a clientes. "Claro que o Extreme Blue tem a ver com a libertação de inovação", afirma. "Mas também tem a ver com a libertação das *pessoas*. Este vírus está a infectar o resto da empresa e dissemina vitalidade".[2]

Além das credenciais
– as características da concorrência

Trata-se de um dos chavões mais generalizados da vida empresarial: "As pessoas são o nosso activo mais importante". Claro que a realidade incontornável é que o lado humano da empresa continua também a representar o seu grande contratempo. É o último factor nas listas de prioridades estratégicas da maioria dos CEO. É a quem os executivos medíocres recorrem quando não estão a conseguir ter sucesso nos segmentos "verdadeiros" da empresa. Sejamos francos: quantas empresas é que conhece que são tão criativas, disciplinadas e *metódicas* em relação ao factor humano do negócio como o são em relação às finanças, à engenharia e ao *marketing*?

Ao longo dos anos, enquanto viajávamos pelo mundo para avaliarmos o estado de mudança da liderança nos negócios, procurámos essas empresas. Não encontrámos nenhuma. De facto, não encontrámos assim tantos CEO que pudessem facultar uma resposta convincente a uma simples pergunta que gostamos de fazer quando visitamos uma organização pela primeira vez: *Por que é que pessoas excepcionais quereriam trabalhar aqui?* (A resposta, devemos acrescentar, não pode ter a ver com salários, bónus ou opções de compra de acções.) O que é que leva os melhores profissionais da indústria em que opera a considerarem irresistíveis as ideias que a sua empresa defende, o seu ponto de vista do mercado, a forma como os seus colaboradores interagem com os clientes ou colaboram uns com os outros? De que forma a posição da sua empresa no mercado de talentos expande a sua posição no mercado de produtos?

Estas perguntas não são traiçoeiras. São os pilares da prosperidade de longo prazo. Para começar, não pode ter clientes felizes e satisfeitos se a sua organização estiver cheia de pessoas infelizes e insatisfeitas. Concorrentes *maverick* como o Commerce Bank e a Anthropologie, como já vimos no Capítulo 7, compreendem a relação directa entre oferecer um desempenho único e recrutar o grupo certo de colaboradores.

> *Além disso, se acredita que as empresas competem com base no poder das suas ideias, então também tem de acreditar que competem com base nas capacidades intelectuais dos seus colaboradores.*

Isto porque (citando o velho *slogan* do NRA) não são as empresas que têm ideias, mas sim as pessoas. A forma mais directa de encher uma empresa com boas ideias – além de a abrir a outros cérebros – é enchê--la de "grandes" pessoas.

Isto não é, e apressamo-nos a acrescentar, um apelo para se regressar aos velhos tempos do *boom* da Internet – aquele breve momento cintilante em que a "guerra pelo talento" se tornou uma desculpa para esbanjar fortunas em grandes bónus, generosos pacotes de *stock options* e empregos personalizados para MBA egocêntricos ou programadores Java vaidosos. Desenvolver uma empresa cheia de "estrelas" não significa sucumbir a um sistema de "estrelas" do tipo "eu em primeiro lugar".

Na sequência do estoiro da bolha das *dot-com*, o autor de sucesso Malcolm Gladwell escreveu um extenso ensaio na revista *The New Yorker*, intitulado "The Talent Myth", em que lança um ataque contundente a este tipo de sistema de "estrelas". Ele apontou a um alvo de grande envergadura, um livro escrito por três consultores da McKinsey & Company intitulado *The War for Talent*. Infelizmente para os autores, uma das empresas protagonistas do seu famoso livro era a Enron, cuja administração se gabou dos individualistas ambiciosos, agressivos e aguerridos que povoavam as suas fileiras. O facto de o livro ter aparecido apenas dois meses antes de a empresa dominada por sucessivos escândalos ter declarado falência não cativou propriamente o céptico Gladwell com os seus argumentos. "E se a Enron fracassou não apesar da sua mentalidade voltada para os talentos, mas devido a ela?" perguntou. "E se os inteligentes são sobrestimados?"

No seu estilo próprio, Gladwell fez uso de algumas investigações na área das ciências sociais que documentam aspectos relevantes: a importância das competências práticas ("conhecimento tácito") em detrimento da capacidade intelectual; a tendência dos indivíduos que se consideram mais inteligentes do que os outros (e que são tratados como tal) para se preocuparem mais em agir de forma inteligente do que em aprender coisas novas; e os perigos daquilo a que três psicólogos chamaram "o lado negro do carisma". Ao defender a sua teoria, um dos principais cronistas da *The New Yorker* ofereceu uma versão inovadora de um argumento contra as "estrelas" que tem sido aceite no mundo dos negócios há já vários anos. No entanto, nunca um artigo conseguiu ser mais contundente do que o ensaio, hoje esquecido, publicado num periódico há muito desaparecido, cujos redactores fundadores incluíam os críticos sociais Lincoln Steffens e Ida Tarbell.

Com efeito, na edição de Fevereiro de 1924 da revista *American*, um líder empresarial anónimo escreveu um ensaio intitulado "Why I Never Hire Brilliant Men"*. O ainda emocionante artigo é um relato de sabedoria de vida de um executivo que tem de despedir outro colega bem falante, promissor e com um elevado QI que contribuiu com bastantes ideias mas que produziu poucos resultados tangíveis, que iniciou vários projectos mas que depressa perdeu o interesse neles. "Os negócios e a vida são edificados com base na mediocridade bem sucedida", conclui o desanimado autor, "e a vitória chega às empresas, não através da contratação de homens brilhantes, mas sabendo como encontrar os indivíduos mais *invulgares*".

Aquilo foi em 1924 – agora é Gladwell quem faz a crítica, quase 80 anos depois. "O maior fracasso da McKinsey e dos seus acólitos na Enron", argumenta, "é partirem do pressuposto de que a inteligência de uma organização é simplesmente uma função da inteligência dos seus colaboradores. Acreditam nas "estrelas", porque elas não acreditam em sistemas. De certa maneira, é compreensível, dado que as nossas vidas são tão claramente enriquecidas pelo brilhantismo individual. Os grupos não escrevem grandes romances e não foi uma comissão que surgiu com a teoria da relatividade. Mas as empresas trabalham de acordo com regras diferentes. Não se limitam a criar; executam, competem e coordenam esforços de muitas pessoas diferentes e as organizações que têm mais sucesso nessa tarefa são aquelas onde o sistema *é* a 'estrela'".[3]

Acreditamos que se trata de uma falsa distinção – uma falsa guerra contra a guerra pelo talento. As empresas *maverick* que vai conhecer nos próximos dois capítulos investem em "estrelas" *e* em sistemas. Elas estão decididas a garantir mais do que a parte a que têm direito de

---

* **N.T.** "Por que é que nunca contrato homens brilhantes."

pessoas excepcionais na empresa. Mas sabem que ser excepcional tem tanto a ver com valores como com virtuosismo, tem tanto a ver com o que motiva cada um como com os seus conhecimentos. Chamemos-lhe o carácter da concorrência – a relação que existe entre a identidade de uma empresa no mercado e o sentido de identidade que os talentos trazem para o local de trabalho. Nem todos os profissionais talentosos se encaixam perfeitamente nas ideias que motivam uma organização. Mas as organizações que se contentam em preencher as suas fileiras com trabalhadores comuns não irão atingir um desempenho fora do comum.

John Sullivan é uma personagem exuberante que dedicou a sua carreira a explicar a relação entre a forma como as empresas competem por talento e a forma como competem por clientes. Ele gere o programa de recursos humanos na Universidade Estatal de São Francisco, faz consultoria para algumas das mais prestigiadas empresas do mundo (incluindo a Nike, a Starbucks, a Microsoft e a MGM Grand) em estratégias de recursos humanos e publica uma série de livros e polémicas que desafiam a sabedoria convencional de todos os seus colegas demasiado convencionais.[*]

"Sou um capitalista e não um assistente social", defende Sullivan com veemência. "Demasiadas empresas passam demasiado tempo a tentar 'consertar' os seus colaboradores medíocres. Deviam passar mais tempo a recrutar e a manter os profissionais de talento. É como no desporto. Se a sua equipa de basquetebol tiver o Shaquille O'Neal, tem uma boa probabilidade de obter o título. Porém, dois bases de 1,80 metros nunca poderão equiparar-se a um Shaq com 2,16 metros. Compete aos recursos humanos encontrar muitos Shaqs – e depois criar um sistema que lhes permita brilhar. Claro que precisa de um 'sistema'. Mas um sistema sem 'estrelas' não vai vencer".[4]

---

[*] N.A. O *website* de Sullivan (**www.drjohnsullivan.com**) é o mais divertido e inteligente conjunto de recursos que descobrimos no que diz respeito ao papel do talento no mundo dos negócios. Passe aqui algum tempo e nunca mais irá pensar que os recursos humanos são uma área aborrecida.

O Extreme Blue tem a ver com esta mentalidade de "ambos/e" (em vez de "ou/ou"). À primeira vista, a ofensiva da IBM em matéria de captação de talentos parece-se com o pior pesadelo de Gladwell – uma das empresas mais importantes do mundo a atribuir projectos a jovens prodígios. "Oitenta por cento dos Extreme Blue não se candidatariam se não soubessem qual era o seu projecto", diz Jane Harper. "Eles querem saber: 'Em que é que *eu* vou estar a trabalhar? É algo que será posteriormente difundido ao público? Vou marcar a diferença?'"

Mas a partir do momento em que se apresentam ao trabalho, os Extreme Blue mergulham num sistema que dá ênfase à coesão de grupo em vez do feito individual. De facto, Harper e os seus colegas elaboraram um manual chamado "Staying Extreme" para todos os actuais e antigos participantes do Extreme Blue. O "Staying Extreme" é o documento mais esclarecedor que lemos sobre como indivíduos talentosos podem fazer a diferença dentro de uma organização grande e complexa como a IBM. O lema do documento é *humbição* – uma conjugação subtil das palavras humildade e ambição que, crêem os autores de "Staying Extreme", motiva os inovadores mais influentes no sector.[5]

"Sejamos directos", avisa o manual, "quando sair do Extreme Blue e se juntar a outro grupo dentro da IBM (ou a outra empresa), nós estaremos a vê-lo. E se descobrirmos que o programa está a transmitir que estamos a produzir uma série de jovens ambiciosos e arrogantes, vamos esquecer que alguma vez o conhecemos. Seja ambicioso. Seja um líder. Mas não menospreze os outros na prossecução das suas ambições".

Mesmo na "terra" das *stock options* e dos carros desportivos, está-se a desenvolver um respeito mais saudável pelo carácter da concorrência. Veja-se as histórias das *start-up* de Marc Andreessen e Mike McCue, os *mavericks* que fizeram história na Netscape e que estão a aplicar nas suas ambiciosas estratégias empresariais do século XXI as lições que aprenderam nos empolgantes anos 90. No Capítulo 2, os dois indivíduos de sucesso de Silicon Valley explicaram como a saga da Netscape mudou para sempre a sua abordagem à estratégia. Mas também lhes ensinou uma lição acerca do lado humano do empreendedorismo.

A empresa que se mantém: negócios que dão importância às pessoas 227

> *Andreessen e McCue compreendem agora que a diferença entre o sucesso e o fracasso não tem apenas a ver com os mercados em que uma empresa opera ou com os produtos que lança. Igualmente importantes* são as pessoas que deixa entrar – *quem contrata, quem rejeita e que critérios usa para tomar essas decisões.*

"A disparidade entre o que alguém muito produtivo e alguém mediano pode fazer está a tornar-se cada vez maior", defende Andreessen. "Cinco grandes programadores podem ultrapassar por completo em desempenho mil programadores medíocres, principalmente desde que esses cinco programadores podem usar a Internet para se ligarem a 800 mil pessoas. Não há qualquer dúvida sobre isto".

Também não há dúvidas de que é mais fácil reconhecer o poder de pessoas excepcionais do que encher a sua empresa com elas – principalmente quando a sedução do crescimento rápido pode enganá-lo e levá-lo a uma situação de condescendência relativamente à manutenção de padrões elevados. "É fácil extrair os maus elementos", diz Andreessen. "A parte difícil é rejeitar os *bons* elementos. Todos conhecemos as circunstâncias: no final das entrevistas, os executivos que estão desesperados para ocupar um lugar vago sentam-se e dizem: 'Este candidato é bom. Vamos fazer-lhe uma proposta'. É nesta altura que você, como líder, tem de dizer: 'Não, nós *não podemos* fazer-lhe uma proposta. Ser bom não é suficientemente bom.' Tem de ser firme em relação à qualidade da sua equipa."

Se não conseguir manter-se seguro irá sucumbir inevitavelmente ao que Andreessen denomina de "Regra das Pessoas que Não Prestam"[*]: "Há pessoas boas e há pessoas excelentes. As excelentes contratam, tendencialmente, outras pessoas excelentes, pois é com elas que querem trabalhar. Mas as pessoas boas têm tendência para contratar pessoas que não são tão boas. Não querem lidar com quem seja mais inteligentes do

---

[*] **N.T.** No original *Rule of Crappy People*.

que elas. Assim, com o tempo, a não ser que o leitor seja duro e disciplinado, o nível de talento da empresa diminui para o mínimo denominador comum e acaba por ficar com várias pessoas muito más. É um desastre e é preciso uma tremenda força de vontade para não se comprometer".[6]

Esta é uma lição que Mike McCue também aprendeu e uma lição que ele tem estado determinado a pôr em prática na empresa em rápido crescimento Tellme Networks. "O que aprendi tão cruamente na Netscape e que influenciou tudo o que fazemos na Tellme é que tem de se estar disposto a abrandar de modo a construir a empresa como deve ser. Se se cresce demasiado depressa, se se entra no mercado accionista demasiado cedo, se se contrata muitos colaboradores muito rapidamente – sai-nos o tiro pela culatra. Não são necessários muitos colaboradores medíocres para estragar tudo. Tem de se estar disposto a sacrificar o crescimento de forma a contratar os colaboradores certos".

Mas contratar os colaboradores certos, como McCue se apressa a acrescentar, nem sempre significa escolher os mais talentosos num sentido técnico lato – os programadores mais rápidos, os marketeers *mais vanguardistas, os génios financeiros mais inteligentes. Há uma diferença entre ter óptimas credenciais e ser um grande contribuinte. McCue não está apenas à procura das mentes mais brilhantes. Ele está à procura das mais adequadas.*

Como é que a Tellme encontra essa adequação? Um dos testes consiste numa série de questões enganadoramente simples que sondam as motivações dos candidatos e se os seus valores estão em sintonia com a estratégia da empresa para criar valor. McCue está à procura de "quem quer trabalhar com outras pessoas excelentes". Ele afirma que há ego mais do que suficiente no sector da alta tecnologia. Como acontece na IBM (onde McCue foi uma jovem "estrela"), os que têm sucesso na Tellme "possuem uma certa humildade. Sabem que podem melhorar; querem aprender com os melhores. Procuramos quem resplandece quando está com outros talentos."

McCue e os seus colegas de *start-ups* nascidas em Silicon Valley também procuram quem aspire a criar uma empresa duradoura – e compreendem as dores de cabeça que acompanham este desejo. "Não queremos aqueles que apenas desejam fazer parte de uma empresa que é divertida e gira", diz. "Não queremos quem depois se vai lamuriar por causa dos procedimentos ou das pressões de escala. Queremos quem queira construir algo grande e que tenha impacto no mundo".

Atitude e Aptidão
– por que é que aquilo que é, vence aquilo que sabe

É claro que uma coisa é ser altamente selectivo em relação a quem admite para um programa de rápida evolução como o Extreme Blue ou quem recruta para uma *start-up* que está a gerar um burburinho nos círculos certos. Porém, o que é que acontece quando acrescenta o número de quadros médios de uma organização estabelecida, uma empresa que já existe há décadas e que não consegue manter o arrebatamento e fascínio que atrai os génios para as *start-ups*? Ao longo do tempo, não acabarão todas as empresas por sucumbir, de uma forma ou de outra, à "Regra das Pessoas que Não Prestam"?

Não utilize esse argumento com Sherry Phelps, que passou 33 anos ("a minha vida adulta") na Southwest Airlines e que, como executiva de topo no Departamento de Pessoal, ajudou a conceber muitas das suas práticas de contratação. Phelps é irredutível em relação ao carácter firme da concorrência na Southwest – a relação directa entre a motivação disruptiva da empresa e os excêntricos que mantêm os aviões no ar. Conforme vimos no Capítulo 1, a Southwest está agora classificada como a mais próspera companhia aérea dos EUA. Contudo, alguns colaboradores continuam a fazê-la parecer um concorrente menor que luta pela sua existência. Como é que uma organização gigante, com mais de 30 mil colaboradores, mantém a atitude combativa de uma *start-up maverick*? Restringindo a admissão àqueles que demonstram aquela atitude – e concebendo maneiras inteligentes de identificar as contratações certas de entre a vasta quantidade de candidatos.*

> *"A primeira coisa que procuramos é aquilo a que chamamos o 'espírito guerreiro'"*, conta Phelps. *"Muita da nossa história nasceu de batalhas – lutar pelo direito de ser uma companhia aérea, combater os grandes que queriam esmagar-nos e, actualmente, combater as linhas aéreas* low-cost *que querem imitar-nos. Nós nascemos e crescemos com as batalhas. Quem quer que se junte a nós tem de ter algum desse espírito guerreiro".*

Essa é uma razão pela qual a Southwest, muito à semelhança do ING Direct, outro competidor disruptivo que conhecemos no Capítulo 1, está relutante em preencher as suas fileiras com veteranos do sector – talentos com as competências certas, mas com a atitude errada para contribuir para a causa. No que diz respeito aos assistentes de voo ou controladores de bagagem, Phelps e os seus colegas preferem recrutar (e muitas vezes recrutam) professores, empregados de mesa ou agentes policiais em vez de grisalhos veteranos das linhas aéreas. "Preferimos contratar uma mente ávida, voraz e direccionada para o cliente, formatando-a para a atitude que encaixa na Southwest, do que tentarmos alterar os hábitos de alguém que veio de uma empresa que vê a vida de forma diferente", afirma. Tal não quer dizer que a Southwest nunca contrate desertores das linhas aéreas tradicionais. Contudo, realça Phelps, "não acontece tantas vezes quanto se possa pensar".

---

* **N.A.** Um dos seus méritos de sucesso é que a Southwest consegue ser selectiva em relação a quem contrata. Em 2005, segundo informação da empresa, recebeu 260 109 CV e contratou 2 766 colaboradores – uma média de 94 candidatos por cada lugar vago.

A empresa que se mantém: negócios que dão importância às pessoas   231

> *Por outras palavras, a empresa avalia o talento com base no pressuposto de que aquilo que é como pessoa é tão importante quanto aquilo que sabe em determinado momento. Atribui um grande valor tanto à personalidade como às credenciais – e sujeita os potenciais colaboradores a uma quantidade esmagadora de testes antes de eles entrarem para a empresa.*

Ao longo dos anos, a Southwest tornou quase uma ciência a prática de identificação dos seus colaboradores "estrelas" e isso passa por compreender o que os motiva. É com base nessa percepção que prepara entrevistas, exercícios em grupo e outras técnicas para explorar esses mesmos atributos em novos colaboradores.

Uma das nossas favoritas chama-se "Abrigo Nuclear".* (A Southwest concebeu muitas variações deste exercício, mas a lógica é sempre a mesma.) Imagine que se candidatou a um posto de assistente de voo. Vai a uma entrevista e descobre que se trata de uma sessão em grupo e não de uma conversa pessoal. Dispostos em semicírculo, de frente para três representantes do Departamento de Pessoal da Southwest, você e mais 15 ou 20 outros candidatos são colocados perante uma situação hipotética: as más notícias são de que o mundo está à beira do apocalipse nuclear. As boas notícias são que vocês estão num abrigo nuclear. Porém, o abrigo está quase lotado – a vossa tarefa, como grupo, é chegar a um consenso sobre quem mais é que vai entrar. Depois vem uma lista de possíveis ocupantes: um bioquímico, um agricultor, um professor, um campeão de corridas de aventura e um músico famoso. Os executivos acrescentam que terão de ter em mente que as suas escolhas irão determinar o futuro da civilização para as gerações futuras. Agora, ao trabalho!

Os candidatos entram em acção: alguns falam alto e agitadamente, outros retraem-se e escutam, há sempre alguém que faz o papel de

---
* **N.T.** No original *Fallout Shelter*.

diplomata quando os ânimos aquecem e há quem não resista à pressão. Qual é o objectivo do exercício? Simular o desafio de manter a calma quando está a voar a 30 mil pés num tubo de alumínio cheio de passageiros irritados e crianças irrequietas. A pressão de tempo, os julgamentos precipitados e a dinâmica de grupo do "Abrigo Nuclear" destinam-se a reproduzir a pressão de cabine que todos os assistentes de voo enfrentam (e têm de dominar) diariamente.

À medida que o grupo se concentra na tarefa, os juízes da Southwest observam atentamente. Não estão à procura da resposta certa. Estão à procura da *atitude* certa. "A solução que o grupo apresenta é irrelevante", diz Phelps. "O que interessa é que estão a interagir uns com os outros. Quem está a destacar-se como líder? Quem está a pedir ajuda aos outros? Quem está a tentar ser a 'estrela'? Não se trata de um teste de segurança, mas pode realmente ver-se quem está a contribuir – e de que forma. Não estamos interessados em respostas específicas ou num estilo em particular. Estamos à procura daquilo que faz com que seja quem é".[7]

Dito de outra forma, a empresa procura manter um carácter competitivo diferenciador que lhe permita ultrapassar a sua concorrência, ao mesmo tempo que ganha dimensão e conquista mais sucesso. "Na Southwest, tínhamos uma ideia muito clara de quais deviam ser as características de um óptimo colaborador", afirma Libby Sartain, a veterana com 13 anos de permanência naquela companhia aérea e que é agora "Chief People Yahoo" na empresa de Internet. "Nós procurávamos determinadas características culturais em todos os colaboradores e pesquisámos exaustivamente para encontrar esses atributos. Não queríamos contratar alguém – assistentes de voo, agentes de reservas, programadores de computadores – a não ser que tivéssemos a certeza de que era apropriado para a Southwest. Isso não era negociável. É por essa razão que a experiência do cliente tem sido tão consistente, apesar de a empresa ter crescido tanto".

Sartain está a introduzir a mesma disciplina "não negociável" na Yahoo, que tem vindo a crescer fortemente ao longo dos últimos anos. Ela entrou para a empresa em Agosto de 2001, quando as suas acções em bolsa tinham caído para mínimos históricos, juntamente com a moral dos responsáveis da Yahoo, que queriam ser milionários da Internet. Mas em Silicon Valley, o que desce tem de subir. Entre o início de 2003 e ao longo de 2005, o número de colaboradores da empresa mais do que triplicou, passando de três mil para mais de dez mil.*

Obviamente que o carácter competitivo numa Yahoo com dez anos nunca será confundido com aquilo que motiva uma Southwest Airlines com 35 anos. O *campus* da Yahoo, salpicado de púrpura e amarelo, parece-se com uma relíquia do tempo da bolha tecnológica. Edifícios térreos de vidro e metal circundam áreas relvadas, entrecortadas por *courts* de voleibol de praia e espaços de *barbecue*. Os escritórios, divididos em inúmeros cubículos, estão inundados com os tradicionais privilégios dos "fanáticos pelos computadores" – incluindo um café-bar com serviço gratuito no átrio principal, um ginásio moderno e sofisticado, lavagens gratuitas ao carro, mesas de matraquilhos por todo o lado e uma cantina banhada pelo sol chamada "URLs".[8]

A propósito de choque cultural: Libby, já não estamos no Texas. E é essa precisamente a questão.

Qualquer empresa com um modelo de negócios disruptivo tem de ser clara acerca da experiência de trabalho diferenciada que cria para suportar esse modelo – e sobre a forma como a experiência de trabalho molda a experiência do cliente.

Sartain designa o fenómeno como "*branding* de dentro para fora". Ela afirma que existe uma relação directa entre os valores que motivam um excelente colaborador da Yahoo e os valores que motivam os melhores, mais fiéis e mais satisfeitos clientes da Yahoo.[9]

---

* **N.A.** A Yahoo, tal como a Southwest, tem muitas candidaturas por onde escolher. A empresa recebe mais de dez mil CV por mês – 45 por cada dia de trabalho.

Sartain chama a esses atributos o "Gene Y" – e apesar de se estar a preparar para competir contra o Google, a IBM e a Microsoft para atrair os programadores mais talentosos e os investigadores mais dotados, ela está decidida a avaliar o seu carácter, bem como as suas credenciais, a fim de encontrar o Gene Y em cada candidato. Quem tem o Gene Y (sejam colaboradores ou clientes) "maravilha-se perante a vida e retira o máximo dela", explica Sartain. "É curioso e enérgico. Valoriza a franqueza e quer viver sem constrangimentos nem restrições. Tem noção de que a vida é importante. Não quer contentar-se com a situação existente – quer crescer. É esse o tipo de pessoa que procuramos. É também o que os nossos melhores clientes procuram quando recorrem à Yahoo".

Elaborar o *casting* da sua empresa – "você encontra-nos" *versus* "nós encontramo-lo"

Poderá achar intrigante a descrição que Libby Sartain faz do Gene Y. Poderá nem a considerar atractiva. Não tem importância. O verdadeiro desafio é encontrar as suas próprias respostas às questões levantadas pela Southwest, pela Yahoo e por outras organizações que têm como objectivo desenvolver o carácter competitivo.

Pergunte a si mesmo: Por que é que os talentos poderão querer fazer parte da minha empresa? Como é que detecto esse tipo quando o vejo? Será que consegui equiparar a experiência do cliente e a experiência de trabalho?

Depois faça outra pergunta a si mesmo: *Saberei onde e como encontrar talentos?* Os líderes que estão determinados a reclamar mais do que a parte a que têm direito de melhores talentos sabem que estes têm quase sempre excelentes empregos. Por isso, se quer preencher a sua organização com profissionais fora de série que podem dar o seu contributo, não pode ficar à espera que eles venham bater à sua porta. Tem de ser o leitor a ir bater à porta deles e convencê-los a entrar no seu escritório. O guru dos Recursos Humanos John Sullivan chama-lhe o princípio de recrutamento "nós encontramo-lo" *versus* "você encontra-nos" – e trata-se de mais um princípio que diferencia as organizações que levam a sério a competição pelo talento.

Sullivan acrescenta: "A primeira regra do recrutamento é que os melhores já têm empregos de que gostam. Então terá de os procurar, porque eles não o vão encontrar. É incrível a quantidade de empresas que ainda recorrem às feiras de emprego para recrutar talento. Quem vai a estas feiras? Quem está desempregado! E só acaba por receber uma série de CV. O recrutamento tem de ser inteligente, uma disciplina de negócio rápida, não passiva e não pode ter por base a burocracia do papel."

Veja-se a abordagem séria aperfeiçoada pelo Cirque du Soleil – empresa de entretenimento mundialmente reconhecida, sediada em Montreal, no Canadá – no que diz respeito à descoberta e à avaliação de colaboradores talentosos. Criado como um grupo de artistas de rua em 1984, o Cirque tornou-se uma marca de entretenimento global com receitas anuais de 600 milhões de dólares, alvo da estima do sector da estratégia empresarial. A ascensão do Cirque já foi aclamada em incontáveis perfis empresariais publicados em revistas de Economia, num extenso ensaio da *Harvard Business Review* e até em *case studies* apresentados por professores dos dois lados do Atlântico nos cursos de MBA.[10]

O fascínio é fácil de compreender. O fundador do Cirque, Guy Laliberté, criou um negócio com muito sucesso (está lista de milionários da *Forbes*) ao reinventar o próprio conceito de circo. Laliberté e o seu grupo de equilibristas, trapezistas, acrobatas e malabaristas reinventaram a fórmula tradicional dos acrobatas, dos números com animais e das travessuras dos palhaços, criando um espectáculo envolvente em que talento artístico e enredo se aliam a uma energia de fazer cair o queixo. Daniel Lamarre, *President* do Cirque desde 2001, chama à fórmula "criação sem compromissos". A primeira regra estratégica da empresa, diz ele, "é que só fazemos coisas que nos empolgam. Se for aborrecido, pomos de lado".

Ao entrar na sede do Cirque, é difícil imaginar que a vida poderia ser, em algum momento, aborrecida. O local fervilha de energia e cor. É o centro de criação e produção de todos os espectáculos do Cirque – alberga um grupo em constante mudança de encenadores, artistas e treinadores, juntamente com um grupo permanente de (1 300) profissionais de *marketing*, colaboradores de TI, figurinistas e aderecistas. Um grupo de ginastas em *maillot* passeia-se pelo local, alguns executivos juntam-se nos degraus de cimento para uma reunião na ágora – um magnífico espaço aberto de três andares – enquanto um artista aperfeiçoa as suas técnicas de alpinismo numa parede de escalada. Entretanto, alguns funcionários da tesouraria, ocupados nos seus cubículos no quarto andar, observam através de uma parede de vidro um acrobata que passa a toda velocidade num trapézio de um dos cavernosos ginásios de treino do edifício, com 22 metros de altura.

Tal como a sede da empresa, as produções do Cirque são trabalhos únicos de imaginação – fantasias surrealistas contrariadas por dramas humanos e povoadas por criaturas com fatos complexos. Em *Alegría*, o eterno confronto entre a sabedoria e a juventude é representado por um *gang* de jovens violentos que saltam pelo ar numa série de trampolins ligados entre si e incorporados no palco. Esta jornada triunfante culmina numa tempestade de neve cerrada que cerca o público. *Varekai*, por sua vez, lança uma reflexão acerca do mito de Ícaro com um salto em queda livre para uma floresta onde criaturas anfíbias exóticas deslizam, rolam e se entrelaçam como se estivessem no gelo. *O* explora o conceito de infinito num palco líquido que aumenta e encolhe, passando de uma piscina com sete metros de profundidade para uma simples poça, enquanto atletas de natação sincronizada fazem cabriolas debaixo de um enorme barco que transporta uma equipa de acrobatas bem acima do nível da água.

O resultado de toda esta poderosa criatividade é um negócio de elevado desempenho – uma experiência de entretenimento com um encanto permanente. Sete milhões de espectadores compraram bilhetes para espectáculos do Cirque em 2004 e mais de 42 milhões em quase cem cidades viram uma das suas dez produções originais ao longo das duas últimas décadas. (Um 11º espectáculo, chamado *Corteo*, estreou em 2005, e um 12.º, assente numa parceria com a Apple Records e criado em torno do repertório dos Beatles, estreou em 2006). As grandes tendas personalizadas da empresa (as "Grand Chapiteau", na linguagem do Cirque) são erguidas em quatro continentes ao mesmo tempo. O Cirque até alterou o ambiente do Las Vegas Strip. Em conjunto, os seus quatro espectáculos na "Cidade do Pecado" (*Sin City*, como é conhecida Las Vegas) atraem cerca de dez mil pessoas por noite.* Por todas estas razões, a empresa está a caminho de gerar mil milhões de dólares de receitas em 2007 e continua a aventurar-se em novos investimentos, tais como uma série de televisão, o ramo editorial, restaurantes e clubes nocturnos.

Não há dúvida que o Cirque foi pioneiro numa estratégia de negócio verdadeiramente original. Mas não conseguirá compreender o desempenho de negócio desta empresa se não compreender a sua abordagem junto dos próprios artistas. Os seus espectáculos transformaram-se em obras de arte magistrais em larga medida porque o Cirque dominou a arte e a ciência de pesquisar, avaliar e recrutar o mais atractivo talento disponível. Estabelece uma ligação óbvia entre as pessoas que atrai e o produto que oferece, entre a forma como faz negócio e quem convida para fazer parte desse negócio.

"A nossa missão é apelar à imaginação, estimular os sentidos e provocar emoções", explica Lyn Heward, que se juntou ao Cirque em 1992 – abandonando o seu cargo de Presidente da Federação de Ginástica do Quebeque – e é agora responsável pelo conteúdo criativo. "Contudo, esse objectivo não visa apenas os nossos clientes do lado de fora. É

---

* **N.A.** O espectáculo do Cirque que mais tempo tem de cena em Las Vegas, *Mystère*, ainda gera lucros superiores a 500 mil dólares por semana, após 14 anos. O seu espectáculo mais caro, *KÀ*, estreou no MGM Grand no início de 2005. A produção de 170 milhões de dólares está em cena num teatro com capacidade para cerca de duas mil pessoas.

também algo que queremos que o nosso pessoal sinta do lado de dentro. O Cirque não quer nunca repetir-se. É por isso que nunca paramos de fazer *castings*. O *casting* é, por si mesmo, um acto criativo. A primeira missão do departamento de *casting* é dar ideias aos criadores dos espectáculos – ideias *humanas*".

Essa tarefa recai sobre Line Giasson, directora de *casting* do Cirque, e sobre a sua equipa de 40 caça-talentos, coordenadores de audições e negociadores de contratos. É óbvio que Giasson e os seus colegas assumem algumas responsabilidades tradicionais – ocupar vagas em espectáculos que estão em cena e reunir o elenco para espectáculos prestes a estrear. No entanto, é impossível confundi-los com responsáveis de recursos humanos presos às convenções.

A sua função mais importante é detectar talento arrebatador muito antes de haver vaga para preencher com essas características, ou seja, quando os criadores de um novo espectáculo ainda estão na fase de materialização da ideia. "O nosso trabalho não é 'contratar' pessoas", explica Giasson. "É encontrar e mostrar pessoas nas quais acreditamos".

Eis um teste decisivo para saber se uma organização pretende descobrir e atrair o melhor talento disponível: Está à procura de talento, independentemente das vagas existentes ou dos planos imediatos? Vai à procura de talento antes de haver necessidade? No Cirque, ir à procura antes de ser necessário implica projectar uma teia alargada. Os membros do departamento de *casting* percorrem o mundo, sem descanso, à procura de artistas empolgantes e invulgares. Fazem entre 20 e 40 viagens por ano para destinos tão diferentes como os ginásios da Europa de Leste, as favelas do Brasil e os *yurts* da Mongólia. Também assistem a uma variedade incrível de competições desportivas, sem perderem festivais de artes dramáticas e eventos culturais, nem visitas a escolas de circo.

A empresa que se mantém: negócios que dão importância às pessoas

> *"O talento está em todo o lado", diz Giasson. "É por isso que olhamos para todo o lado. Se nos queremos reinventar – que é o que todos no Cirque estão a tentar fazer – então temos de trazer constantemente coisas novas. Nunca excluímos um lugar onde possamos encontrar novo talento. A nossa obrigação é ter os nossos olhos abertos."**

A abordagem ao talento feita pelo Cirque tem tanto a ver com ciência como com arte. Existe uma verdadeira disciplina no processo de transformação das descobertas em ideias e inspiração para novos espectáculos. A ferramenta fundamental é uma enorme base de dados na qual a equipa de Giasson regista os detalhes de todos os contactos com potenciais talentos para o Cirque. O seu departamento analisa todos os CV recebidos, gravações de vídeo e relatórios das viagens de observação e abre um ficheiro para cada artista que participa numa audição. (Quase todos os candidatos participam em pelo menos uma das cerca de cem audições que têm lugar todos os anos.) A base de dados contém 30 mil ficheiros activos de artistas e cada um deles é continuamente actualizado com avaliações de audições, novas perícias, dados actualizados relativos a contactos e assim por diante. Em relação aos artistas mais promissores, o departamento digitaliza as gravações da audição e da actuação para *clips* facilmente acessíveis. No que diz respeito aos vídeos pedidos, a base de dados contém cerca de 5 500 *clips* de artistas em plena demonstração das suas proezas.

---

* **N.A.** Essa abertura explica como um caça-talentos descobriu a acrobata escondida dentro de uma mulher chamada Teuda Bara, uma actriz brasileira sexagenária que se assemelha mais a uma cantora de ópera do que a uma artista de trapézio. A energia da sua adaptação de *Romeu e Julieta* para teatro de rua convenceu o caça-talentos do seu potencial. Após um treino de quatro meses, Bara está agora a trepar a alturas estonteantes para fazer uma queda livre no espectáculo do Cirque no MGM Grand, em Las Vegas.

Este banco de talentos serve de "memória colectiva de *casting*", afirma Line Giasson. Pode gerar uma correspondência para o pedido mais bizarro: um violinista gigante, um palhaço alto e magro com *background* em dança clássica ou uma contorcionista que canta. O banco de talentos não se limita a fazer a correspondência entre os artistas e as claras exigências do criador do espectáculo. Apoia o *casting* como um membro da equipa criativa. Os encenadores muitas vezes criam papéis inspirados nos candidatos que o *casting* apresenta, um processo que Giassom denomina "apresentação como inspiração".

A título de exemplo, Giasson reuniu-se com a equipa criativa do mais recente espectáculo do Cirque em digressão, *Corteo*, dois anos antes da estreia – que teve lugar em Abril de 2005 –, ansiosa por partilhar o grupo de novos artistas. Entre eles estava um jovem chamado Sean Lomax, que a tinha impressionado numa audição de canto. "Ele entrou e começou a assobiar", recorda Giassom. "Parecia um instrumento musical e não uma pessoa. E tinha uma personalidade, um rosto, uma presença. Dissemos: 'Uau! O que é que podemos fazer com isto?' E então introduzimo-lo na base de dados. Mais tarde, quando estávamos a fazer a apresentação para o encenador do espectáculo de 2005, chamámos a atenção para ele. O encenador disse imediatamente: 'Ele é perfeito. Quero-o. Não sei o que é que vai ser, mas vou arranjar maneira de o pôr no espectáculo.'" E, de facto, foi atribuído a Lomax um número maravilhosamente bizarro em *Corteo*, criado propositadamente para ele.

É óbvio que há uma diferença entre descobrir um artista talentoso e descobrir se o artista tem o que é preciso para ter sucesso no Cirque. Heward e Giasson dão toda a importância ao carácter competitivo. No Cirque, quem é como colega conta tanto como aquilo que é em palco.

Encher uma empresa de "estrelas" não significa criar um sistema de "estrelas" no qual as necessidades dos indivíduos talentosos são mais importantes do que o bem colectivo.

"Aqui não há 'estrelas'", insiste Lyn Heward. "O espectáculo é a 'estrela'. É por isso que a nossa avaliação vai além da avaliação de talento. Precisamos conhecer quem está por detrás do artista. A quantidade de saltos mortais que consegue executar não é tão importante como a abertura de espírito perante a nossa forma de trabalhar, a determinação para desempenhar o trabalho e aquilo a que chamamos 'chama para actuar'. É isso que procuramos".

Tal como o "Abrigo Nuclear" da Southwest, o Cirque concebeu o seu próprio processo de audições para testar a existência dessa "chama" – um processo que incentiva os artistas a expressarem o que os motiva, bem como aquilo que conseguem fazer. A maior parte das audições começa com apresentações de números individuais ou com uma proeza específica. Um grupo de especialistas de várias áreas (música, dança, acrobacia) atribui notas com base numa série de critérios, desde categorias de nível físico, como a flexibilidade, a categorias de nível mental, como atitude e paixão. Essas notas vão directamente para a base de dados dos talentos.

Depois de os candidatos apresentarem os números que prepararam, a equipa de audição pede-lhes uns extras, como cantar, dançar, alongar o corpo e dizer umas piadas. Combinam as manifestações puras de talento com uma variedade de exercícios em grupo e individuais – desde criar situações improvisadas, a pedir a um candidato para descrever uma relação com um familiar querido ou a colocar as pessoas no centro das atenções, levando-as a "mostrar o que fazes quando estás sozinho na casa de banho".

A ideia não é "apanhar as pessoas". Em vez disso, diz Giasson, "tentamos criar condições para que sejam elas próprias. Se temos alguém que é tecnicamente fantástico, mas não é o nosso tipo de pessoa, e alguém com menos habilidade, mas com grande carisma e generosidade, será esta a pessoa que nos interessa. Trata-se de uma *joint venture* entre competência e carácter".

Trata-se também de uma conjugação de entusiasmo e paciência. Giasson e a sua equipa sabem que só porque encontraram um talento excepcional isso não significa que seja a melhor altura para ele largar tudo e juntar-se ao Cirque. Os seus caçadores de talentos descobrem muitas vezes potenciais talentos que estão vinculados a contratos com outra produção, que não estão interessados na vida nómada de um espectáculo em digressão ou que são simplesmente demasiado imaturos para as exigências de actuação em mais de 400 espectáculos por ano. Isso não significa que o Cirque não possa contratá-los. Apenas significa que não os pode contratar no momento em que os descobre.

"Grande parte deste processo tem a ver com *timing*", explica Giasson. "Por isso, mantemo-nos em contacto o mais pessoalmente possível. Mesmo que tenhamos milhares de pessoas na base de dados, estamos sempre a pegar no telefone ou a enviar *e-mails*. Somos quem os artistas conhecem primeiro e muitas vezes os únicos com quem falam no Cirque durante anos, antes de encontrarmos um lugar para eles. Não somos apenas caça-talentos. Somos embaixadores".

Nas últimas duas décadas esta abordagem criativa para descobrir talento produziu uma combinação extraordinária de elevado desempenho de competências e personalidades que nenhum "programa de diversidade" conseguiria gerar. Nos corredores da sede do Cirque ouvem-se diferentes línguas (25 no total) e encontra-se uma espantosa variedade de pessoas (cujas idades variam entre os 5 e os 69 anos). Mesmo na sinalização central do edifício utilizam-se quatro línguas (Inglês, Francês, Russo e o Chinês), mais do que a maioria dos aeroportos internacionais. Mesmo assim Line Giasson insiste que o desafio da descoberta de novos artistas, localizar as suas ideias e recrutá-los para a organização é um desafio que nunca acaba – e nunca pára de expandir o repertório do Cirque e sua estratégia de negócio.

"Temos de encontrar novos caminhos", defende. " Exploramos tudo o que nunca tenha sido visto. Queremos saber onde começou e quem está associado. Pode ser um novo tipo de dança numa esquina do Rio de Janeiro ou uma nova forma de cantar da Mongólia. Tanto faz, nós apenas continuamos a investigar".

O chamamento da contratação: recrutar como forma de vida

Não precisa de pôr em campo muitos caça-talentos, levar a cabo centenas de entrevistas de trabalho ou investir em grandes bases de dados para se perceber que leva a sério o factor humano no seu negócio. Por vezes, basta meia dúzia de inovadores determinados – um executivo sénior e alguns recrutadores internos, preparados para recorrerem à criatividade e a algumas artimanhas, com algum senso comum, para identificarem os candidatos incapazes de reagir com rapidez. Para conseguir um número elevado de grandes talentos na sua indústria, um pouco de inovação ajuda bastante – especialmente se estas inovações reflectirem um compromisso genuíno para vencer a batalha pelos talentos.

"As empresas que conheço que apresentam melhor desempenho não possuem apenas uma forte cultura empresarial, mas também uma cultura de recrutamento bastante sólida", explica John Sullivan, o *maverick* dos RH. "Compreendem que recrutar não é uma tarefa obscura enterrada na burocracia dos recursos humanos. É um dos principais condutores que levam ao sucesso do negócio. Estas empresas não existem em grande número, mas quando as vê em acção, provocam um profundo impacto em si."

Sullivan identifica o Google, o gigante motor de busca, como uma organização que está perto de se tornar o que ele chama de "máquina de recrutamento". A empresa, que deu muitos títulos para notícias com as suas grandes (e muitas vezes ferozes) batalhas contra a Microsoft e a Yahoo por talento de topo, é igualmente agressiva na sua procura de talento em níveis mais baixos. Por exemplo, quando alguém faz uma busca no Google por termos técnicos que são relevantes para funções disponíveis na empresa, é provável que lhe apareça anúncios de recrutamento colocados pela própria empresa. (Não é de surpreender que o Google utilize com perícia o seu programa AdWords que coloca os empregos certos à frente das pessoas certas.)[11]

Da mesma forma, conta Sullivan, o Google coloca anúncios de emprego ao lado de buscas que envolvam os nomes dos seus cientistas e engenheiros de topo. Se alguém está interessado nos colaboradores mais famosos da empresa, é lógico pensar que talvez esteja interessado em tornar-se colaborador dessa empresa.

O programa "Friends of Google"* é mais um elemento importante da máquina de recrutamento. O Google está associado a todo o tipo de produtos, serviços e tecnologias – desde sistemas de pagamento, mapas por satélite ou operações de recolha de notícias – nos quais todo o tipo de pessoas está interessado. Ao criar redes de *e-mail* que mantêm milhares informados sobre desenvolvimentos na empresa, o Google continua a desenvolver a sua plataforma de potencial talento: Quem sabe se o interesse por uma tecnologia não se pode tornar um interesse por um emprego?

Mas não é preciso ser um gigante da Internet para fazer os contactos de recrutamento certos. Vejamos a Starbucks, cujo contrato psicológico único com os clientes foi discutido no Capítulo 7. A liderança sénior da Starbucks compreende que não consegue cumprir os seus planos ambiciosos de crescimento das receitas se não produzir um grupo de colaboradores com ambições pessoais consistentes com a marca da empresa. Há uma ligação directa entre a identidade da Starbucks no mercado e o seu carácter inconfundível enquanto local de trabalho.

Cabe a Jason Warner, director de recrutamento da gigante do café na América do Norte, fazer essa ligação. Ele encontra-se no meio de um *boom* de recrutamento despoletado por uma das maiores histórias de crescimento no retalho. A Starbucks, com mais de dez mil lojas e cerca de 120 mil colaboradores em todo o mundo, com planos para abrir mais 1 800 lojas em 2006, depois de ter aberto 1 500 em 2005. O objectivo a longo prazo, segundo a empresa, é ter 30 mil lojas em todo o mundo, incluindo 15 mil só nos EUA.

Por definição, acrescentar milhares de lojas significa acrescentar dezenas de milhares de novos colaboradores. (Em 2006 a empresa estava a contratar a uma velocidade de 200 *por dia*.) Warner e os seus colegas do departamento de recrutamento estão convencidos que estes

---

* **N.T.** "Amigos do Google".

números estonteantes não irão conduzir à criação de uma burocracia simplista de contratação ou à redução da qualidade dos colaboradores da empresa que contactam directamente com os clientes.

Portanto, a empresa inventou todo um conjunto de maneiras de adicionar toques pessoais à forma como contrata. Sempre que possível, as entrevistas de emprego incluem sessões de degustação de café, nas quais veteranos da Starbucks discutem com os candidatos as virtudes de diferentes misturas. Uma "carta dos direitos dos candidatos" enfatiza o uso de telefonemas e de notas manuscritas em detrimento de cartas formais, estabelece metas para a rapidez com que os candidatos devem ter uma resposta por parte dos recrutadores e encoraja-os a enviar-lhes cartões de determinado valor a serem descontados na Starbucks, como gesto de boa vontade, independentemente de no final o candidato receber ou não uma proposta.

"O nosso objectivo é tratar os nossos candidatos da mesma forma que tratamos os nossos clientes, fazer algo memorável por eles", diz Warner. "Não se pode tratar alguém de forma inaceitável, especialmente num mundo onde existem muito mais vagas do que talento disponível para as preencher. Tentamos trazer de volta um pouco de humanidade à experiência de recrutamento."

São poucas as empresas que parecem partilhar esse objectivo. Sejamos honestos: Quando foi a última vez que o leitor, ou alguém que conhece, teve uma interacção com o departamento de RH de um potencial empregador que possa ser descrita como memorável (a não ser pelas razões erradas)?

A Starbucks, pelo contrário, continua à procura de formas de tornar o seu recrutamento mais memorável do que já é. "As pessoas desejam realmente estes empregos", admite John Sullivan, que pesquisou e escreveu *case studies* sobre a empresa. "Não é o mesmo que trabalhar no centro comercial ou na McDonald's. Mas isso não faz com que seja menos importante que a Starbucks elabore práticas e estratégias de recrutamento que o tornam especial. Esta é uma empresa que não conseguirá crescer se alguma vez parar de acrescentar as pessoas certas."[12]

Por exemplo, quando falámos com Warner em meados de 2006, a empresa estava a ponderar a ideia de dar aos seus colaboradores actuais cartões de pequeno valor a serem descontados na Starbucks. Os colaboradores poderiam entregá-los a alguém que encontrassem durante o dia – o empregado de uma loja, o funcionário de um banco, um assistente de bordo – que tivesse feito algo especial ou impressionante. (Os cartões dariam direito a uma chávena de café e incluiriam uma mensagem a convidar o receptor a considerar uma carreira na Starbucks.) É, essencialmente, uma estratégia que transforma todos os colaboradores em potenciais recrutadores.

"Eu gostaria de distribuir esses cartões como água", explica Warner. "Temos dezenas de milhares de colaboradores nesta empresa. Mas quem não é recrutador tem muitas vezes dificuldade em abordar outras pessoas. O cartão torna tudo mais fácil. Se tiver de encontrar alguém na mercearia ou se souber que o filho do seu vizinho vai interromper os seus estudos universitários durante seis meses, só tem de levar a mão ao bolso e entregar-lhe um cartão da Starbucks. É apenas uma forma de se ser mais decidido na criação de uma cultura de recrutamento.

É também uma pequena inovação ao serviço de uma questão muito mais abrangente: As empresas que levam o talento a sério compreendem que a fonte mais promissora de novos colaboradores que possam fazer a diferença na organização são aqueles que *já* fazem a diferença ou que a fizeram no passado – ou seja, colaboradores actuais e antigos. O primeiro pilar de uma cultura de recrutamento é uma cultura de *encaminhamento* – um conjunto de colaboradores empenhados que estão desejosos de encaminhar os seus amigos e colegas de trabalho mais talentosos para que considerem juntar-se ou voltar a juntar-se à organização.

A Booz Allen Hamilton, a empresa mundial de consultoria em estratégia e tecnologia (e que dificilmente alguém consideraria uma organização *maverick*) tem obtido desenvolvimentos tremendos com uma estratégia semelhante. Segundo a empresa, cerca de metade dos seus novos recrutamentos começam com encaminhamentos de colaboradores actuais. E à volta de dez por cento de todos os que se juntam à empresa todos os anos já tinham trabalhado nela anteriormente. De facto, os antigos colaboradores têm-se mostrado uma fonte tão importante de novos colaboradores que a equipa de recrutamento da Booz Allen criou um programa denominado Comeback Kids* para encorajar mais deste efeito *boomerang*.

Tudo isto, afirmar Jason Warner da Starbucks, coloca ainda mais pressão sobre a qualidade da experiência dos candidatos. "Não se vai encaminhar alguém que se conhece e de quem se gosta se não se tiver a certeza de que será bem tratado", diz ele. "Mas se superar todas as expectativas, cria uma vantagem competitiva incrível."

Este é um exemplo perfeito para terminar este capítulo. A dimensão humana nos negócios requer mais energia e é mais exigente do que alguma vez foi: grupos cada vez mais pequenos de pessoas apaixonadas pelo que fazem conseguem fazer coisas cada vez maiores.

As empresas com um maior número de talentos "estrela", que aprofundam todos os seus segmentos, criam mais valor.

Mas as "estrelas" profissionais não "caem do céu". Elas "caem" nas empresas que têm as melhores respostas a algumas perguntas elementares: É convincente quando explica por que razão os indivíduos mais talentosos poderão prosperar mais na sua empresa do que na dos seus concorrentes? Identificou fontes de talento não identificadas – que a sua concorrência tende a ignorar? Investe tempo para se manter em contacto com estas potenciais "estrelas", para agir na qualidade de embaixador e de observador, para que, quando elas ponderarem uma mudança de emprego, esteja preparado para lhes oferecer uma posição de relevo? Os melhores dentro da sua empresa estão comprometidos em recrutar e sugerir os melhores talentos que conhecem fora da empresa? Se não, como é que espera conquistar mais do que a parte a que tem direito do melhor talento no seu negócio?

---

* **N.T.** "Voltem meninos/as".

CAPÍTULO 11

Pessoas e desempenho: "estrelas", sistemas e locais de trabalho que funcionam

A lógica é tão simples e os resultados tão animadores que ficamos surpreendidos pelo facto de muito poucas organizações aderirem à ideia com convicção: existe uma relação fortíssima entre a aposta de uma organização no mercado de talentos e o seu sucesso no mercado de produtos.

As empresas com melhor desempenho que conhecemos reconhecem que as suas decisões mais importantes incluem não apenas os novos segmentos em que devem entrar ou os novos produtos que devem lançar, mas quem devem convidar para entrar na empresa.

Estas empresas são tão pouco convencionais e tão arrojadas no factor humano dos negócios como o são em relação a outros factores.

É por isso que um gigante revolucionário como a IBM desenvolve formas criativas de atrair jovens talentos da área tecnológica que possam ter reservas em trabalhar com a empresa apelidada de Big Blue. É por isso que a Southwest Airlines elabora exercícios como o "Abrigo Nuclear" para procurar o "espírito guerreiro" que a distingue das suas concorrentes "aborrecidas". É por isso que os caçadores de talentos do Cirque du Soleil percorrem o globo em busca de artistas e constróem espectáculos à volta dos seus talentos únicos, em vez de os colocarem em papéis já definidos.

Então, por que é que estas organizações são a excepção e não a regra? Por que é que tantas empresas parecem ainda seguir as regras daquele velho artigo da revista *American* e defendem a "mediocridade bem sucedida" e os colaboradores "vulgares"? Suspeitamos que os melhores desempenhos exigem um tratamento de "estrela" – não o tratamento auto-engrandecedor e egoísta que, justificadamente, perturbava Malcolm Gladwell na guerra pelos talentos da era da bolha tecnológica, mas um tratamento que reflicta as elevadas expectativas que estes talentos trazem ao seu trabalho.

> *O guru dos recursos humanos John Sullivan, no seu estilo inconfundível, coloca a questão sem rodeios. "Lembrem-se que", avisa, "as 'estrelas' não trabalham para idiotas. Por isso, quando se aumenta a qualidade do talento, também é preciso aumentar a qualidade da gestão".*

Pensem nisto como o reverso da medalha da "Regra das Pessoas que Não Prestam", de Marc Andreessen: quanto melhor for a atrair pessoas excelentes, mais terá de fazer para criar condições para que elas possam fazer um bom trabalho.

Para muitos dos competidores *maverick* que encontrámos, esse trabalho começa logo que um novo colaborador entra, com a reconstrução de um dos mais estranhos momentos da vida dentro das organizações: orientação no primeiro dia de trabalho. A maioria das empresas compreende o poder (para o bem e para o mal) das primeiras impressões no mercado. E o que é válido para os consumidores também vale para os colaboradores.

Pessoas e desempenho

No alucinante Commerce Bank, por exemplo, a orientação não passa por um dia a preencher impressos e a ver um impessoal vídeo de boas-vindas à empresa. É um dia meticulosamente planeado, que transmite uma mensagem importante (e, tal como esperado, intensamente animada) sobre como o Commerce funciona e por que razão funciona de maneira tão diferente da concorrência - um dia em que os novos colaboradores vivem pessoalmente a experiência única que o Commerce oferece aos seus clientes.

O programa é designado por "Tradições" e é o ponto de partida oficial para qualquer função no Commerce: desde caixas em *part-time* a gerentes de loja, incluindo também os *Vice-presidents* e os executivos séniores. Os novos recrutamentos agrupam-se em turmas de 30 pessoas e têm aulas (duas vezes por semana, quase todas as semanas do ano) na Commerce University, em Cherry Hill (Nova Jérsia) ou numa das suas muitas dependências satélites.

Um cicerone, colocado à porta do edifício, recebe cada um dos recém-chegados e acompanha-os a uma sala onde outro cicerone – a mascote do banco "Mr. C", vestida de vermelho vivo e com luvas brancas – distribui "dá cá mais cinco". A música está alta, a energia está ao rubro e antes que os caloiros consigam encontrar um lugar para se sentar são saudados por mais dois representantes do banco. O primeiro, dos recursos humanos, recolhe informação pessoal relevante, enquanto o segundo, do departamento de formação, trata dos casacos e serve cafés.

"Dar cá mais cinco" pode ser uma forma estranha de começar uma carreira no negócio da banca, mas é apenas uma de muitas demonstrações directas do entusiasmo descontraído que define a forma como os melhores trabalham no Commerce. "Fazemos estas coisas porque ninguém está à espera disto num programa de orientação", diz Tim Killion, o irreprimível gestor do Departamento Uau. "Quando se está a conduzir para o trabalho, no primeiro dia, provavelmente espera-se beber café. Mas não se espera que seja alguém da empresa a servi-lo." (Killion já deu aulas a mais de quatro mil novos colaboradores nos cursos "Tradições".)

Claro que oferecer serviços com que não se esperava é a forma usada pelo Commerce para se relacionar com os seus clientes no mercado. Por isso, é determinante que o Commerce projecte essa atitude de superação das expectativas no local de trabalho. No dia em que o colaborador número dez mil apareceu para o "Tradições", Killion entrou de rompante na sala com 75 responsáveis da empresa, incluindo o director de recursos humanos e o responsável pela formação. Carregado com dúzias de rosas, champanhe sem álcool e *flutes*, os executivos do Commerce fizeram um brinde para celebrar o momento. Após o brinde, todos abandonaram a sala, excepto dois responsáveis vestidos como empregados de um restaurante de quatro estrelas. Eles montaram uma mesa com um serviço de jantar e serviram à recém-chegada um almoço *gourmet* da sua comida preferida (que ela tinha revelado num exercício de apresentação durante a manhã).

"Foi um dia fenomenal", conta Killion. "E a experiência não foi apenas memorável para ela. *Todos* se lembram daquele dia. Atingiu o centro da mensagem que estamos a tentar transmitir aos nossos novos colaboradores: este é um banco que adora fazer coisas pelos seus clientes e vocês são as principais personagens do espectáculo."*

Aquilo que o Commerce quer dizer, metaforicamente, o Cirque du Soleil faz literalmente – os seus colaboradores actuam mesmo para os clientes e são personagens num espectáculo único que define a presença da companhia no mercado. É por isso que o programa de boas-vindas do Cirque é até bastante mais intenso do que aquilo que a intensa cultura do Commerce exige. O programa do Cirque tem um nome que facilmente se esquece, "Formação Geral", mas é uma experiência inesquecível (e muito exigente). A Formação Geral dura entre 12 e 16 semanas (mais do que as nove semanas de treino básico do exército norte-americano). Destina-se aos 60 por cento de artistas do Cirque que se juntam à com-

---

* **N.A.** Nem todos os que são contratados pelo Commerce estão preparados para entrar em cena. O "Tradições" é tão intenso, apresentado com tanta personalidade, que serve de chamada de alerta para os recém-chegados que foram mal escolhidos. "Já tivemos pessoas que vieram ter connosco ao final do dia e disseram: 'Muito obrigado, mas isto não é para mim'", conta Manning. "É um bom resultado."

panhia vindos do mundo da competição desportiva (ginastas, trampolinistas e atletas de natação sincronizada, por exemplo), em oposição ao mundo do espectáculo.

Line Giasson, directora de *casting* do Cirque, descreve a Formação Geral como "o processo de transformação de um atleta num artista". Assim, juntamente com um trabalho intensivo e fisicamente desafiador, em todo o tipo de actividades, desde o trapézio voador ao mastro chinês, passando pela natação sincronizada, a Formação Geral oferece um menu de exercícios que testam os limites do corpo e esgotam a mente numa expressão pessoal artística. Em qualquer sessão de um típico dia de dez horas, as directivas podem incluir: "És uma segunda-feira", "Salta com alegria" ou "Fica três horas na mesma posição".

Uma participante, Natasha Hallet, descreveu o impacto que a Formação Geral teve nela: "Era como descobrir coisas sobre mim própria que não fazia ideia que existiam. Aquela transição… aprende-se tanto sobre nós próprios e sobre os nossos talentos noutras áreas. Pensa-se: 'Ok, consigo ser engraçada, consigo expressar-me.' A parte mais dura do processo de formação era 'a Porta'. Havia uma porta, com todos os elementos da equipa do outro lado, e nós tínhamos de sair e de lhes mostrar quem éramos. Se não sabemos quem somos, temos um problema. Era isso que o exercício queria demonstrar. O que é que temos cá dentro que nos torna especiais? Acho que é isso que o Cirque levou a um extremo."[1]

Hallet juntou-se ao Cirque aquando do espectáculo *Mystère* e especializou-se num papel que representou durante anos. Porém, um dia, a autoproclamada "solitária" e "desordeira" pediu a transferência não apenas para outro papel, mas para um papel criado para o outro sexo. Hallet tornou-se o Pássaro de Fogo, um personagem originalmente masculino, e o papel foi reescrito (e acompanhado de um novo guarda-roupa, claro) para ela. É este tipo de criatividade desenfreada que o Cirque procura libertar nos seus "atletas transformados em artistas" e é isso que mantém os espectáculos sempre modernos para o público, mesmo os que estão há mais tempo em cena. E é por isso que a Formação Geral é uma parte tão importante do funcionamento do Cirque.

> *O objectivo não é apenas melhorar as competências, mas também mudar a forma como se pensa – fazer com que se mergulhe no tipo de criatividade que define a organização.*

Seja com um dia de cultura em Nova Jérsia ou com semanas de exercícios de abertura de mentes em Montreal, a mensagem enviada aos colaboradores é óbvia: não estão a apresentar-se para um emprego, estão a juntar-se a uma causa. A mensagem que se pode tirar para os negócios também é clara: as organizações que aspiram a criar uma presença disruptiva no mercado têm de descobrir uma abordagem distintiva ao ambiente de trabalho. Empresas que *competem* de forma diferente tendem a *trabalhar* de forma diferente da concorrência.

É esta a mensagem central deste capítulo. Pense nela como uma visita guiada a empresas onde os talentos aprenderam a trabalhar juntos – empresas que se tornaram mestres na interacção entre as "estrelas" e os sistemas de que falámos no Capítulo 10. Uma advertência: tal como as marcas extremas que conhecemos anteriormente no livro, as empresas que estamos prestes a conhecer fizeram aquilo que só pode ser descrito como alterações extremas do ambiente de trabalho. Não esperamos que alguém as copie. Mas todos podem aprender com elas. Passe algum tempo junto destas organizações, observe como funcionam e pense na sua própria empresa: que tipo de local de trabalho é que criou e como é que ele reflecte os seus objectivos no mercado?

De agentes independentes a jogadores de equipa – ensinar os mais inteligentes a trabalhar em conjunto

Se quer aprender com um concorrente disruptivo que criou um ambiente de trabalho realmente distintivo, visite os estúdios de animação da Pixar em Emeryville, Califórnia. Uma impressionante vedação de ferro separa o terreno plano de 6,5 hectares do *campus* dos seus agitados arredores urbanos e conduz a um enorme portão

Pessoas e desempenho 255

de aço. Assim que passa pelo portão, sente que está a ter acesso a um mundo secreto. O seu crachá de visitante dá o tom: UM ESTRANHO DO EXTERIOR! No vasto átrio de vidro e aço da sede, "pixarianos" atarefados deslocam-se de *scooter* e de *skate* sobre o chão de madeira. Uma corrente ininterrupta de gente a entrar e a sair da sala do correio, que parece o átrio de uma estância de esqui, com grandes pilares de madeira e compartimentos. Para um "estranho do exterior", parece o cenário de um filme meticulosamente montado, em vez do sítio onde se criam filmes de sucesso.

A Pixar, claro, é a divindade criativa e comercial responsável por *Toy Story* (I e II), *Vida de Insecto*, *Monstros e Ca.*, *À Procura de Nemo* e *Os Incríveis* – filmes que reinventaram a arte da animação, conquistaram a imaginação de audiências em todo o mundo e renderam mais de três mil milhões de dólares nas bilheteiras. O estúdio produziu o primeiro filme inteiramente criado por computador (*Toy Story*) em 1995. Ganhou 20 Óscares com os seus filmes e tecnologia pioneira e deu origem a dúzias de patentes. *À Procura de Nemo* é um dos mais rentáveis filmes de animação de sempre, com um resultado mundial de bilheteira de 865 milhões de dólares. O filme *Os Incríveis* ganhou o Óscar de "Melhor Filme de Animação" e rendeu 630 milhões de dólares nos seis meses posteriores ao seu lançamento, em Novembro de 2004.

O desempenho progressista da empresa atraiu muitas atenções em Silicon Valley, em Wall Street, em Hollywood e até mesmo no centro da alta cultura. (O Museu de Arte Moderna, em Nova Iorque, apresentou uma enorme exposição sobre os 25 anos do estúdio.) Na realidade, a Pixar tornou-se, ela própria, uma espécie de estrela de cinema – com uma etiqueta de preço a condizer. Em Janeiro de 2006, a Walt Disney Company anunciou que ia adquirir a Pixar através de um negócio de 7,4 mil milhões de dólares. (Isto por uma empresa que Steve Jobs tinha comprado em 1986 por dez milhões.) Não admira que tantos nomes sonantes do cinema estejam obcecados em reproduzir o estilo e as tecnologias usadas pela Pixar, na esperança de criarem os seus próprios sucessos gerados por computador.[2]

No entanto, em última análise, o caminho da Pixar para o sucesso não se deve apenas a uma estratégia inteligente, tecnologia ou guiões influentes. A forma de funcionamento da empresa ajuda a explicar por que é que os seus filmes resultam tão bem com os espectadores – e mostra de que forma as organizações, em todos os tipos de indústria, podem ensinar os talentos a trabalhar juntos. A indústria cinematográfica é uma das poucas indústrias que coloca o talento no topo da sua agenda. Mas muito desse talento – actores, realizadores, donos de estúdios – passa a maior parte do seu tempo a lutar por vantagens, a elaborar esquemas contra os rivais e a exigir tratamento de "estrela" das formas menos atraentes. A Pixar tem um modelo diferente. A empresa não faz apenas filmes que têm melhores resultados que a média de Hollywood. Faz os seus filmes de forma diferente – e, no processo, desafia muitas das tradicionais convenções de Hollywood.

"A maioria das empresas acaba por perceber, mais tarde ou mais cedo, que as pessoas são o elemento mais importante", diz Randy Nelson, que entrou na empresa em 1997 (que, nessa altura, ainda só tinha produzido *Toy Story*) e é o reitor da Pixar University.[*]

> *"É óptimo ter indivíduos muito talentosos. O que é mesmo mais difícil é conseguir que várias pessoas muito talentosas façam parcerias produtivas, de modo a realizar um bom trabalho."*

Nelson, um artista e executivo cinquentão, enérgico e divertido, é ele próprio um talento com muitas facetas. Já fez malabarismos com

---

[*] **N.A.** Primeiro a Commerce University e agora a Pixar University. A Whole Foods Market, de que falámos no Capítulo 3, também tem a sua própria universidade e o DPR Global Learning Group, sobre o qual nos debruçámos nos Capítulo 2, é muitas vezes chamado de DPR University. As empresas que constróem as suas estratégias (no mercado, no local de trabalho ou em ambos) em torno de um conjunto original de ideias compreendem a importância de ensinar essas ideias aos executivos e aos colaboradores – e frequentemente aderem à linguagem das universidades para lhes dar formação sobre os seus programas.

facas na Broadway enquanto fundador dos Flying Karamazov Brothers, representou em filmes e integrou as fileiras de líderes da Apple e da Next. Mas o seu verdadeiro talento está em coordenar pessoas talentosas para que expressem as suas ideias mais criativas, colaborem com os seus colegas e cumpram prazos importantes – tudo isto sem queimar os fusíveis. O seu desafio na Pixar é ajudar a construir respostas para uma das questões mais importantes que se colocam à organização, uma questão que se tornou para ele uma espécie de mantra da liderança: Como é que se faz arte jogando em equipa?

Esta não é uma pergunta habitual no mundo do cinema. Vários teóricos da gestão já traçaram paralelos entre a "empresa do futuro", horizontalizada, descentralizada e em rede, e o grupo *ad-hoc* de actores, produtores e técnicos que se juntam para fazer um filme e depois se separam assim que está terminado. No modelo de Hollywood, a energia e o investimento reúnem-se em torno da grande ideia (o guião) e dos pormenores do negócio. Todo o tipo de talentos (desde as estrelas cabeça de cartaz aos guionistas e aos técnicos que montam o cenário) concordam com as condições, fazem o seu trabalho e seguem em frente para o projecto seguinte. O modelo permite uma flexibilidade máxima, mas inspira o mínimo de lealdade.

Invertendo o modelo, encontra-se a versão que a Pixar considera a forma certa de fazer filmes – uma empresa unida, com colaboradores a longo prazo, que se mantêm juntos, aprendem uns com os outros e lutam por fazer melhor com cada produção. Vejamos o caso de Brad Bird, argumentista e realizador de *Os Incríveis*, que passou as primeiras décadas da sua carreira de um lado para o outro em Hollywood, sempre como um promissor - mas nunca realmente reconhecido - animador. Do Cal Arts* foi trabalhar em *Os Simpsons* e depois realizou o seu primeiro filme, *O Gigante de Ferro*, aclamado pela crítica mas sem sucesso comercial. Quando a Pixar o recrutou, Bird foi trabalhar imediatamente em *Os Incríveis*, que acabou por ganhar dois prémios da

---

* **N.T.** California Institute of the Arts.

Academia e uma nomeação para "Melhor Argumento Original". (Numa homenagem à tradição de Hollywood, foi o próprio Bird a dar voz a Edna Mode, a personagem da estilista responsável pelos fatos dos super-heróis no filme, cuja personalidade agressiva traz memórias da falecida Edith Head, a estilista de carne e osso que ganhou mais Óscares do que qualquer outra mulher na História.)

No entanto, ao contrário de quase todos os outros realizadores que ganharam Óscares, o agora galardoado Bird não é um agente livre com os olhos postos na próxima negociação de elevado orçamento. Ele é um assalariado do estúdio que produziu o seu filme e tenciona continuar assim. Na realidade, ele faz parte de um grupo de realizadores de topo e de talentosos técnicos da Pixar, onde se incluem os criadores de *À Procura de Nemo*, Andrew Stanton e Lee Unkrich, e o realizador de *Monstros e Ca.*, Pete Docter, que apostaram a sua longa experiência na área numa relação de trabalho de longo prazo com a Pixar. Uma vez mais, em contraste com os habituais procedimentos de Hollywood, todas estas "estrelas" trocaram contratos por salários e contribuem para todos os projectos do estúdio em vez de trabalharem apenas nos seus projectos de estimação. De acordo com Randy Nelson, este costume de não fazer contratos "é uma crítica específica da Pixar à prática habitual da indústria". Ele afirma que "os contratos permitem que a empresa seja irresponsável. Não precisa de se preocupar em manter as pessoas felizes e realizadas. Aquilo que criámos aqui – um local de trabalho incrível, oportunidades para aprender e crescer e, sobretudo, óptimos colegas – é melhor do que qualquer contrato".

Por outras palavras, existe uma estratégia muito bem definida por detrás do ambiente de trabalho baseado no conceito "estamos todos juntos nisto". Cada filme de animação leva quatro a cinco anos a completar e os últimos 18 meses parecem uma corrida ofegante até à meta. Entretanto, enquanto a Pixar eleva a fasquia da criatividade para os argumentos e a animação, acelera também o passo da produção – de um filme a cada 18 meses para mais de um novo filme por ano em 2010. Fomos visitar a Pixar dias depois de *Os Incríveis* terem começado a receber

Pessoas e desempenho

críticas entusiastas e a ter óptimas receitas de bilheteira. Mas no "Poço da Animação", onde os colaboradores mais criativos da Pixar fazem o seu trabalho mais exigente, um dos artefactos que mais chamava a atenção era um relógio do tamanho de uma parede com a contagem decrescente dos dias, horas, minutos e segundos que faltavam para os prazos da produção final de *Carros*, o muito aguardado lançamento seguinte da empresa. Num ambiente de trabalho tão exigente, nem mesmo o mais talentoso dos indivíduos está livre de sofrer reveses, de hesitar, de recuar perante a pressão.*

"O problema com o modelo de Hollywood é que só no dia em que termina a produção é que percebemos que finalmente sabemos como trabalhar uns com os outros", diz Nelson. "Demos o salto de um negócio centrado nas ideias para um negócio centrado nas pessoas. Em vez de desenvolvermos ideias, desenvolvemos pessoas. Em vez de investirmos em ideias, investimos em pessoas. Estamos a tentar criar a cultura da aprendizagem, preenchida com aprendizes vitalícios. Não é difícil as pessoas talentosas serem interessantes, mas é uma dádiva o facto de estarem interessadas. Queremos uma organização cheia de pessoas interessadas."

A Pixar University é para onde vão as pessoas interessadas em aprender coisas novas – e em aprender a trabalhar juntas. De facto, é difícil imaginar a Pixar a funcionar sem ela. Nelson começou a trabalhar na instituição apenas alguns dias após o seu estágio na empresa, quando Ed Catmull, o fundador e *President* da Pixar, lhe entregou um memorando brilhante de oito páginas com ideias sobre como melhorar a arte de fazer filmes de animação criando uma "abordagem científica" do ofício e ensinando os animadores a utilizá-la. Catmull não tinha escrito o relatório. O seu autor era o original inovador de Hollywood – Walt

---

* **N.A.** Pouco tempo após a nossa visita, Steve Jobs anunciou a decisão da Pixar de adiar o lançamento de *Carros* do final de 2005 para Junho de 2006. Tratou-se de uma decisão de *marketing*, não um problema de produção, baseada na conclusão de que *Carros* funcionaria melhor como um filme de Verão do que como um filme de Natal. O filme *Carros* foi, de facto, concluído no prazo previsto.

Disney – e tinha sido escrito alguns dias antes do Natal de 1935.* Catmull estava a apostar que a História se iria repetir: a criação da Disney Art School no início da década de 30 tinha resultado na era dourada da animação Disney. Poderia a criação da Pixar University ajudar a lançar uma segunda era dourada da animação?

Os resultados falam por si. Hoje, mais de 70 anos depois de Walt Disney ter escrito o seu relatório, a universidade de Randy Nelson oferece mais de 110 cursos: um currículo completo de cinematografia, aulas de pintura, desenho e escultura, *workshops* de escrita criativa e até lições de dança do ventre. "Oferecemos o equivalente a um bacharelato em arte e cinematografia", diz o reitor. Todos os colaboradores – animadores, técnicos, assistentes de produção, contabilistas, responsáveis de *marketing* e até seguranças – são encorajados a dedicar até quatro horas por semana, todas as semanas, à sua formação. A lógica é tão simples quanto irresistível: os especialistas de uma larga variedade de funções e disciplinas técnicas trabalharão melhor juntos se apreciarem os fundamentos do trabalho que a empresa desenvolve. As "estrelas" da Pixar geram mais valor quando conseguem ver além da sua pequena parte do universo.**

Nelson é peremptório: estas aulas não são apenas uma pausa revigorante na rotina do escritório. "Isto faz parte do *trabalho* de toda a gente", diz ele. "Aqui somos todos cineastas. Temos todos acesso ao mesmo

---

* **N.A.** Randy Nelson ficou um pouco receoso pelo facto de o relatório de oito páginas ser um memorando com 61 anos de "Walt" para o lendário professor de Desenho e Director da Disney Art School, Don Graham. O memorando adicionou um conjunto de ideias sobre elevar a arte da produção de filmes de animação através da educação de animadores. Dizia, a determinada altura: "Penso que deveríamos desistir até termos encontrado tudo o que pudéssemos sobre como ensinar a estes jovens o negócio... Há uma série de coisas que poderiam ser abordadas nestas discussões para abanar um pouco a [sua] imaginação, de forma a que, quando começarem a trabalhar realmente na animação, não se limitem a ser técnicos, mas realmente pessoas criativas."

** **N.A.** Tudo o que é velho é realmente novo outra vez. Walt Disney escreveu o memorando para o seu colega Don Graham, que era generalizadamente considerado o melhor professor de Arte da sua geração. O livro de Graham (já não editado), *Composing Pictures*, é um clássico na sua área e muito valorizado tanto pelos animadores como pelos alunos de Arte. A Pixar tinha centenas de cópias impressas numa edição limitada para uso interno. O memorando de Walt e o livro de Graham são as primeiras coisas para que Nelson chama a atenção quando explica as origens da Pixar University e o funcionamento interno da própria Pixar.[3]

programa curricular. Nas aulas, pessoas de todos os níveis sentam-se ao lado dos nossos realizadores e do *President* da empresa."

Não podíamos deixar passar a oportunidade de assistirmos a uma aula e testarmos o programa curricular em primeira mão. Num final de tarde de Novembro, um grupo de "pixarianos" atravessa o relvado nas traseiras do *campus* em direcção ao edifício da sede. Tendo terminado uma sessão de duas horas de improvisação na Pixar University (um edifício de tijolo com a alcunha de "Big Art"), riem-se e gesticulam bastante, repetindo excertos da aula com exagero cómico. Param por segundos para nos cumprimentar e nós seguimos na direcção oposta para um *workshop* de quatro horas sobre "Iluminação e Captação de Movimento".

O nosso grupo chega ao Big Art e reúne-se num estúdio para devorar caril de vegetais e arroz integral. Os estudantes representam uma intrigante mistura de colaboradores da Pixar: um engenheiro de *software* de pós-produção, um cenógrafo, um responsável de *marketing* e um exausto entusiasta das novas tecnologias trabalham em intermináveis "*shaders*" (programas que aplicam cor e textura aos cenários e personagens) para *Os Incríveis* e também já trabalham no filme *Carros*. Assim que entramos numa pequena sala de visualização cheia de sofás e cadeiras confortáveis, um assistente de produção estreante apressa-se a entrar também, vindo de uma filmagem, e o cozinheiro da empresa, Luigi Passalacqua, chega acabado de tratar do jantar para alguns executivos de visita. ("Eu falo a linguagem da comida – agora, estou a aprender a falar a linguagem do cinema", afirma entusiasmado.)

É a sexta sessão de um curso de nove semanas e o instrutor, o director de fotografia John Aliano, mergulha imediatamente no tema da aula. O assunto é altamente técnico (o uso de reflectores na iluminação dos filmes), mas a conversa é sobre tudo menos isso. Aliano começa com uma cena de *Morangos Silvestres*, de Ingmar Bergman, em que um círculo de luz se vai fechando sobre uma única personagem movida pela angústia. "Aqui, a linguagem cinematográfica aumenta e o visual torna-se tão importante como o diálogo", enfatiza. "Essa percepção parte da inteligência da audiência. Não tem de ser real, tem de ser *credível*, tem de ser verdade." Ele muda para uma cena de *História de um Soldado*, de Norman Jewinson. O virtuoso trabalho de câmara recolhe murmúrios de apreciação e alguém nas filas de trás grita: "Passa outra vez!"

A sala aquece verdadeiramente durante várias repetições de uma cena de *O Plano*.(Os alunos vão dividir-se em pequenas equipas para reproduzirem a cena num dia inteiro de filmagens durante o fim-de-semana.) A questão que se coloca é: O que é que a transição de um plano para outro tem a ver com a forma irresistível de contar uma história? Toda a gente responde: "É por causa do significado". "Revela carácter." "É brutal – diz a verdade." No final da aula, os estudantes estão fora dos seus lugares, a montar enormes luzes como se fossem verdadeiros profissionais e a fazer experiências com um *"cookie"*, um aparelho que lança sombras. Estão também a experimentar o seu primeiro trabalho como realizadores, directores de fotografia e produtores para as filmagens que estão para acontecer, a discutir o guião, a interromper as cenas, a inventar adereços.

Foi, assumidamente, apenas um vislumbre de quatro horas de um programa educativo sequencial, mas a descolagem foi óbvia. Do engenheiro de *software* ao responsável de *marketing* e ao cozinheiro Luigi, os colaboradores da Pixar não estavam apenas a aprender técnicas de iluminação; estavam a aprender a ver o trabalho da empresa (e dos colegas) sob uma nova luz. "As competências que desenvolvemos são as que necessitamos em todo os segmentos da organização", diz Nelson. "Porquê ensinar desenho a contabilistas? Porque a aula de desenho não ensina apenas a desenhar. Ensina a saber *observar*. Não há uma única empresa na terra que não beneficiasse se tivesse pessoas que se tornassem mais observadoras."

Esta é verdadeira lição a tirar da Pixar University: não encorajar apenas as pessoas a aprenderem novas capacidades, mas encorajar um grupo diversificado de pessoas a sentarem-se numa sala, a tentarem coisas novas, a fazerem asneira, a ficarem embaraçadas e a aprenderem a recuar – juntas. Isto ajuda a explicar por que motivo o brasão da Pixar University tem a inscrição, em latim, *Alienus Non Diutius*. Tradução: *Sozinho nunca mais*. "É o cerne do nosso modelo", diz Nelson. "Dar às pessoas oportunidades para falharem juntas e para recuperarem dos erros juntas."

Importa salientar que o brasão da Pixar University tem uma segunda inscrição em latim, *Tempus*Pecunia*Somnus*. Tradução: *Tempo, dinheiro, sono* – três mercadorias preciosas numa organização cujos registos de criatividade sem rival têm de se confrontar com a dura realidade das elevadas expectativas e de um mercado que não perdoa. Esse é o próximo desafio da Pixar (e de Nelson) – moderar o ritmo e suster a energia de uma organização que todos esperam que continue a produzir êxitos, mesmo enquanto acelera o ritmo de produção.

Nenhuma aula consegue ensinar a dominar esse desafio. Mas ao criar uma organização em que os colaboradores de diferentes níveis, percursos e disciplinas podem aprender juntos, experimentar juntos e resolver problemas juntos, a Pixar University cria as condições necessárias para que as pessoas possam fazer o seu melhor trabalho sem adoptarem uma cultura destrutiva de excesso de trabalho.*

Vimos um artefacto intrigante relacionado com essas condições de trabalho: um quadro de aspecto estranho, coberto de paus de gelado numerados e personagens de *Os Incríveis*. O filme de Brad Bird representou uma imensidão de desafios técnicos para os magos dos computadores da Pixar: Como é que se faz o cabelo comprido mover-se com realismo? Como é que se cria tecido em variados graus de mau estado para os desenhadores do guarda-roupa dos super-heróis? Como é que se retrata uma explosão subaquática? Resolver cada um destes desafios sem compromissos teria resultado num filme absolutamente perfeito – e num absoluto desastre em termos de prazo de lançamento.

---

* **N.A.** Randy Nelson é um crítico feroz dos vizinhos das Pixar no negócio dos jogos de vídeo, que, diz ele, "estão a comer os seus jovens ao trabalhar sem parar. Acabam um projecto e começam imediatamente outro. Não é de admirar que os seus produtos pareçam todos iguais." Os colaboradores técnicos da Pixar, pelo contrário, são pagos por 50 horas por semana, na expectativa de que trabalhem entre 40 a 50 horas. Além disso, aqueles que pretendam trabalhar mais do que 50 horas numa semana têm de obter permissão do seu gestor. Escusado será dizer que, em muitas alturas durante os quatro anos de vida de um filme, foram muitos os que pediram e receberam permissão para trabalhar mais do que o limite semanal.

Por isso, a equipa de produção criou soluções de baixa tecnologia para o seu dilema de alta tecnologia. Os "paus de gelado" representavam unidades finitas das horas de trabalho orçamentadas para cada elemento da produção. Se Bird pedia horas extra para aperfeiçoar uma personagem ou uma determinada cena (como a roupa de super-herói do Sr. Incrível), um outro elemento (o cabelo da Violet, por exemplo) tinha de perder um pau de gelado. Esta ferramenta ridiculamente simples permitiu que um pequeno exército de cineastas de animação de renome mundial se mantivesse concentrado no filme e no relógio.

Foi, segundo Nelson, um exemplo clássico de como as coisas funcionam na Pixar – uma inovação inteligente que se torna parte da rotina quando se pratica arte como um desporto de equipa.

A melhor forma de compreender como é que a empresa funciona, conclui ele, não é olhar para "paus de gelado" mas sim ir à sede e observar a forma como as coisas funcionam. Enquanto passa a mão por uma das enormes colunas que suportam o átrio, Nelson explica a mensagem por detrás do metal: "Nós suportamos as colunas com parafusos em vez de solda porque se pode ver realmente o trabalho artesanal que foi feito. Queríamos criar um edifício feito à mão, em que se fizessem filmes feitos à mão. Todas as lâmpadas foram enroscadas à mão, todos os tijolos colocados à mão. Tal como um filme de animação, este local foi construído a partir de um número de elementos simples e pequenos que resultaram em algo melhor e maior. A mensagem inerente é: 'Sem ti, as minhas ideias estão sozinhas'."

Da burocracia à adocracia
– os muitos méritos de um local de trabalho desordenado

Tanto é possível ficar maravilhado com o que Randy Nelson e os seus colegas construíram como questionar até que ponto é que as suas

Pessoas e desempenho

experiências se aplicam a, digamos, indústrias mais mundanas. Será de espantar que os mais dotados animadores do planeta tenham criado um local de trabalho tão animado? Mas, conforme salientámos anteriormente, a questão não é copiar a forma como a Pixar funciona. A questão é reconhecer, tão expeditamente como a Pixar o fez, que as organizações que aspiram a criar uma identidade singular no mercado têm de criar uma abordagem própria do ambiente de trabalho – um misto de "estrelas" individuais e sistemas operacionais que combinam com a estratégia. Esse princípio aplica-se a criadores de empresas de todos os quadrantes e em todo o tipo de indústrias.

A SEI Investiments, sediada em Oaks, Pensilvânia, é uma presença *maverick* num campo decididamente pouco glamoroso. Basicamente, a empresa funciona como *backoffice* da indústria de gestão de riqueza. Administra mais de 312 mil milhões de dólares em activos de fundos de investimento e de outras empresas de serviços financeiros, trata dos procedimentos e da administração dos departamentos de gestão de activos de cem dos 200 maiores bancos e é uma das maiores gestoras dos gestores das empresas de investimento, com mais de 130 mil milhões de dólares em activos. Trata-se de uma avultada quantia de dinheiro, mas não é uma área muito atractiva e é por isso que a personalidade pública da SEI nunca rivalizará com as da Pixar, do Cirque du Soleil ou mesmo da Southwest Airlines. Mas a personalidade do seu ambiente de trabalho é tão distinta como a das outras organizações de maior visibilidade – e o seu desempenho no mercado é igualmente impressionante.

É difícil imaginar que os escritórios de uma empresa de gestão de activos, localizados a 49 quilómetros de Filadélfia, pudessem ser tão atractivos como o paraíso da animação computorizada de Steve Jobs, mas ver é crer. Instalada em 40,5 hectares de campos e floresta, a sede da SEI parece uma quinta do século XIX, reimaginada pelo ultramoderno arquitecto Robert Venturi. Um longo caminho conduz a uma aglomeração de metal, com edifícios parecidos com celeiros pintados de verde, azul e roxo e ligados por passadeiras rolantes cobertas. Um silo gigante enche a entrada principal, que está repleta de arte vanguardista – incluindo um

enorme cogumelo esculpido que sai de uma parede de tijolo e uma cidade-
-miniatura em pleno Inverno (com um sistema meteorológico próprio)
selada numa caixa em resina acrílica transparente.

A tranquilidade da propriedade, que vai dar a um ribeiro e mantém
a centenária casa de origem, contrasta fortemente com a intensa actividade dentro dos edifícios. Na entrada, as pessoas sobem e descem
a larga escada que corre em espiral pelo silo, enquanto um curador da
SEI guia um grupo de apaixonados por arte ao mesmo tempo que lhes
mostra a colecção. Depois de passarmos a recepção, subindo um curto
lanço de escadas, o local transforma-se numa colmeia altamente tecnológica. A sala ampla e pouco mobilada parece um cruzamento entre uma
fábrica de costura glamorosa e uma sala de transacções financeiras em
Wall Street. Cabos encarnados, amarelos e pretos ("pítons", na gíria da
SEI) descem dos tectos altos para cada secretária – cordões umbilicais
de energia, dados e telecomunicações. Menos óbvia, mas igualmente
importante, toda a mobília (secretárias, armários, mesas de reunião) tem
rodas, preparada para se deslocar através do chão de borracha reciclada
e reconfigurar a empresa rapidamente.

O ambiente de esbugalhar os olhos é uma criação de Al West, o
sexagenário fundador, *Chairman* e CEO, e tem como objectivo mostrar como é que a empresa vê o mundo. "Este lugar envia uma mensagem diária de quem nós somos", diz. "Entra-se e percebe-se. Todos têm
secretárias iguais e trabalham juntos num espaço aberto. Não há uma
hierarquia visível e não há uma hierarquia imposta. A mensagem é: o
mais importante são as ideias e todas ideias são importantes, independentemente de quem as tenha. Aqui não se dá poder; o único poder vem
de fazer as coisas acontecerem."[4]

Na verdade, o ambiente de trabalho pouco convencional da SEI
vai além da transmissão de sinais – trata-se de uma estratégia activa.
A empresa ganhou forma em 1968, quando West criou um negócio a
partir da estranha nova ideia de usar simulações de computador para
dar formação a funcionários bancários. Desde então, a sua empresa tem
prosperado como um disruptor da estratégia clássica – desafiando a con-

corrência e reinventando-se com uma série de tecnologias avançadas e inovações súbitas que redesenharam o negócio da gestão financeira. Estas inovações produziram muitas receitas. O preço das acções da SEI cresceu 15 vezes desde 1990 e registou ganhos anuais médios de 36 por cento desde a sua entrada em bolsa, em 1981. Em 2002, o jornal diário *American Banker*, a "bíblia" dos negócios, chamou a Al West "o mais bem sucedido CEO dos serviços financeiros da última década".*

Este "local de trabalho sobre rodas" contrasta com a forma como a maioria dos serviços financeiros se organizam. O contraste faz parte do território dos *mavericks*. A Pixar faz ondas numa indústria conhecida pelos seus agentes individualistas, ao criar um local de trabalho que aproxima as pessoas. A SEI faz ondas numa indústria onde a hierarquia é muito importante, ao desmantelar as estruturas formais com o objectivo de incubar a capacidade inovadora popular.

"Tendemos a percorrer antecipadamente os caminhos não provados da nossa indústria", diz Carl Guarino, um veterano com 16 anos de casa na SEI. "Não é que sejamos mais espertos ou vejamos mais do que a concorrência; existem outros na indústria que vêem o mesmo que nós vemos. Mas estão mais inibidos pelos seus modelos de negócios e mais preocupados com a reacção do mercado do que nós. A nossa visão é a de que é um risco maior não inovar."

Sem dúvida que a SEI tem muitas das contrariedades de uma tradicional empresa de serviços financeiros, com cinco unidades formais e muitos executivos com títulos pomposos. Mas é a equipa, não o organigrama, que determina quem faz o quê e são os líderes de projecto, não os superiores hierárquicos, que definem as prioridades diárias. Em qualquer altura, os mais de dois mil colaboradores da empresa podem dividir-se até 400 equipas. Cada colaborador pertence a uma equipa "base" e a três ou quatro equipas virtuais (em *part-time*) ou *ad-hoc*

---

* **N.A.** West detém 20 por cento das acções da SEI que estão nas mãos do público e o valor de mercado da empresa ronda os quatro mil milhões de dólares, o que avalia a sua fortuna pessoal em cerca de 800 milhões de dólares – nada mau para um indivíduo cuja empresa cresceu num celeiro.

(temporariamente). Algumas equipas têm poucos elementos, outras até cem membros. Algumas ficam juntas durante meses ou anos, outras desfazem-se numa questão de semanas. As pessoas mudam tantas vezes o seu posto de trabalho - com base na atribuição das equipas – que a SEI até desenvolveu *software* de localização para identificar o paradeiro de cada colaborador, para que os colegas o consigam encontrar.

A informalidade, flexibilidade e pura mobilidade do espaço de trabalho na SEI é o que permite que as equipas se organizem sem que o trabalho na organização entre em ruptura. Esta é uma empresa onde os colaboradores têm voto na matéria sobre aquilo que fazem e onde trabalham. Carl Guarino, por exemplo, esteve em vários dos lugares-chave da organização. Como *Vice-president* executivo, liderou a importante unidade de consultoria em investimento. No entanto, Guarino nunca confiou no poder da sua posição para tomar decisões sozinho. Quando queria que alguma coisa fosse feita, iniciava um projecto, falava com responsáveis de todos os níveis da organização e tentava persuadir potenciais elementos da equipa de que tinha algo em que valia a pena trabalhar.

"Nós rejeitamos a ideia de que aqueles que estão no topo da organização é que têm o poder e que o controlo é feito de cima para baixo. O poder não vem da posição, vem da influência e da capacidade para reunir consenso – não no sentido japonês de unanimidade, mas em termos de participação e apoio necessários para que as coisas se façam."

Guarino recorda um projecto tecnológico de grande escala para o grupo de consultoria em investimento. No evento de comemoração de fim do projecto, apercebeu-se de que menos de metade dos elementos da equipa tinham origem na sua unidade de negócio. "Estou dependente de grandes áreas da organização que não reportam a mim", diz. "Mas nem eu consigo que as pessoas se mexam se o projecto não for visto como inovador ou de ponta. A inovação é a maior motivação que temos. Se não estivermos a levar as coisas numa direcção que signifique alguma coisa, as pessoas tendem a deixá-las ficar em banho-maria. Independentemente da posição de relevo que ocupe na organização, é sempre difícil coordenar os recursos".

Pessoas e desempenho

Consideremos o destino do projecto de desenvolvimento de liderança proposto pelo próprio Al West e lançado por Marcia Noa, chefe da unidade de *media* digital da SEI. Em finais de 1999, a pedido de West, Noa desenvolveu um programa baseado na marca própria de liderança da SEI, criou um "plano de negócio pessoal" para ser usado na organização e iniciou um projecto para pôr em marcha uma série de laboratórios de liderança e dar vida ao seu plano. A iniciativa fracassou. "Não passou no teste de maturidade", admite Noa. "Ou temos de estar mesmo a precisar, ou tem mesmo de haver uma grande aposta para alguma coisa resultar, porque está sempre a acontecer muita coisa ao mesmo tempo. Mas isso não significa que o trabalho tenha sido desperdiçado. Nunca deitamos nada fora". De facto, cinco anos depois de o projecto ter abortado, os colegas de Noa voltaram a interessar-se por ele.

De certa forma, na SEI a aceitação de um caos sob controlo tem o objectivo de deixar explícito o que quase todos numa grande organização sabe implicitamente: as linhas formais de autoridade raramente determinam a forma como as coisas são realmente feitas.

A maior parte da criatividade acontece apesar *da organização e não por causa dela. É por isso que os inovadores de sucesso não pedem o máximo de recursos ou um controlo estrito; eles pedem o máximo de espaço de manobra e o mínimo de burocracias.*

"Uma vez que fazemos todo o nosso trabalho em equipas, trabalharmos juntos é mais importante do que termos pessoas a mandar", afirma o CEO West. "Quando as pessoas não evoluem nesta empresa, não é por causa das chefias, é por causa dos seus colegas. Aqueles que estão sempre a fazer questão de serem vistos pelos chefes, que canalizam os seus esforços para o topo da hierarquia em vez de o fazerem para os seus colegas, são aqueles que não funcionam. Nesta empresa, o sucesso depende directamente da forma como se relaciona com os seus pares."

É um ponto de vista sobre liderança popular que deixaria os autores do manifesto "Staying Extreme", da IBM, verdes de inveja. Na SEI, os líderes mais eficazes transpiram humildade e ambição – *humbição* – e dependem mais do poder de persuasão do que da autoridade formal.

A melhor maneira de se dar bem com os seus pares, especialmente quando se trata de os recrutar para um projecto, é enfatizar o que é que eles e a empresa ganham com isso, em vez daquilo que você ganha com isso.

"Como líder de equipa, não vai ter muita sorte se só quiser pessoas no modo executar", diz Guarino. "Mas se as envolver na estratégia, se lhes der a hipótese de trabalhar com os clientes e de partilhar os créditos, as pessoas vão estar a fazer *lobby* por um lugar na equipa. E da próxima vez que aparecer, irão responder à primeira oportunidade de se envolverem."

É, de facto, uma forma de trabalhar mais confusa, cheia de falsas partidas, sinais cruzados e, muitas vezes, opiniões e prioridades que entram em conflito. Mas West e os seus colegas insistem que há mérito na desorganização, especialmente quando comparada com as alternativas. "Desconfiamos dos programas formais e dos processos pré-determinados", diz o CEO. "Há uma razão para não termos descrições de cargos ou um organigrama. O problema com as hierarquias é que requerem que se prepare tudo por antecipação. E não havia nenhuma maneira de conseguirmos antecipar tudo aquilo que nos correu bem neste negócio".

Como líder, West preocupa-se em garantir que haja um debate, ou mesmo discórdia, dentro da organização, e este estilo exige alguma arte. Literalmente. A paixão do CEO por arte transformou-se numa colecção de 2 500 peças, concentrada em abordagens maduras e inovadoras, mas não necessariamente reconhecíveis – uma colecção que se encontra em exposição no *campus* da SEI. A arte destina-se a provocar debates, não apenas a agradar aos sentidos. "Estamos a tentar desbravar terreno", diz West. "Não é preciso que gostem, mas estou certo de que falarão sobre isso."

Às vezes a conversa aquece tanto que a peça de arte acaba exilada no Hot Hall – um espaço de exposição na cave destinado às obras mais controversas da empresa. Quadros impressionantes (às vezes assustadores), fotografias e esculturas estão rodeados de comentários feitos pelos colaboradores: "Foram longe de mais"; "Perturbados"; "Demasiado esquisito"; "Isto é liberdade de expressão. Se olharmos para as coisas de maneira diferente, poderemos ter uma interpretação completamente oposta".

As regras da conversa estão claramente fixadas nas paredes do Hot Hall. Primeiro, "dêem a vossa opinião". (É possível enviar por *e-mail* comentários sobre qualquer peça; a equipa de arte usa esses comentários para determinar se deve ser transferida para a cave.) Segundo, "continue a falar e oiça o que os outros têm para dizer". (Todos os comentários, positivos ou negativos, são afixados junto da obra de arte.) Por último, "adopte e compre". (Se uma equipa gostar especialmente de uma peça, pode tirá-la do esquecimento e pô-la em exposição, que foi o que fez uma equipa do sector de títulos bolsistas com uma pintura especialmente controversa, repleta de temas islâmicos, chamada *Véus Vermelhos*.) Estas regras são tão relevantes para avaliar novas ideias sobre os mercados e tecnologias como para avaliar arte controversa. A inovação é um negócio confuso; os problemas surgem quando os negócios tornam o mundo da inovação demasiado limpo e arrumado.

Há outro mérito no incentivo de muitas pequenas confusões: tende a evitar grandes desastres. Por que é que tantas empresas prosseguem com projectos que não levam a lado algum, muito depois de eles já deverem estar mortos e enterrados? Porque sobrecarregam estes projectos com recursos financeiros e com o prestígio de uma gestão de topo que depois se tornam demasiado famosos para falhar. Na SEI, as equipas *ad-hoc* desenvolvem as suas ideias sem ajuda até que os resultados justifiquem mais recursos. Isso não só permite à empresa matar ideias fracas sem ser necessário fazer grande luto, como também encoraja os inovadores populares a tentar mais coisas sem um grande receio de falhar.

"Para nós, começar algo novo significa algumas pessoas e algumas secretárias", afirma Carl Guarino. "Esta postura diminui as barreiras à inovação em termos de capital financeiro e psicológico. Nós abordamos tudo o que fazemos como se estivéssemos a incubar um pequeno novo negócio. Quando se começa por alocar muito dinheiro para qualquer coisa, acaba por se criar muita pressão para produzir resultados imediatos. Tem de ser um grande sucesso para justificar o investimento. Nós pomos algumas pessoas a trabalhar nisso e logo se vê o que acontece."

Este modelo fortemente disseminado de inovação e de crescimento – tentar uma porção de coisas e ver o que acontece – é também uma boa descrição do desenvolvimento das carreiras na SEI. A empresa é reconhecida como um empregador modelo (entrou cinco anos consecutivos na lista da *Fortune* das "100 Melhores Empresas Para Se Trabalhar"), mas não é de todo um empregador fácil. Os melhores desempenhos são de pessoas que estão mais confortáveis com a mobilidade extrema e a responsabilidade pessoal – indivíduos que conseguem transferir o espírito aberto do Hot Hall para os corredores em permanente movimento da organização.

"É responsável pela sua carreira", diz o CEO West. "Precisa de olhar para ela como se fosse um negócio. O que é que quer que aconteça? Como é que quer ser conhecido? Nós encorajamos e recompensamos as pessoas por se movimentarem e não por trabalharem apenas numa área. Pode ficar num sítio e tornar-se um especialista e um líder. Pode ter uma boa carreira assim. Mas uma boa carreira tem tudo a ver com movimento".

Reveja o CV da maioria dos veteranos da SEI e verá uma trajectória repleta de cantos pontiagudos e reviravoltas imprevistas. Veja-se o exemplo de Guariano: começou como chefe do departamento jurídico, posição que ocupou durante seis anos, e depois fez pressão para liderar o centro de TI da empresa (sem experiência anterior). Após 18 meses na área das Tecnologias de Informação, criou um novo cargo para si próprio no desenvolvimento de novos negócios. Após seis anos nessa função, West convidou-o a chefiar a unidade de consultoria em investimento.

Marcia Noa tem um passado igualmente diversificado. Começou como uma entusiasta das novas tecnologias, gerindo a instalação de vastos sistemas informáticos para clientes da indústria bancária e criando *software* fiscal e regulatório. Vários anos depois, mudou para trabalhar com West na mudança organizacional, com especial enfoque na aprendizagem e nas comunicações. No decurso desse trabalho, lançou vários projectos, incluindo uma operação de *media* digital que funciona como um negócio interno. "É o oposto do tradicional arco de progressão na carreira, em que sabe que alcançou o sucesso quando pode descansar sobre os louros obtidos", afirma Noa. "Aqui sabemos que atingimos o sucesso se continuamos a ser puxados para situações de desorganização".

É mais um exemplo de como um ambiente de trabalho "desordenado por medida" serve de base a uma estratégia disruptiva no mercado. "Os colaboradores desta empresa estão habituados a sair da zona de conforto, a encontrar os seus limites e a lidar com isso", explica Al West. "É uma importante experiência de aprendizagem para o indivíduo. Passar algum tempo nos departamentos de vendas, recrutamento, tecnologia e gestão de projectos em diferentes unidades dá origem a melhores empresários. E cria muita flexibilidade, rapidez e inovação dentro de toda a organização. Vencer é ser capaz de mudar tão depressa, ou ainda mais depressa, do que o mundo. É isso que estamos preparados para fazer."

De colaboradores a proprietários
– todos somos pessoas de negócios

Existe pelo menos um princípio que liga todos os ambientes de trabalho únicos que explorámos nos últimos dois capítulos: empresas que estão determinadas a perceber o que é que faz os seus colaboradores funcionarem e a fazê-los compreender aquilo que faz a própria empresa funcionar. Quer seja na Southwest Airlines, na Pixar ou na SEI Investiments, não há lugar para os talentos que não conseguem ver além das suas especialidades limitadas.

> *No interior das organizações motivadas pelas ideias e centralizadas no talento, espera-se que todos pensem como pessoas de negócios. Mesmo as "estrelas" mais brilhantes têm de compreender o seu lugar na constelação mais alargada dos negócios.*

Na Cranium, por exemplo, Jack Lawrence, o CFO da empresa (conhecido como "Professor Lucro") organiza reuniões para rever, explicar e interpretar o desempenho operacional da empresa. As sessões, como a maior parte das coisas na Cranium, têm um nome divertido, mas têm tudo a ver com negócios.* De dois em dois meses, Lawrence instrui toda a gente na organização sobre os intricados detalhes dos orçamentos, da venda a retalho, dos rácios financeiros, do *cash flow* – o que se traduz na forma como a empresa ainda não cotada em bolsa é valorizada numa base de "preço por acção".

É o tipo de apresentação "sem nada a esconder" que deve ser (e é) feita ao Conselho de Administração – só que neste caso, cada um na Cranium revê os números e percebe como é que a sua eficiência e produtividade no negócio dos jogos influencia o grande jogo dos negócios no mercado financeiro. "No final destas reuniões, fazemos uma lista das dez principais prioridades em que todos na empresa deviam estar concentrados", diz Lawrence. "Todos sabem que se não estiverem concentrados nessas prioridades, estão concentrados nas coisas erradas."

Mesmo uma estrutura de espírito aberto como o Cirque du Soleil instrui as suas "estrelas" criativas sobre o rigor dos negócios e das suas operações mundiais. Todos os anos, o *President* Daniel Lamarre percorre o mundo para partilhar detalhados resultados financeiros com cada elemento da organização. Ele visita o elenco e a equipa dos espec-

---

* **N.A.** As reuniões chamam-se, por razões demasiado complicadas para explicar aqui, "O Cheesecake da Minha Tia Peggy". E, sim, envolvem cozinhados.

Pessoas e desempenho

táculos permanentes em Las Vegas e Orlando e encontra-se com os elementos de cada um dos espectáculos em digressão algures no mundo. Esta viagem dura quase um mês, mas Lamarre acredita que gera muitas receitas ao nível de compromisso e de vontade de manter o espírito aberto sobre novas missões, novas exigências e novos espectáculos.

Se a Formação Geral é elaborada para transformar atletas em artistas, as apresentações de Lamarre são elaboradas para dotar despreocupados artistas de sérias noções de negócio. "Sou muito transparente sobre o nosso desempenho financeiro", afirma. "Estamos a ter um lucro saudável e não sou tímido em relação a isso. Todos sabem que um por cento das nossas receitas – não do lucro, das receitas – se destina a mudarmos o mundo. Também compreendem que partilhamos os lucros com todos. E estamos a investir muito dinheiro dentro da organização, de forma a produzirmos novos espectáculos."

Estas são técnicas informais (e muito informativas) para fazer os artistas mergulharem no funcionamento diário da organização – técnicas que se adaptam a culturas pouco convencionais como as da Cranium e do Cirque du Soleil. Em empresas mais tradicionais, que se empenham de forma ainda mais rigorosa em ensinar a todos os colaboradores a pensar como uma pessoa de negócios, os resultados podem ser ainda mais poderosos – e as lições sobre negócio ainda mais reveladoras.

Há um caminho muito longo entre a sede CHIFF da Cranium ou o Grand Chapiteau do Cirque du Soleil e a "tundra gelada" de Green Bay, Wisconsin, mas é lá que encontramos outro ambiente de trabalho realmente distinto – que realça o que é que pode acontecer a um negócio quando toda a gente compreende o que faz o negócio viver.

Dick Resch, *President* e CEO da KI Industries (antiga Krueger International), assumiu o controlo da empresa nos anos 80, quando era uma fabricante minúscula de mobiliário de escritório (com receitas anuais de 45 milhões de dólares), banal e praticamente desconhecida. Desde então, ele implementou uma transformação da sua presença no mercado – uma transformação que resultou num crescimento sustentado das vendas, dos lucros e do valor em bolsa. A empresa ainda não é tão grande como a Steelcase, a Herman Miller ou a Haworth – os três bem conhecidos gigantes mundiais do mobiliário de escritório. No entanto, durante os últimos 15 anos, a KI subiu de 25º para 5º lugar na lista das maiores empresas do sector – um percurso digno de nota num negócio em que as palavras devagar e firme definem a corrida competitiva.

É difícil superar a escala e o carácter da transformação da KI. O primeiro produto feito pela empresa, que nasceu em 1941, foi uma cadeira metálica desdobrável. (A empresa ainda vende um milhão de cadeiras desdobráveis por ano.) Resch assinou contrato como jovem executivo em 1964, quando a empresa registava vendas de apenas quatro milhões de dólares. A moderna KI tem 3 500 colaboradores, receitas anuais de 600 milhões de dólares e uma posição de liderança em vários mercados muito atraentes e muito exigentes, fornecendo desde *campus* universitários (onde é o líder incontestado) a gigantes como a Microsoft e a Sun Microsystems. (A KI fornece cerca de 90 por cento do mobiliário da Microsoft, um poderoso voto de confiança de um dos maiores competidores mundiais.)[5]

Em geral, o segredo da prosperidade da KI tem sido a sua agilidade. Numa indústria onde a maior parte das empresas depende de terceiros para vender os seus produtos uniformizados a uma vasta gama de clientes, a KI identifica clientes em mercados seleccionados – incluindo os cuidados de saúde, o Governo, o ensino superior e as tecnologias de ponta – e fornece mobiliário feito à medida (às vezes desenhado a partir do zero) que responde às necessidades específicas dessas organizações. O modelo de desenvolvimento da empresa assenta na rápida elaboração de protótipos e numa revisão frequente, de forma a entregar produtos altamente personalizados.* Resch e os colegas chamam-lhe uma estratégia de "mercado de um" e isso tem feito da empresa uma força recomendável neste mercado.

---

* **N.A.** Um exemplo é o chamado Wharton Lectern, desenvolvido de raiz para satisfazer as exigências da Wharton Schooll. A KI passou meses a trabalhar com a escola para desenhar um palanque para as aulas que pudesse incluir todas as últimas tecnologias de ensino, mas que também tivesse uma aparência elegante. Wharton encomendou 50 ou 60 desses palanques (não tem muitas salas de aula), que são agora um produto muito desejado pelas escolas e universidades de todo o país.

Pessoas e desempenho

O próprio Resch tornou-se uma espécie de herói popular em Green Bay, disponibilizando a sua riqueza pessoal (e os recursos da empresa) na ajuda à construção do Centro Resch, um anfiteatro com dez mil lugares, e o Centro de Convenções KI, uma construção de 150 quilómetros quadrados. O Centro Resch é uma versão melhorada do Lambeau Field, o lendário estádio dos Green Bay Packers. De facto, é difícil superar a importância que os Packers têm para os cidadãos de Green Bay – incluindo Resch. Ele e outro executivo de topo organizaram a angariação de fundos para construir o Bart Starr Plaza no exterior do Resch Center, um tributo ao *quarterback* e treinador da equipa, complementado com uma escultura de 22 metros de altura. Durante os últimos 15 anos, mais ou menos, Resch tem vivido na casa que era de Starr durante os seus dias de glória nos Packers.

Mas quando se visita Green Bay e se passa algum tempo na KI, o seu *President* e CEO está menos interessado em recordar Vince Lombardi e Jerry Kramer ou em mostrar os novos produtos desenvolvidos para Silicon Valley e para a Ivy League[*] do que em explicar como os 3 500 colaboradores mergulharam na estratégia e nas operações da empresa e como essa transformação do local de trabalho promoveu os progressos da empresa no mercado. Dito de forma simples, a KI não conseguiria envolver-se tão profundamente com os seus exigentes clientes de elite se os colaboradores não estivessem tão envolvidos nos pormenores do negócio.

Como é que Resch, que fez 67 anos pouco antes da nossa visita, descreveria o legado daquilo que a KI construiu? "Tem a ver com liberdade e responsabilidade", diz. "Quando entrei na empresa, havia três accionistas. Eles eram proprietários de tudo e não havia informação sobre a nossa situação financeira. Na verdade, o meu chefe até lia a minha correspondência! Hoje, todos os colaboradores da empresa são proprietários dela, directamente ou através de acções nas suas contas reforma, e eu tentei ensinar a todos, até aos técnicos na produção, como

---

[*] **N.T.** Grupo das oito universidades mais prestigiadas dos EUA: Brown, Columbia, Cornell, Dartmouth, Harvard, Pennsylvania, Princeton e Yale.

é que devem pensar como pessoas de negócios. E aqui não há segredos. Todos têm acesso a qualquer dado que necessitem para fazer o seu trabalho e para ajudar a gerir o negócio."

Resch fala com a reserva e humildade que se espera de alguém que fez a sua fortuna no interior dos EUA. Mas não se deixe enganar pelo comportamento calmo. Ele é cem por cento *maverick* e aquilo que concebeu no local de trabalho da KI são lições importantes para todo o tipo de empresas no que diz respeito às formas mais produtivas e mais justas de trabalho.

Consideremos a questão da propriedade. Nos anos 80, Resch protagonizou um número de alto risco, ao transferir a propriedade da KI de um pequeno número de executivos seniores para a totalidade dos colaboradores. É uma história complicada, que envolveu medições de forças com bancos de investimento de Wall Street, bem como outras manobras de alto risco. Mas o resultado é que nos últimos 15 anos a KI tem sido uma empresa detida pelos seus colaboradores e o seu sólido crescimento enriqueceu todas as fileiras da empresa. Milhares de gestores e de colaboradores partilham pessoalmente o valor que ajudam a criar.

Além disso, todos sabem quanto é que as suas acções valem. Apesar de a KI não estar cotada em bolsa, o Credit Suisse First Boston faz uma avaliação anual da KI como se fosse uma empresa cotada em bolsa. Em 1981, as acções da KI tinham um valor unitário inferior a dez cêntimos de dólar. No final de 2004, mesmo depois da desastrosa quebra no sector do mobiliário de escritório após o estoiro da bolha das *dot-com*, os títulos da KI estavam cotados num máximo histórico de 27 dólares. Isso corresponde a taxa de rendibilidade anual de mais de 30 por cento durante 24 anos – um desempenho que fazia a inveja de praticamente qualquer empresa, independentemente do sector onde operava.

Pessoas e desempenho

Não é de surpreender que os gestores e os colaboradores estejam desejosos de adoptar um "espírito de propriedade" em relação ao negócio quando, de facto, possuem parte dele.*

Mas esta participação é ainda mais significativa quando os "colaboradores-proprietários" também estão por dentro dos detalhes operacionais do negócio – quando analisam detalhadamente a forma como as linhas de produtos e os mercados estão a aumentar os orçamentos, quais as fábricas que estão a ser geridas de forma mais eficaz, que clientes estão a sentir problemas de qualidade ou atrasos nas entregas e todos os outros factores de curto prazo que dão origem a receitas de longo prazo. Na KI, os colaboradores têm acesso a este tipo de informação através de outra das inovações de Dick Resch – um encontro mensal para "arregaçar as mangas e olhar para os números" que se chama "Encontro Heath". (A reunião foi assim designada com base na Heath Corporation, uma empresa de consultoria em Milwaukee que reúne e organiza os dados.)

Estivemos presentes na reunião de Junho de 2005. Era, disse Resch com óbvio orgulho, o 384º encontro mensal para rever os detalhes operacionais da empresa. "Estamos finalmente a apanhar-lhe o jeito", brincou. Uma sala de conferências atraente e ultramoderna (o que não surpreende numa empresa de mobiliário de sucesso) estava sobrelotada com executivos e gestores de primeira linha dos departamentos de vendas, *marketing*, desenvolvimento de produto, finanças e produção – todos os cantos e recantos da KI. Com pouca pompa e circunstância, Resch deu início à ordem de trabalhos – assim começou um dilúvio de três horas de dados, questões, informação de mercado, piadas e lições de História que foram intensas, divertidas e (pelo menos para um visitante) extenuantes. Para este encontro, a Heath produziu 850 gráfi-

---

* **N.A.** Não há *stock options* na KI. Os gestores e os colaboradores têm acções verdadeiras nas suas contas reforma, num valor total de 150 milhões de dólares. Uma vez por ano, os colaboradores têm oportunidade de comprar acções da KI para seu património pessoal, com fins que não a reforma. O mínimo de títulos que podem adquirir é o correspondente a dez mil dólares. Os colaboradores podem vender acções de volta à empresa em qualquer altura, ao preço de mercado.

cos e o grupo viu quase 400 deles a alta velocidade. Por detrás de cada informação sobre uma linha de produtos, um cliente ou o preço de uma matéria-prima havia cinco anos de dados históricos que podiam ser acedidos com um clique do rato. Parecia o equivalente a uma torre de controlo de tráfego aéreo – muitos a tentar perceber muita informação num curto espaço de tempo.

Resch falou pouco. O objectivo do exercício, explicou, era os gestores da KI avaliarem os resultados, identificarem as questões mais urgentes e pensarem em como as poderiam resolver.[*] Os participantes, independentemente do seu estatuto ou idade, lançaram-se no debate. Foram duros nas suas avaliações de um novo produto que não estava a corresponder às expectativas: "É apenas uma cadeira normal, não tem nada de especial". Confirmaram a popularidade de um produto criado para a KI por um *designer* italiano: "Nunca pensei que esta coisa fosse vender. Agora está a rebentar a escala". Trocaram informações sobre contratos e projectos das Finanças e do Departamento de Censos, das escolas públicas de Los Angeles e da Associated Press. Havia preocupações sobre a subida do preço do aço e os potenciais atrasos causados pelo envio de sete camiões cheios de aço de categoria inferior para uma das fábricas.

A sessão provocou uma esclarecedora apreciação do bom trabalho que a KI estava a realizar e dos segmentos do negócio que necessitavam de ser melhorados com mais urgência. Resch enfatizou dois outros pontos sobre este tipo de operações. A disciplina de manter estes encontros todos os meses, durante 384 meses seguidos, representa uma educação avançada em negócios. ("É uma experiência de aprendizagem partilhada", diz. "Na qualidade de CEO, é-me de grande utilidade explicar a todos quais os tipos de alavancas que podemos puxar para sermos rentáveis a longo prazo".)

---

[*] **N.A.** No topo da agenda de cada encontro mensal está um aviso com os dois objectivos principais. Primeiro, "ajudar cada participante a desenvolver um ponto de vista empreendedor". Segundo, "tornar cada participante um gestor de departamento e/ou um CEO. Cada participante deve desenvolver as capacidades necessárias para compreender como é que se dirige um negócio".

Pessoas e desempenho

Igualmente importante é o facto de estas reuniões mensais darem origem a outras sessões de acompanhamento através dos diferentes níveis da organização. Os gestores de produção revêem os dados e as histórias de guerra com as equipas de autogestão que operam nas linhas de produção da empresa, e os *designers* reúnem-se para descortinar o impacto do Encontro Heath daquele mês nas suas prioridades para o desenvolvimento de produtos.

A KI consegue ser mais ágil no mercado porque criou um local de trabalho envolvente e muito bem informado – repleto de colaboradores que são proprietários de parte do negócio e que desenvolveram uma percepção clara de como todo o negócio funciona. "Lembro-me de quando me permitiram, após dois ou três anos na KI, comprar uma pequena parte da empresa", diz Resch. "Achei que era o melhor dia da minha vida. Tentámos estender esse sonho a toda a gente. Eu sou um gestor quantitativo, motivado pelos números. Gosto de me sentir bem por dentro, mas gosto realmente de resultados. E o poder de uma empresa empreendedora, propriedade dos seus colaboradores, com total liberdade de informação – é um fenomenal aparelho competitivo".

Pode ser uma forma fenomenal de competir, mas não é uma ideia fenomenalmente complicada. É assim que tem sido com todas as organizações que abordámos nos últimos dois capítulos. Em termos de factor humano nos negócios, há poucas inovações progressistas ou conhecimentos inéditos. Há apenas novas e empolgantes respostas a velhas (e muitas vezes por colocar) questões.

O que é que faz os bons profissionais darem o seu melhor? Que tipo de pessoas tende a resultar muito bem dentro da organização? De que forma é que os talentos dão o seu melhor? Agora é altura de deitar mãos à obra. Analise a forma como este grupo de empresas *maverick* funcionam, reflicta sobre como é que a visão que elas têm do local de trabalho se relaciona com a sua posição no mercado e pergunte a si mesmo: O que falta à minha empresa para funcionar assim?

respostas a cinco perguntas simples poderá ajudá-lo a pôr em prática aquilo que defende.

1. Por que é que os talentos devem entrar para a sua empresa?

Os melhores líderes compreendem que o dinheiro não é a principal motivação dos melhores colaboradores. Os profissionais excelentes querem trabalhar em projectos empolgantes. Os profissionais excelentes querem sentir que são jogadores de impacto nas organizações onde trabalham. Os profissionais excelentes querem estar rodeados de pessoas como eles – e que os desafiem.

Dito de forma simples, os profissionais excelentes querem sentir que fazem parte de algo maior do que eles próprios.

Nos primórdios da história do Google, muito antes de este motor de busca se ter tornado no sinónimo do renascimento da economia da Internet, os fundadores da empresa deixaram claro que consideravam a questão do talento um ponto fulcral da sua estratégia para o futuro. Assim, publicaram uma lista com as dez principais razões pelas quais os melhores investigadores, programadores de *software* e responsáveis de *marketing* do mundo deveriam trabalhar no Googleplex – e nem uma única vez mencionaram *stock options* ou bónus. Segunda razão: "A vida é bela. Fazer parte de algo que é importante e trabalhar com produtos em que acredita transmite uma grande realização". Sétima razão: "Uma boa empresa em todas as suas dimensões. Entre os colaboradores do Google contam-se pessoas que já foram neurocirurgiões, CEO, campeões norte-americanos de concursos de *puzzles*, fuzileiros e até indivíduos que ganhavam a vida a lutar com crocodilos". Nona razão: "Os corajosos vão onde ainda ninguém foi. Há centenas de desafios ainda por resolver. As suas ideias criativas têm importância para nós e merecem ser exploradas".[1]

Qual é a sua versão da lista *top ten* do Google?

> *Definiu – clara e rapidamente, numa terminologia que reflecte o espírito da sua organização – os motivos mais importantes para que os talentos trabalhem na sua equipa, no seu departamento, na sua empresa? Se assim não foi, então esse é um excelente projecto no qual pode começar a trabalhar na segunda-feira de manhã.*

2. Reconhece um talento quando o vê?

Da Southwest Airlines à Yahoo ou à SEI Investments, os locais de trabalho são diferentes, mas os princípios orientadores são os mesmos: a personalidade conta tanto como as credenciais. Por outras palavras, nas organizações que querem verdadeiramente competir ao nível do talento, quem se é como pessoa é tão importante como os seus conhecimentos num determinado momento no tempo. Nos negócios, existe uma lógica prática para esta mentalidade emotiva. As empresas que se diferenciam na forma como idealizam a criação de valor nos seus mercados precisam de colaboradores cujos valores estejam alinhados com a estratégia. É por isso que a Southwest procura o "espírito guerreiro" e a Yahoo procura programadores e *marketeers* com o "gene Y".

É também por isso que os criadores do programa Extreme Blue da IBM exigem que as suas "estrelas" em ascensão mergulhem em profundidade no manual "Staying Extreme". Claro que a Big Blue quer atrair programadores e estrategas empresariais de renome mundial. Mas apenas quer indivíduos talentosos que compreendam como se consegue que o trabalho seja feito numa enorme multinacional. Os documentos "Staying Extreme", com um nível de pormenor inacreditavelmente elevado (e em linguagem prática) são uma imagem do carácter competitivo que faz a IBM funcionar.

O manual dá ênfase aos indivíduos que "lideram a partir da frente": "lembre-se que, independentemente das pessoas para quem trabalha, elas também trabalham para si. Não é um empregado de mesa. Tem a responsabilidade de desenvolver conhecimentos e tentar convencer os

CAPÍTULO 12

Mensagens *maverick* (IV): pôr em prática as competências dos seus colaboradores

É fácil concordar que a qualidade do desempenho de uma empresa nunca consegue ser superior à dos seus colaboradores. No entanto, já não é assim tão fácil descobrir a forma de atrair mais do que a parte a quem tem direito de "estrelas" da sua indústria. Nem tão pouco é fácil saber onde as procurar (especialmente se elas não estiverem à sua procura) e saber como incentivar esses talentos a trabalhar em conjunto. Por outro lado, precisamente por tantas empresas serem tão medíocres ao nível do factor humano no mundo dos negócios, não é necessária uma inovação revolucionária para sobressair da multidão e ultrapassar a concorrência.

Visitámos – literalmente – centenas de locais de trabalho ao longo dos anos e é sempre muito óbvio (e, infelizmente, raro) quando as empresas são tão criativas e rigorosas ao nível do factor humano quanto o são noutras áreas do negócio.

Muitas vezes, a prova está mesmo à nossa frente – na expressão do rosto de um colaborador. Na sede visualmente cativante da Wieden+Kennedy, a primeira coisa que vê quando abre o gigantesco portão de rede de aço é uma parede com fotografias. Não fotografias das "estrelas" desportivas ou das celebridades que fazem as campanhas icónicas da agência, nem imagens dos fundadores da agência com clientes de gabarito ou astros políticos, nem tão pouco amostras de trabalhos premiados. Em vez disso, a parede, que acompanha uma vasta escadaria de cimento que leva à recepção no segundo piso, está coberta de retratos a preto e branco de colaboradores de base. Cada um dos 300 colaboradores da agência sediada em Portland, desde os famosos directores criativos aos contabilistas e produtores da área de Internet, é retratado numa pose única – vestido com uma indumentária bizarra, a fingir que toca guitarra, a segurar uma flor entre os dentes ou apenas fingindo uma postura empertigada. A mensagem é tão simples quanto significativa: esta é uma organização construída à volta dos indivíduos que a povoam.

A sede de Montreal do Cirque du Soleil transmite uma mensagem semelhante. Um dos elementos mais impressionantes deste complexo fantástico é uma galeria de moldes de cabeças em gesso branco. Tem tudo a ver com os elencos da empresa: assim que um artista é escolhido para um espectáculo, tem de passar por um laborioso (e desconfortável) processo de duas horas para se criar um molde da sua cabeça. Este molde é uma necessidade para o departamento de guarda-roupa que, muitas vezes, tem de inventar novos chapéus ou máscaras de substituição para artistas do Cirque que estão a milhares de quilómetros de distância. Mas os moldes também são um retrato de como o Cirque trabalha. Uma face chinesa, redonda e com um pequeno sorriso, o rosto de um europeu de Leste, com sobrancelhas fartas e um largo sorriso, a cabeça de uma criança. A exposição é uma clara celebração da diversidade e individualidade. Também é, segundo Gabriel Pinkstone, *Vice-president* de produção do Cirque, "uma forma de nos lembrarmos porque estamos aqui – não para criar uma máquina burocrática, mas para criar trabalhos imaginativos".

Estes são dois pequenos exemplos de um factor mais alargado: existe uma diferença entre defender o factor humano no mundo dos negócios e treinar as competências das pessoas que moldam o carácter competitivo dentro sua empresa. Está tão determinado a sobressair no mercado de talentos como no mercado dos produtos ou ainda trata o talento como um elemento de menor importância da empresa? Ser honesto nas seus colegas, colaboradores e gestores a irem nessa direcção. Nem sempre conseguirá levar a sua avante, mas é crucial que mantenha o hábito de seguir o que está na agenda. Não espere apenas que alguém lhe diga o que fazer. Compreenda os negócios dessas pessoas e depois diga-lhes o que está a fazer para as ajudar a vencer", refere o manual.

O "Staying Extreme" destaca quem adopta "a disrupção com um objectivo": "todas as organizações – até mesmo as *start-ups* com apenas um ano – mantêm regras de conduta e pressupostos relativamente ao que é certo e errado, com base no passado", explica o manual. "Nesta altura, é provável que espere que lhe digamos que deve começar a eliminar estas regras de imediato. Não exactamente. Muitas das experiências que deram origem a essas regras são perfeitamente válidas na conjuntura actual – e até mesmo na do futuro. É certo que o ensinaram a não aceitar qualquer pressuposto como definitivo. Contudo, não deve cair no mais comum de todos os pressupostos: o de que as práticas ou regras aparentemente descabidas são realmente descabidas".

Sabe quais os valores que mantêm as suas "estrelas" do desempenho – e como encontrar mais profissionais que partilhem esses valores? Seria capaz de escrever um manual simples e directo – a sua versão do "Staying Extreme" – no qual explicasse as opções mais produtivas de estas "estrelas" fazerem a diferença dentro da sua organização?

---

3. Consegue encontrar talentos que não estão à sua procura?

É um dado adquirido, mas muitas vezes esquecido: os colaboradores mais talentosos estão tendencialmente em empregos de que gostam, a trabalhar com quem gostam e em projectos que continuam a desafiá-los. Por isso, os líderes que se contentam em encher as suas organizações com quem anda à procura de novos empregos arriscam-se a atrair profissionais descontentes e medíocres. O truque (e o desafio) é atrair o que se tem designado por candidatos passivos – quem não irá trabalhar para si, a menos que se esforce muito para os convencer de que vale a pena. O recrutador *maverick* Michael Homula deleita-se com o empolgamento da procura e inventou técnicas agressivas para contratar excelentes profissionais com óptimos empregos. Os caça-talentos do Cirque du Soleil poderão ser menos combativos que Homula, mas não são menos sagazes. Eles compreendem que o Cirque não consegue contratar todas as "estrelas" em ascensão assim que estas são descobertas. Por isso, contrata artistas talentosos quando estes estão disponíveis e não apenas quando o Cirque tem uma vaga para preencher.

Em resumo, estabelecer uma ligação com talentos nem sempre significa conceber medidas extraordinárias para os conquistar. Pense-se em algo tão simples como os anúncios classificados. Ao longo dos anos, até as empresas mais desenvolvidas que conhecemos puseram anúncios de procura de candidatos. No entanto, a característica esclarecedora dos seus anúncios reside no facto de serem tão *pouco convencionais*. Eles dão ênfase à personalidade em detrimento das credenciais e destacam a forma como a empresa trabalha e não onde o indivíduo poderá vir a trabalhar.

A Southwest Airlines consolidou a reputação de oferta de um serviço exuberante (por vezes bizarro) logo no início do seu percurso, ao transmitir aos potenciais colaboradores a cultura animada que estava a tentar criar. O co-fundador e mais tarde CEO, Herb Kelleher, posou para um anúncio vestido de Elvis. No texto podia ler-se: "Quer trabalhar num local onde Elvis já foi visto? Qualificações pretendidas: Pessoa expansiva. Um pouco excêntrica. Prepare-se para ficar algum tempo. Se lhe parece bem, envie-nos o seu CV. Ao cuidado de Elvis".[2]

A vida na SEI Investments também pode revelar-se bizarra, pelo menos tendo em conta os padrões das empresas de serviços financeiros. Assim, quando recruta licenciados de alto nível para o seu prestigiante programa de associados, utiliza um anúncio que diferencia o programa (e a empresa) das firmas convencionais de Wall Street. Pode ler-se: "Designação do cargo: irrelevante". E prossegue: "Nome da equipa: qualquer um". Em seguida, apresenta uma "descrição de funções" que na realidade não descreve um cargo específico: "Na qualidade de candidato, não será informado acerca de alguma vaga ou vagas específicas que estejamos a procurar preencher. Não irá ter uma reunião com o seu futuro líder de equipa e não será feita qualquer referência ao seu bem traçado 'percurso profissional' (...) Este anúncio poderá parecer estranho quando comparado com as descrições formais de emprego e 'programas' publicitados por potenciais empregadores. Mas encare isto como nós: Se soubesse, em Setembro, que função iria desempenhar em Agosto do ano seguinte, que grau de importância é que essa função poderia ter?"

Consegue criar um anúncio à antiga, mas que capte as ideias modernas em torno das quais o seu local de trabalho está organizado? Consegue torná-lo divertido? Consegue torná-lo refrescante? Consegue torná-lo suficientemente apelativo para atrair a atenção de profissionais talentosos que não estão à procura de um novo emprego?

---

4. Apresenta um nível de excelência no modo como explica aos talentos de que forma é que a sua organização funciona e vence?

Mesmo os especialistas a quem é exigido um maior grau de concentração (programadores, *designers*, animadores) apresentam resultados muito melhores quando têm em conta o funcionamento do negócio no seu todo, bem como aquilo que determina se a empresa ganha ou perde no mercado. Em certa medida, o que está em questão é saber se pode partilhar com os outros as demonstrações financeiras: Será que todos conseguem aprender a pensar como uma pessoa de negócios? Mas a grande questão é a da compreensão partilhada: Será que as pessoas inteligentes conseguem fazer com que os restantes colaboradores da organização compreendam melhor o negócio?

Das empresas que conhecemos, a Pixar é a que dá a resposta mais inteligente a esta questão – e não apenas nas salas da sua universidade.

Um dos mantras favoritos de Randy Nelson é inspirado na terminologia da gestão da qualidade total: "Avalie e mostre". A Pixar "assinala constantemente aquilo que estamos a fazer e onde estamos, visualmente, para que todos possam ver", explica Nelson. "Aqui não é dada informação às pessoas; elas esbarram na informação".

O orçamento temporal representado nos "paus de gelado", que ajudou a manter *Os Incríveis* dentro do calendário previsto, é um pequeno exemplo da abordagem "avalie e mostre" aplicada à aprendizagem e ao trabalho. Também são exemplo disso as "feiras científicas" da empresa, que têm lugar no final de cada filme. As feiras correspondem a uma semana de reuniões em torno de determinados tópicos, perguntas e respostas e demonstrações. Tal como na Pixar University, cada elemento da organização é convidado a participar em todas as sessões, que se concentram nos progressos técnicos e em lições sobre resolução de problemas. A semana também inclui divertimentos e jogos, como a caça – de escafandro – ao tesouro de artefactos aquáticos depois de concluído o filme *À Procura de Nemo*. Uma forma de tratar todos como realizadores é ensinar-lhes aquilo que a empresa aprendeu com o seu último filme.

De certa forma, a vida diária na Pixar é uma espécie de feira científica contínua. Uma colecção de pinturas, esculturas, esboços e colagens cobre as paredes e estende-se até aos recantos mais longínquos do complexo Pixar. Não se trata de mero *decor* – é uma forma de inspiração e comunicação. As principais artérias do segundo andar servem de galerias. A East Gallery é dedicada à arte inspiradora das estreias do momento, incluindo desenhos e modelos em barro, a três dimensões, de personagens e cenários. A West Galery apresenta exposições temporárias de arte criada pelos colaboradores – que são autênticas vitrinas da "identidade secreta" e das "paixões pessoais" dos "pixarianos".[3]

Pendurados nas paredes, encontramos guiões baseados em imagens a cores de cada um dos filmes da Pixar. As pinturas – alternadas entre a representação da fragilidade (*Uma Vida de Insecto*, em tons pastel) e da imensidão (*Os Incríveis*, em vinte painéis enormes e bastante coloridos) – ilustram o tom e o ritmo de cada filme e lançam alguma luz sobre o seu enredo. O átrio, no andar superior, apresenta o "Recanto da História" – uma exposição multimédia que desconstrói a arte dos enredos dos filmes animados. Esta exposição é completada com a simulação interactiva de um *story board* feito em computador – neste caso, com a projecção, numa parede, da versão preliminar do filme *À Procura de Nemo* e várias versões do guião animado suspensas por um cordel.

Estes elementos visuais comunicam numa linguagem que todos os "pixarianos" falam – a linguagem da arte. "Fazemos espectáculos de marionetas num computador. Esta arte é a nossa linguagem de *design*. Capta os sentimentos do filme. Isso é crucial quando se tem vários artistas e técnicos com visões distintas a trabalhar num projecto. Para nós, tem a ver com mostrar e não com contar. Maximizamos a fidelidade, mantendo tudo sob a forma visual".

5. A sua organização funciona de uma forma tão diferenciada como compete?

É uma questão simples com grandes implicações na produtividade e no desempenho. Os líderes que estão determinados a promover o factor humano nos negócios sabem que o verdadeiro trabalho começa assim que os talentos entram pela porta. O *maverick* dos Recursos Humanos, John Sullivan, explica-o da melhor forma: "As 'estrelas' não trabalham para incompetentes". À medida que enche a sua organização de "estrelas", cabe-lhe mantê-las alinhadas – as organizações mais eficientes com que mantivemos contacto são as que dominam continuamente a interacção entre as "estrelas" e os "sistemas".

Isso significa redefinir alguns dos elementos mais ignorados e menos valorizados na vida da organização. É por essa razão que a SEI Investments concebeu um modelo tão pouco ortodoxo de organização do trabalho e de reorganização das equipas. É por essa razão que a KI Industries investe tanto tempo e energia – e que o CEO Dick Resch fez uma aposta financeira tão arriscada – a ensinar os colaboradores (que são simultaneamente proprietários da empresa) a pensar como pessoas de negócios experientes. É por essa razão que o Commerce Bank deu um novo alento a algo tão elementar (e maçador) como a orientação dos colaboradores. Se quer que os talentos dêem o seu melhor, é lógico que tem de lhes criar as condições de trabalho certas assim que eles entram na empresa.

"Quando tem um curso de orientação noutros bancos, está oito horas a ouvir falar sobre políticas e procedimentos, oito horas sobre como pode ser despedido", diz Dennis DiFlorio, do Commerce. "O nosso programa tem oito horas de cultura, cultura – e quando terminamos, mais cultura. Tem a ver com sorrisos e apertos de mão. Tem a ver com a forma de saudar os clientes. A nossa mensagem tem a ver com cérebro, coração e coragem. Cérebro – tem de pensar nela. Coração – tem de acreditar nela. Coragem – tem de agir de acordo com ela, 24 horas por dia, sete dias por semana. Tem de sorrir enquanto dorme."

ANEXO

MATERIAL MAVERICK

Recursos para o ajudar a pensar, a inovar, a vender e a trabalhar de uma forma diferente que ultrapasse a concorrência

Defendemos da melhor maneira que soubemos a ideia de que não será possível conseguir conquistar feitos nos negócios caso se contente em fazer as coisas apenas um bocadinho melhor do que os seus rivais. Esta é a mensagem fundamental por detrás do desempenho de todas as empresas que visitámos e de todos os executivos cujo trabalho apresentámos neste livro. Mas, para tornarmos a nossa argumentação ainda mais sólida – e para tornarmos este livro ainda mais útil – reunimos material para o ajudar a pensar de forma mais audaz sobre o modo como compete, a ser mais aberto na forma como inova, a pensar mais profundamente na forma de se destacar num mercado saturado e a ser mais criativo relativamente à forma como a sua organização trabalha.

Por outras palavras, este material destina-se a ajudá-lo a ser mais ambicioso na forma como lidera. Reunimos neste anexo os livros, monografias, *sites, case studies* e práticas empresariais à volta do tema central de repensar a concorrência, reinventar a inovação, reconciliar-se com os clientes e recriar o trabalho. Lembre-se que os líderes mais eficazes são os alunos mais insaciáveis. Esperamos que esta compilação de "leituras essenciais" e "modelos *maverick*" o ajudem a continuar a aprender muito depois de ter terminado de ler este livro.

Repensar a concorrência
Leituras essenciais: competir ao nível das ideias

Karaoke Capitalism: Daring to Be Different in a Copycat World de Jonas Ridderstråle e Kjell A. Norström (Praeger Publishers, 2005)*

À medida que o mundo dos negócios vai sendo sobrecarregado com estratégias competitivas de imitação, o mundo dos livros de estratégia vê-se a braços com um excesso de títulos dedicados aos mesmos temas. Este não é um deles. Dois professores da Stockholm School of Economics escreveram uma das obras mais perturbadoras e meticulosamente invulgares que alguma vez já lemos. O desempenho fora do comum do livro (na realidade, algumas partes assemelham-se a artes dramáticas) está em consonância com a sua mensagem principal – que jogar pelo seguro já não é jogar de forma inteligente. Os autores lembram-nos, em tom de brincadeira, que vivemos num mundo onde "o melhor *rapper* é branco, o melhor golfista é negro, a França acusa os EUA de arrogância [e] a Dinamarca envia um mini-submarino para uma guerra no deserto". Neste ambiente confuso, será de estranhar que as empresas que geram maior valor económico sejam aquelas que apresentam as estratégias mais originais? Aviso: este livro destina-se unicamente a públicos com características *maverick*.

Blue Ocean Strategy: How to Create Uncontested Marketspace and Make the Competition Irrelevant de W. Chan Kim e Renée Mauborgne (Harvard Business School Press, 2005)**

Outra estratégia elucidativa e agressiva, oriunda da Europa. Neste caso, dois professores do INSEAD, a altamente prestigiada escola de Ciências Empresariais nos arredores de Paris. Enquanto *Capitalismo*

---

* N.T. *Capitalismo Karaoke: Gestão para a Humanidade* de Jonas Ridderstråle e Kjell A. Norström (Público, 2006).
** N.T. *A Estratégia Oceano Azul: Como criar mais mercado e tornar a concorrência irrelevante* de W. Chan Kim e Renée Mauborgne (Actual Editora, 2007).

Anexo

Karaoke encara a persuasão como uma arte dramática, este livro ainda se prende muito à ideia do fato e gravata. Mas a sua mensagem é disruptiva na sua essência. O livro retira lições de um elenco de inovadores de elevado desempenho em todo o mundo, incluindo o Cirque du Soleil do Canadá, a mexicana Cemex, as japonesas Nissan e DoCoMo, e até mesmo uma empresa de autocarros húngara chamada NABI – concorrentes progressistas que evitam os "oceanos vermelhos" infestados de tubarões, optando por navegar nos "oceanos azuis", livres de predadores. É fácil percebermos a metáfora, mas o argumento é seguro, bem como os dados e os *case studies* apresentados. Se a sua empresa está relutante em aventurar-se numa estratégia empresarial menos convencional, então convença os seus colegas a mergulhar neste livro. Todos virão à superfície com uma nova perspectiva sobre a concorrência – e com uma nova perspectiva sobre a futilidade da estratégia baseada na imitação. Conforme dizem os autores, "a única forma de vencer a concorrência é parar de *tentar* vencer a concorrência".

The New Pioneers: The Men and Women Who Are Transforming the Workplace and the Marketplace, de Thomas Petzinger Jr. (Simon & Schuster, 1999)

Poucos livros sobre estratégia escritos no apogeu dos anos 90 abriram os olhos para a dura realidade das consequências dessa expansão. Muitos especialistas ficaram intoxicados (e, mais tarde, envergonhados) pela sua fé nas tecnologias e *start-ups* que iriam mudar o mundo e num mundo de negócios em eterna mudança. Mas este livro, maravilhosamente escrito, é tão instrutivo hoje como o foi aquando da publicação da sua primeira edição, sobretudo porque o seu autor, um antigo colunista do *Wall Street Journal*, dedica a sua atenção a empresários realistas e não a investidores de capitais de risco sonhadores e escolhe personalidades baseadas na autenticidade dos seus valores e não na grandiosidade das suas pretensões. Ele apresenta-nos a farmacêuticos, padeiros, vendedores de livros e até mesmo a um fabricante de címbalos – empreendedores de pequena dimensão com grandes ideias sobre as melhores formas de trabalhar e vencer. Os pioneiros destacados por Petzinger são os primos direitos dos nossos *mavericks* e os seus conhecimentos oferecem lições valiosas aos empreendedores ansiosos por confiar em valores diferenciados em vez de modelos económicos fáceis de copiar.

Jim Collins na Internet – www.jimcollins.com

Se está a ler este livro, são grandes as hipóteses de já ter lido *Built to Last* e *Good to Great* – dois dos melhores (e mais vendidos) livros de Gestão de todos os tempos. Quando se trata de estabelecer a agenda da corrente dominante para a estratégia e liderança, Jim Collins é para as ideias de negócios o mesmo que Bruce Springsteen é para o *rock 'n' roll* – ele é que manda*. Não poderá lidar a sério com a lógica da concorrência, em constante mudança, se não tiver em consideração a série de conhecimentos em permanente evolução defendidos por Collins. Este *site* permite-lhe fazer exactamente isso. Da plataforma "Lecture Hall" à "Discussion Guides", a longa lista de livros na livraria *on-line* de Collins é uma refrescante (e muitas vezes renovada) fonte de ideias e debates.

***Leading the Revolution*, de Gary Hamel (Harvard Business School Press, 2000)**

No Capítulo 1, interessámo-nos pelo tom combativo deste apelo à inovação radical nos corredores das grandes empresas. Agora queremos tirar-lhe o chapéu pela sua substância. O livro está cheio de perspectivas inteligentes sobre como ver além da sabedoria convencional e destaca o poder de um ponto de vista original – o que Hamel chama de "inovação do conceito de negócio". É de particular valor o seu conselho para se tornar um líder do pensamento na sua empresa – um plano de oito passos para persuadir os seus colegas para o poder das suas ideias no mercado. O nosso conselho: procure o livro, perdoe os excessos da era *dot-com* e siga os oito passos.

---

* **N.T.** No original *the Boss*.

Anexo

Modelos *maverick*: Estratégias que marcam uma posição

A Carta dos Fundadores do Google (18 de Agosto de 2004)
– http://investor.google.com

O Google já provou ser bom em muitas coisas, desde as pesquisas na Internet até à criação de milhares de milhões de dólares de valor accionista. Os fundadores Sergey Brin e Larry Page também têm sido bons a explicar ao mundo exterior as ideias que a empresa defende. As operações do Google podem ser motivadas pela tecnologia, mas a sua estratégia é claramente motivada por um sentido claro de defesa de ideias próprias. Um exemplo esclarecedor – a carta de quatro mil palavras dos fundadores, que constituiu um proeminente (e controverso) elemento do prospecto para entrada em bolsa da empresa, em 2004. Essa carta transmite uma mensagem inovadora, expressando de forma arrojada, eloquente e perfeitamente envolvente aquilo que move empresa. Leia-a, partilhe-a com os seus colegas e depois interrogue-se se a sua empresa poderia escrever uma declaração de objectivos que se aproxime do que Brin e Page produziram.

"Is Grameen Bank Different?", de Muhammad Yunus
(Junho de 2005) – www.grameen-info.org

Se houvesse um Prémio Nobel para o empreendedorismo social, Muhammad Yunus, do Bangladesh, seria o galardoado sem sombra de dúvidas.* Famoso em todo o mundo como o inventor do "microcrédito", o fundador do Grameen Bank tem passado as últimas quase três décadas a conceder o crédito de que necessitam desesperadamente os mais pobres dos pobres – pessoas que querem começar um pequeno negócio, cuidar de uma pequena parcela de terra ou construir uma casa.

---

* **N.T.** Em Outubro de 2006, após a publicação deste livro, Yunus e o banco que fundou receberam mesmo um Prémio Nobel: o da Paz, pela promoção do desenvolvimento económico e social entre os mais desfavorecidos.

Ao longo dos anos, o seu banco fez empréstimos num total de cinco mil milhões de dólares a quase cinco milhões de pessoas, fez negócio em 54 mil aldeias e contratou cerca de 14 mil colaboradores. O Grameen é uma história humana comovente, mas é também uma história baseada num modelo de negócios inovador – um modelo que Yunus traçou com grande detalhe neste e noutros ensaios do ultra-informativo *site* do banco. Os empréstimos de Grameen não exigem garantias, os mais pobres têm a prioridade mais elevada para obterem empréstimo, 96 por cento dos seus clientes são mulheres – e a sua taxa de cumprimento é de 98,95 por cento. Navegue algum tempo neste *site* e sentir-se-á inspirado para reformular o sentimento do que é possível fazer na sua indústria. Pode contar com isso.

"Why Craiglist Works", de Craig Newmark
(8 de Fevereiro de 2005) – www.changethis.com/13craigslist

No Capítulo 2 explorámos os "valores anticomerciais" que regem a mundialmente popular Craigslist, o *site* de anúncios classificados que recebe milhares de milhões de visitas por mês. Neste ensaio, o fundador Craig Newmark explica, no seu famoso tom brando, as ideias pragmáticas e realistas que engrandeceram a Craigslist durante mais de uma década e a mantiveram em crescimento ao longo dos vários ciclos de crescimento e declínio da Internet. As palavras têm importância: os líderes *maverick* não se parecem com os executivos tradicionais, porque as suas empresas falam uma linguagem competitiva própria.

GSD&M – www.gsdm.com

No Capítulo 1, o publicitário Roy Spence argumenta que "aquilo que defende é tão importante como aquilo que vende". Este *site* dedica-se a explicar o que a agência de Spence defende. Há muitos termos sobre *branding* com base no objectivo. ("Provámos que quando liberta o poder do objectivo, isso cria uma maré de mudança na categoria em

Anexo

que compete. Atinge os consumidores como um raio de luz e os concorrentes como um raio de inveja".) Neste *site* pode também fazer uma visita virtual à Idea City, o distinto complexo de escritórios da agência, incluindo panoramas da "Roytunda", com a sua terminologia própria gravada no chão. E, claro, há bastante publicidade. No entanto, o verdadeiro valor deste *site* reside nos valores que transmite – a mensagem evidente de que esta não é apenas mais agência de publicidade. Que tipo de mensagem está a ser transmitida pelo *site* da sua empresa?

Reinventar a inovação
Leituras essenciais: As melhores dissertações sobre "fonte aberta"

Open Innovation: The New Imperative for Creating and Profiting from Techonology, de Henry Chesbrough (Harvard Business School Press, 2003)

Trata-se da "bíblia" não oficial para os executivos que pregam a causa da inovação "fonte aberta" em organizações influentes como a Procter & Gamble e a Eli Lilly. (Vimo-lo nas secretárias e nas prateleiras de muitos escritórios e laboratórios de investigação que visitámos.) O próprio Chesbrough, que lecciona na Haas School of Business de Berkeley e dirige o Center for Open Innovation, foi um executivo da alta tecnologia antes de se tornar num académico e, portanto, sabe como falar com gestores imbuídos do pensamento tradicional. E os seus *case studies* são retirados de algumas das empresas mais bem estabelecidas, como a IBM, a Lucent e a Xerox. Na realidade, isso leva-nos ao único defeito do livro: as suas ideias são mais avançadas do que muitos dos seus exemplos. Chesbrough estava tão à frente em relação à causa da inovação "fonte aberta" que os exemplos qualificados como de vanguarda há alguns anos agora parecem verdadeiramente obsoletos. Ainda assim, este é um excelente livro para iniciar um debate na sua empresa acerca da inovação "fonte aberta".

The Success of Open Source, de Steven Weber
(Harvard University Press, 2004)

Independentemente do negócio em que está, é praticamente impossível antecipar as implicações da inovação "fonte aberta" sem compreender as suas raízes no mundo estranho e inconsequente do *software* de "fonte aberta". Este livro foi o primeiro e único a explicar a quem não entende de computadores por que é que o Linux, o Apache e outros projectos de *software* de "fonte aberta" funcionam de forma tão eficiente e o que significa para todos nós o seu crescimento. Weber é um cientista político, não um guru da tecnologia, e faz um trabalho magistral ao explicar as fontes de motivação, padrões de participação e estilos de liderança no mundo da "fonte aberta". Um guia maravilhosamente acessível para um campo, por vezes, inacessível.

"Harnessing the Hive: How Online Games Drive Networked Innovation",
de J.C. Herz (publicação 1.0, Outubro de 2002) – www.adventure.com

Trata-se de um estudo e não de um livro, mas J.C. Herz reúne neste ensaio perturbador mais vigor intelectual do que em alguma outra obra que lemos sobre o tema. Se o valor do livro de Steven Weber reside no facto de ser um guia com "G" maiúsculo para o mundo da "fonte aberta", o poder do ensaio de Herz reside no facto de dever ser classificado como não aconselhável a menores de 17 anos. O documento está repleto de reflexões pragmáticas sobre a inovação "fonte aberta", estimuladas com *case studies* dos seus utilizadores mais avançados – os praticantes, ao mais alto nível, de jogos de computador. Não tem de gostar dos jogos (a maior parte deles é bastante violenta) ou sentir uma ligação com os jogadores (eles são indubitavelmente estranhos) para compreender que representam a vanguarda da criatividade e do desenvolvimento de produto. Se se quiser aventurar (ou os seus colegas) em áreas que não domina, obrigue-se a ler o ensaio de Herz e a reflectir sobre ele.

Anexo

Arquivo de Tim O'Reilly "Everything Tim" – http://tim.oreilley.com
O fundador da O'Reilley Media é um dos gurus da tecnologia mais incontestados – um pensador que está sempre tão à frente em tantos assuntos (incluindo nos negócios) que raramente recebe o crédito que merece. O seu arquivo *on-line* faculta ensaios, estudos, entrevistas e até diapositivos em PowerPoint que exploram cada faceta do fenómeno da "fonte aberta". Não conte com uma visita rápida. Assim que se aperceber da quantidade de informação, sentir-se-á relutante em sair.

The Wisdom of Crowds: Why the Many Are Smarter Than the Few and How Collective Wisdom Shapes Business, Economies, Societies, and Nations, de James Surowiecki (Doubleday, 2004)
Felizmente, o livro de Surowiecki - que integrou muitas listas de "leituras recomendadas" em 2004 - não é tão longo como o seu subtítulo sugere. Na verdade, aborda mais temas sobre Sociologia do que Estratégia, e trata mais sobre a tomada de decisões do que a criação de produtos. Mas tem observações fascinantes sobre tudo, desde o Linux (claro) ao congestionamento do tráfego, passando pela tragédia do vaivém espacial *Columbia*. E é um daqueles raros livros que introduz novas expressões ("a sabedoria das multidões") no vocabulário popular. Há muitas oportunidades para estabelecer ligações directas entre os padrões elitistas que Surowiecki apresenta e os novos padrões de inovação no mundo dos negócios. Uma escolha simples para os executivos instruídos e de mente aberta.

Democratizing Innovation, de Eric von Hippel (MIT Press, 2005)
O professor von Hippel é o responsável pelo Grupo de Inovação e Empreendedorismo na Sloan School of Management do MIT e o decano não oficial de um domínio a que chama "inovação centrada no utilizador". Durante anos, a sua escrita e a sua pesquisa giraram em torno de uma questão básica: quem tem uma motivação mais forte para contri-

buir para uma empresa com as suas melhores ideias do que os clientes mais apaixonados pelos produtos dessa empresa? Este livro relata o que acontece quando as organizações tornam fácil e compensador para os chamados utilizadores da linha da frente modificarem produtos, contribuir com ideias e comunicarem entre si. É rico em exemplos provenientes de fontes inesperadas (desportos radicais, como o *windsurf*) e fértil em perspectivas e análises rigorosas. Uma advertência: von Hippel é um académico e o seu livro é publicado por uma editora académica, por isso não espere grande valor de entretenimento. Ainda assim, este é, em absoluto, o guia para o desbravar de terreno muito importante na área da inovação "fonte aberta".

Modelos *maverick*: a "fonte aberta" em acção

Wikipédia – www.wikipedia.org

De uma forma simples, este é o projecto de "fonte aberta" mais amado e odiado desde o Linux. A *Wikipédia* é uma ideia original de Jimmy Wales, um antigo corretor da bolsa que lançou uma enciclopédia *on-line*, aberta a todos, em 2001. Contudo, os verdadeiros cérebros por detrás da *Wikipédia* são os próprios utilizadores, um exército global de participantes voluntários que escrevem e revêem o sempre crescente catálogo de entradas da *Wikipédia*.

A qualidade da enciclopédia de "fonte aberta" pode ser extremamente variável – e por vezes falsa e maliciosa – mas até os seus críticos mais duros reconhecem que, em geral, é bastante boa e está melhor a cada dia que passa. A versão em inglês disponibiliza mais de 600 mil referências (a *Enciclopédia Britânica* oferece pouco mais de cem mil) e existem versões activas da *Wikipédia* em cerca de cem línguas. A *Enciclopédia Britânica*, que existe há cerca de 240 anos, gosta de apregoar que recorre às "mentes mais brilhantes a nível mundial" para supervisionar o seu conteúdo. A *Wikipédia*, que existe há pouco mais

Anexo

de seis anos, atrai um número ilimitado de mentes para criar e rever as suas entradas – e atrai também os mais de cinco milhões de visitantes por mês que as utilizam para expandir a sua mente. Visite o *site*, pesquise alguns tópicos e veja até que ponto é que a inteligência voluntária, dispersa globalmente, pode potenciar uma enciclopédia de nível mundial.

Edinburgh Fringe Festival – www.edfringe.com

Dedicámos muito espaço no Capítulo 4 à criatividade de base do festival, mas vale a pena visitar o *site* extraordinariamente dinâmico do evento para ver como nasce o empreendimento. Paul Gudgin e os seus colegas viram na Internet um meio de vender bilhetes, atrair artistas e, talvez mais importante, permitir ao público planear as suas viagens, publicar críticas e até mesmo manter diários pessoais das suas experiências. É uma ferramenta vital para saber como é organizado este acontecimento que funciona em regime de autogestão – e dá-lhe bons motivos para visitar Edimburgo em Agosto.

TopCoder – www.topcoder.com

Mais uma vez, uma coisa é ler a nossa descrição (esperamos que instrutiva) sobre a TopCoder e o seu intrigante misto de rivalidade frontal e colaboração em grupo, outra coisa - verdadeiramente elucidativa – é explorar o próprio *site*, registar-se como membro e imbuir-se, em primeira mão, do espírito desta comunidade competitiva, transparente e orientada para a aprendizagem. (Não se preocupe, pois qualquer pessoa pode ser membro; não tem de ser o programador Java mais rápido da sua cidade para se qualificar.) Visite a área do concurso, navegue numa sala de conversação ou leia as análises das competições feitas pelos membros e vai compreender como milhares de programadores talentosos podem revelar tanto machismo egocêntrico como espírito de verdadeira generosidade quando se trata de partilhar o seu conhecimento.

O BankStocks.com de Tom Brown – www.bankstocks.com

O analista de Wall Street e gestor de *hedge funds* não se socorre apenas das bases de conhecimento do seu próprio pessoal para tomar as suas decisões de investimento. Brown é um membro raro no grupo dos *hedge funds* que partilha o seu pensamento (e o dos seus colegas) com o mundo exterior. O seu inigualável *site* abunda em opiniões e desvarios hilariantes e disponibiliza uma compilação de ensaios minuciosos acerca do mundo dos serviços financeiros, muitos dos quais ferem as susceptibilidades de alguns CEO e até mesmo dos *media*.

Por que é que um investidor sagaz, que está sempre à procura de uma oportunidade no mercado, revela alguns dos seus melhores raciocínios a qualquer pessoa que visite o seu *site*? Porque, explica ele, acaba por ganhar mais conhecimentos do que aqueles que dá. O *site* "permite-nos construir relações com colaboradores da hierarquia intermédia das empresas sobre as quais escrevemos", escreve Tom Brown. "Os investidores normalmente não têm acesso a este tipo de indivíduos. No entanto, estes colaboradores dão-nos informação acrescida acerca do que está a acontecer na empresa em que trabalham – muito mais do que as relações com gestores de topo e investidores nos dão". É um exemplo clássico da razão pela qual os executivos mais transparentes são os mais bem sucedidos.

Reconciliação com os clientes
Leituras essenciais: Ideias de *marketing* importantes

Purple Cow: Transform Your Business by Being Remarkable,
de Seth Godin (Portfolio, 2003)

Seth Godin tornou-se na voz mais provocadora e produtiva do *marketing*. Nos últimos anos, numa míriade de livros e manifestos, desafiou as empresas a procurar resultados extraordinários descobrindo como se diferenciar entre a multidão. Este livro continua a ser o mais proeminente de todos os trabalhos de Godin. É surpreendente, divertido

Anexo

e está repleto de ideias brilhantes, *case studies* intrigantes – e paixão genuína. "Como é que pode vender-se a si próprio como sendo 'mais tonificante do que a marca líder de mercado'?", pergunta Seth Godin aos seus leitores. "O verdadeiro crescimento provém de produtos que irritam, ofendem, não atraem, são demasiado caros, demasiado baratos, demasiado pesados, demasiado complicados, demasiado simples – demasiado qualquer coisa". Este livro é demasiado inteligente para passar despercebido.

The Experience Economy: Work Is Theatre & Every Business a Stage, de B. Joseph Pine e James H. Gilmore (Harvard Business School Press, 1999)

Este livro obrigou os empresários de sucesso a terem em conta a empolgante convicção de que o seu comportamento junto dos clientes pode ser tão importante como aquilo que oferecem. Na verdade, *The Experience Economy* é mais forte em termos de substância do que em termos de estilo. Contudo, Pine e Gilmore merecem excelentes críticas por identificarem o fenómeno de que empresas como o Commerce Bank, a Anthropologie e a Potbelly Sandwich Works se transformaram em grandes sucessos.

American Costumer Satisfaction Index – www.theacsi.org

E agora as más notícias... tal como explicámos no Capítulo 7, o Índice Norte-Americano de Satisfação do Cliente[*] é como um monitor cardíaco para a relação entre as empresas e aqueles com quem fazem negócios. Se ainda não está convencido de que a economia enfrenta uma crise no serviço ao cliente, então navegue uma hora neste *site* e analise mais de uma década de informação útil para diferentes indústrias, empresas específicas e até agências governamentais. Em relação à experiência de análise da informação da ACSI, não é um exercício

---

[*] **N.T.** No original *American Customer Satisfaction Index* – ACSI.

muito animador. Mas é esclarecedor – e poderá convencer os seus colegas que ser apenas tão bom como a concorrência é uma má estratégia para o sucesso.

A New Brand World: 8 Principles for Achieving Brand Leadership in the 21st Century, de Scott Bedbury, com Stephen Fenichell (Viking, 2002)

É o sonho de todos os *marketeers* – ajudar a criar uma marca tão inovadora como a Nike ou tão iconográfica como a Starbucks. Scott Bedbury viveu ambos os sonhos. Durante três anos foi *Vice-president* do departamento de *marketing* da Starbucks e, antes disso, foi o responsável máximo pela publicidade da Nike durante sete anos. Este livro é uma avaliação sincera e equilibrada daquilo que os responsáveis de *marketing* podem aprender com estas megamarcas e de que forma podem pôr em prática nas suas empresas aquilo que aprenderam.

Bobos in Paradise: The New Upper Class and How They Got There, de David Brooks (Simon & Schuster, 2000)

Uma das nossas principais mensagens sobre o *marketing maverick* tem por base os valores partilhados face ao puro valor económico – a ideia do que os consumidores querem fazer negócio com empresas em que acreditam. Mas exactamente que valores? E, já agora, em que é que a maioria dos consumidores acredita? Este livro extremamente perspicaz faz um trabalho memorável ao explicar os sonhos, medos, hábitos e aspirações dos chamados burgueses boémios (*bourgeois-bohèmes*) – ou seja, os clientes instruídos e com elevados rendimentos, que acreditam que aquilo que compram deve reflectir quem são. Estes são aqueles que bebem o seu café na Starbucks, compram os seus jogos de tabuleiro na Cranium e adquirem os seus filmes na Netflix – por outras palavras, os clientes que a *sua* empresa está a tentar obter.

Anexo

Modelos *maverick*: formas extraordinárias de se destacar da multidão

Baixo Custo e Contacto Altamente Personalizado – agentes de reservas da JetBlue que trabalham em casa

Quem disse que o controlo das despesas tem de ser feito à custa de uma menor proximidade com os clientes? Veja o exemplo de uma pequena mas poderosa inovação da JetBlue, a companhia aérea de baixo custo e com um contacto altamente personalizado com o cliente, que actualizou o modelo de negócios da Southwest para a geração Bobo.[*] A JetBlue reproduz o conceito de tarifas muito baixas da Southwest e a estrutura de rotas *point-to-point*[**], mas acrescenta cabinas de voo coloridas, televisão a bordo e uniformes moderníssimos para os assistentes de bordo. Como parte integrante da fórmula a que recorre para impressionar os clientes, a JetBlue também garante que os viajantes com dúvidas serão atendidos de viva voz por um agente que vive nos EUA, em vez de serem remetidos para um sistema automático ou para um operador que está a milhares de quilómetros de distância.

Como é que a JetBlue quebra as convenções do serviço ao cliente sem que a sua estratégia de baixo custo vá à falência? Rejeitando o *outsourcing* em prol daquilo a que o fundador David Neeleman chama *homesourcing*[***]. A JetBlue tem mais de mil agentes de reservas em Salt Lake City e arredores, muitos dos quais são mulheres que estão em casa a cuidar dos filhos, e todos trabalham no local onde vivem. A empresa usa telefones *on-line* para encaminhar as chamadas para os operadores disponíveis que, enquanto grupo, respondem a mais de dez milhões de telefonemas por ano. A lição: fornecer um serviço que desafia as regras da indústria não requer grandes despesas, apenas exige um pouco de imaginação.

---

[*] **N.T.** Abreviatura da expressão *Bourgeois-Bohème*, criada pelo jornalista norte-americano David Brooks, do *New York Times*, para definir o estilo moderno do momento – um misto de boémio e étnico.
[**] **N.T.** Viagens sem escalas.
[***] **N.T.** Feito em casa.

Conveniência através do *design* – o cartão Starbucks

A Starbucks é um caso de como uma empresa pode conceber uma experiência para o cliente de tal forma diferente que pode dar-se ao luxo de cobrar preços muito mais elevados pelos seus produtos – e ver os clientes regressar e pedir mais. Mas os milhões de clientes da Starbucks não estão apenas dispostos a pagar esse extra – estão dispostos a pagar *adiantado*, utilizando um cartão de débito recarregável que se tornou numa peça essencial de como a empresa faz negócio.

Os cartões de débito, normalmente sob a forma de cheques-oferta, passaram a fazer parte do panorama do comércio a retalho. (Os analistas da área do retalho previram que estes cartões iriam gerar, em 2005, 55 mil milhões de dólares em vendas. No entanto, a 14 de Novembro de 2001, quando Howard Schultz e os seus colegas introduziram o cartão Starbucks recarregável, tratou-se de uma ideia bastante inovadora. O cartão foi um êxito imediato, um símbolo plástico do "contrato psicológico" entre a empresa e os seus clientes. Fiel ao seu conceito, a Starbucks certificou-se de que os cartões eram tão personalizados quanto convenientes, criando-os com imagens coloridas (flocos de neve, pinhas e até Cupidos e bonecos de gengibre) que mudavam com as estações do ano. O cartão tornou-se num sucesso tal (em 2005, foram activados cinco milhões de novos cartões num único trimestre) que alguns clientes até os coleccionavam. Até foi criado um *site* para os clientes (**www.starbuckscards.com**) onde era possível ver o *design* dos cartões emitidos em todo o mundo. Quem diria que um pedaço de plástico poderia conter tanta personalidade?

Exprima-se – fotografias pessoais nos selos canadianos

A personalização é uma das formas de tornar os produtos e os serviços mais memoráveis – dar aos utilizadores a possibilidade de influenciar o desempenho de um produto ou serviço no mercado. Tal como vimos no Capítulo 8, esta é uma das principais lições dadas pela Jones Soda, a inovadora empresa de refrigerantes que transformou o rótulo

Anexo

das suas garrafas num espaço em branco para que os seus consumidores pudessem deixar uma marca no mundo.

Mas não é necessário ser uma marca da moda, com jovens fãs, para transformar produtos mundanos em algo mais emocional. Um caso ilustrativo: o Picture Postage, um serviço que está a ser oferecido desde Abril de 2000 pelo sistema de correios do Canadá – que não são propriamente uma marca da moda. (Os serviços postais norte-americanos autorizaram experiências, com grande sucesso, de um serviço semelhante, através de empresas *on-line* como a stamps.com). Basicamente, o Picture Postage está para os correios como a Jones está para os refrigerantes. Os clientes descarregam as suas fotos favoritas para o *site* do Picture Postage, a cargo dos correios canadianos, e 15 dias mais tarde recebem uma folha de selos legais com fotos dos seus filhos, dos seus animais de estimação ou das últimas férias. Os selos são duas vezes mais caros do que um selo normal, mas os clientes adoram a mensagem que transmitem. É mais uma estratégia para superar a concorrência: à medida que os seus rivais cortam nos custos para tornar os produtos mais acessíveis, o leitor acrescenta características para tornar os seus produtos mais personalizados.

É o que vende – as quintas de trabalho da AdFarm

Não é preciso ser-se uma empresa com as caracerísticas da Starbucks ou uma marca cheia de *glamour* como a Apple para criar uma noção de identidade partilhada no mercado. Vejamos o caso da AdFarm, uma premiada agência de publicidade com escritórios em locais remotos, como Calgary (Canadá) e Fargo (Dakota do Norte). Entre os clientes da AdFarm estão algumas das empresas agro-industriais mais poderosas do mundo – gigantes globais que vendem sementes, fertilizantes e equipamentos para agricultores que cultivam trigo, cevada, soja ou outras culturas. Como é que uma agência publicitária de nicho de mercado impressiona as grandes empresas suas clientes e se mantém ligada ao público-alvo que está a tentar influenciar e que não tolera irrelevâncias?

Gerindo duas quintas, encorajando os colaboradores de base a comprarem acções da colheita, a trabalharem nas quintas e a utilizarem a Internet para descreverem os triunfos e os reveses inerentes à actividade.

O *site* da AdFarm chama-se "Crazy About Farming"* (www.crazyaboutfarming.com) e é essa a mensagem que a empresa pretende fazer passar. Os diários *on-line* disponibilizam relatórios dinâmicos sobre os desafios do cultivo de canola e cevada nas explorações agrícolas da agência nos arredores de Calgary e do cultivo de trigo de Inverno na quinta perto de Fargo. Fala-se de más condições meteorológicas, de pragas mortíferas e da oscilação de preços. A título de exemplo, é visível a decepção no diário de Dakota do Norte quando os colaboradores chegam à conclusão que a sua colheita de trigo de Inverno vai dar prejuízo – o que significa que eles, enquanto accionistas, também vão perder.

Como é óbvio, o sucesso de longo prazo da AdFarm depende da criatividade dos seus anúncios, não do preço dos produtos das colheitas. No entanto, a manutenção das explorações agrícolas é uma forma criativa de a AdFarm provocar impacto nos seus clientes difíceis de impressionar. E cultivar uma identidade diferente num mercado saturado é quase tão duro como obter lucro com um alqueire de trigo.

Recriar o trabalho
Leituras essenciais: as melhores análises sobre talentos

Shackleton's Way: Leadership Lessons from the Great Antartic Explorer
de Margot Morrel e Stephanie Capparell (Viking Penguin, 2001)
Não é coincidência que uma das inovações mais célebres do século XX esteja associada ao anúncio "ajuda, precisa-se" mais famoso de sempre. "Procuram-se homens para jornada perigosa. Pequenos salários, um pouco de frio, longos meses de escuridão, perigo constante. Regresso a

---
* **N.T.** "Loucos por Agricultura".

Anexo

salvo duvidoso. Honra e reconhecimento em caso de sucesso". A missão de Sir Ernest Shackleton ao Pólo Sul não foi bem sucedida, claro, mas as suas explorações enquanto líder trouxeram-lhe honra e reconhecimento. Tal como este livro tão esclarecedor deixa claro, Shackleton merece ser reconhecido não só pelos seus sonhos audaciosos mas também pelo seu empenho obstinado – especialmente o seu empenho em explorar, avaliar e fazer sobressair o que havia de melhor na sua equipa. Shackleton era um excelente recrutador. Cerca de cinco mil pessoas responderam para 30 lugares a bordo do malfadado *Endurance* (embora nenhum historiador tenha conseguido uma cópia comprovada do afamado anúncio). Shackleton utilizou todo o tipo de técnicas inovadoras para testar o grau de empolgamento dos candidatos, tal como pedir a marinheiros empedernidos para cantarem (um teste para saber se iriam elevar ou baixar o moral numa viagem longa). As lições que a História nos dá são mesmo impressionantes: não há quase nada que os líderes do Extreme Blue da IBM ou da Southwest Airlines façam para realçar o carácter competitivo nas suas organizações que Shackleton não tenha pensado primeiro.

Why I Never Hire Brilliant Men, revista American
(Fevereiro de 1924) – www.taoyue.com/stacks/articles/brilliant-men.html

A História não tem de repetir-se. No Capítulo 10 abordámos este ensaio, publicado há mais de 80 anos, como um exemplo clássico de um ponto de vista nos negócios que olha com suspeição para quem possui talentos extraordinários. Esses profissionais não sujam as mãos, mas ficam com os créditos todos. Eles maravilham os colegas com os seus conhecimentos, mas ofendem-nos quando se vangloriam. Compreende-se que haja algum cepticismo perante este ponto de vista tão fora de prazo, mas a leitura deste ensaio, cheio de relevância para as empresas actuais, sublinha o ponto crucial: os valores têm tanta importância quanto a virtuosidade – ou seja, nem todos os grandes talentos se encaixam na perfeição numa organização. "Você nunca se conseguiu impor junto e através daqueles com quem teve de trabalhar" – é desta forma que o autor repreende o "homem brilhante" que está prestes a despedir. "Você diz que eles eram invejosos, mas um homem com a sua inteligência deveria saber que a resposta para a inveja é a modéstia, trabalho duro - e resultados". Esta é uma excelente advertência para os limites do brilhantismo individual.

How to Be a Star at Work: 9 Breakthrough Strategies You Need to Succeed de Robert E. Kelley (Times Books, 1998)

Se ao menos este livro existisse em 1924! Kelley, que lecciona na Universidade de Carnegie-Mellon, descodificou o código de como indivíduos talentosos podem simultaneamente distinguir-se na multidão e encaixar-se perfeitamente nas organizações onde trabalham. Ele defende a reciprocidade entre as "estrelas" e os sistemas, assunto que analisámos nos Capítulos 11 e 12, e o seu livro está repleto de conselhos perspicazes e realistas sobre como os talentos podem ter o maior impacto possível. As "estrelas" realmente trabalham e agem de forma diferente da dos seus colegas medianos, argumenta Kelley. Mas as verdadeiras "estrelas" revelam um "padrão diário consistente de comportamento" que lhes permite dar o seu melhor – e realçar o que de melhor têm aqueles que os rodeiam.

Weird Ideas That Work: 11 ½ Practices for Promoting, Managing and Sustaining Innovation, de Robert I. Sutton (Free Press, 2002)

Há uma razão pela qual as empresas com desempenhos extraordinários nos mercados – tenhamos como exemplo o Cirque du Soleil, a Pixar e a SEI Investments – conceberam modelos tão invulgares dos locais de trabalho. Não se consegue desenvolver novas ideias disruptivas sobre a forma de competir se recorrer a ideias antiquadas quanto à forma de trabalho. Este livro extraordinariamente refrescante constitui uma das visões mais criativas sobre inovação que alguma vez lemos.

Anexo

Contudo, em última análise, trata-se de um livro sobre como fazer negócios tendo em conta a importância dos seus colaboradores - porque Sutton, um professor popular da Stanford Engineering School, compreende que não são as empresas que inovam, mas sim as pessoas. Entre os seus princípios de criação de ambientes de trabalho férteis em ideias incluem-se "contrate pessoas que o fazem sentir-se desconfortável, até mesmo aquelas de quem não gosta", "procure os colaboradores que estão satisfeitos com o seu trabalho e ponha-os em confronto com as ideias de outros" e "não tente aprender o que quer que seja com pessoas que parecem ter resolvido os problemas que você enfrenta". Como é que um *maverick* que se respeite pode resistir a conselhos destes?

A Manager's Orientation Toolkit: Tools That Get New Employees and Transfers Productive Faster, de John Sullivan
(www.drjohnsullivan.com/publications/orient-ebook.htm, 2004)

O impulsivo John Sullivan adora reivindicar o fim das práticas convencionais dos departamentos de recursos humanos. É isso que faz dele um estratega talentoso tão original. A importância de Sullivan advém do facto de complementar a sua atitude brusca com conselhos empresariais sobre como transformar ideias arrojadas em práticas diárias. Este livro electrónico, extraordinariamente valioso, é disso um exemplo. Uma coisa é reconhecer o poder da orientação, de forma a causar uma primeira impressão sólida nos novos colaboradores. No entanto, é bastante diferente produzir um livro de 184 páginas cheio de técnicas originais, engenhosas e cativantes que transmite uma mensagem clara a todos aqueles que vão trabalhar para a sua organização: este é o primeiro dia do resto da sua vida profissional. Passe algumas horas a ler este livro e garantimos-lhe que irá reformular por completo a sua abordagem à orientação.

Modelos *maverick*: práticas que funcionam ao nível dos recursos humanos

Fins-de-semana de "TellMe More"*

Mike McCue, o veterano da Netscape que lançou a TellMe Networks, actualmente em rápida expansão, é peremptório: para a sua empresa criar valor económico de longo prazo, tem de a preencher com profissionais talentosos que partilham os seus valores. Uma das suas técnicas favoritas chama-se "TellMe More" – fins-de-semana de recrutamento que vão muito além das regras dos recursos humanos. A equipa de McCue começa por sondar investidores de capitais de risco, consultores em gestão e colegas noutras empresas, em busca de potenciais talentos. Reduz cada lista de convidados de várias centenas para 60 e habitualmente acaba com cerca de 30 participantes. No primeiro dia, o grupo reúne-se na TellMe, ouve os discursos dos oradores (internos e externos) e depois é dividido em grupos mais pequenos que têm de lidar com grandes problemas ("Como é que tornamos a Internet tão fiável quanto o telefone?"). Os participantes mais promissores (e interessantes) regressam para um segundo dia de conversas e debates. A ideia não é apenas contratar pessoas (embora a TellMe tenha contratado 17 dos 30 participantes no seu primeiro fim-de-semana), mas criar evangelizadores da empresa, quer lá trabalhem ou não. Claro que a TellMe exige muito mais tempo e energia dos executivos do que das hierarquias intermédias que recruta. Mas é este o tipo de investimento necessário se pretender ter talentos excepcionais na empresa.

Airline na televisão

Por muito que façam quando lutam para ultrapassar a desordem e criar uma ligação com os seus clientes, as empresas que estão deter-

---

* N T. "Conta-me mais"; trata-se de um jogo de palavras com o nome da empresa TellMe.

Anexo

minadas em atrair mais do que a parte a que têm direito de talentos (e, portanto, ocupados) têm de atrair primeiro a sua atenção. A Southwest Airlines, fiel à sua estratégia única no mercado, quebrou as convenções ao decidir identificar o seu local de trabalho como a personagem principal de uma série de televisão que personifica as experiências, atribulações e triunfos dos colaboradores e passageiros da Southwest em três aeroportos muito movimentados. Um típico episódio da série *Airline* fá-lo rir, estremecer e por vezes aplaudir. Também faz com que futuros colaboradores agarrem no telefone ou enviem um CV para a empresa. A Southwest, que já escolhe entre mais de 90 candidatos potenciais para cada vaga, garante que o fluxo de candidaturas mais do que triplica às terças-feiras, depois da emissão da série na noite anterior. Não há muitas empresas com confiança suficiente no seu local de trabalho para apresentar na televisão o que lá se passa. Mas a Southwest considera que, se os talentos gostarem daquilo que vêem, podem considerar-se aptos para entrar para a empresa.

As decisões contratuais na Whole Foods Market

No Capítulo 3, descrevemos a singular estratégia de negócio que permitiu à Whole Foods Market prosperar no ramo dos artigos de mercearia, que revelava claramente um lento crescimento e margens de lucro reduzidas. Directamente relacionada com a sua estratégia no mercado está a concepção de marca do local de trabalho – em especial, a firme opção por equipas autogeridas, responsáveis por quase todos os aspectos de funcionamento da empresa. Cada loja está dividida em cerca de dez equipas, cujos elementos têm grande autoridade em matéria de compras, orçamento e funcionamento diário. As equipas têm também poder de veto sobre as contratações – uma técnica muito importante para a Whole Foods manter a sua trajectória de crescimento sem perder vantagem em termos de produtividade ou qualidade. Os recém-chegados não entram de imediato para a lista de colaboradores da empresa – são integrados numa equipa específica, num estabelecimento específico, por um período experimental de 30 dias. Terminado o período de experiência, a equipa vota para determinar se o candidato passa a colaborador permanente – e para que o novo colaborador seja aprovado, tem de obter dois terços dos votos. Votar em quem pode aderir à empresa pode parecer pouco habitual, mas a lógica é simples: quem melhor poderá avaliar o carácter e as credenciais de um candidato do quem trabalhou lado a lado com ele? Pode enganar parte dos superiores hierárquicos a maior parte do tempo, mas nunca consegue enganar dois terços dos seus colegas.

O quintal da Yahoo

Libby Sartain, "Chief People Yahoo", é uma adepta fervorosa do "*branding* de dentro para fora". Ela acredita que existe uma ligação directa entre os valores que motivam um excelente colaborador da Yahoo e aquilo que os melhores clientes da empresa valorizam ao nível dos serviços e personalidade da marca. Sartain também acredita que a forma como o departamento de recursos humanos da Yahoo interage com os mais de dez mil colaboradores da empresa deve servir de referência para a forma como a Yahoo serve os seus 345 milhões de utilizadores. Literalmente. É por isso que ela e os seus colegas reestruturaram a intranet dos recursos humanos da Yahoo (conhecida dentro da empresa como "o quintal"), de forma a evocar a personalidade e desempenho do serviço "Yahoo Maps" que a empresa disponibiliza. A sua equipa lançou uma colecção *on-line* de "Guides2Yahoo" ("Guide2Working", "Guide2Paying" e "Guide2Interviewing"), juntamente com uma série virtual de "Tools for Life" ("My Life", "My Career", "My Rewards") que se concentra na forma como os colaboradores "crescem e se empenham" na empresa. À semelhança das "Oito Liberdades" da companhia aérea Southwest, que reforça o laço entre colaboradores e clientes, e que Sartain também ajudou a conceber, os seus projectos "Guides2Yahoo" e "Tools for Life" demonstram que os recursos humanos podem ser tão úteis, inteligentes e divertidos no local de trabalho como a Yahoo se vê no mercado.

NOTAS

Mavericks no trabalho não é um livro de negócios teórico. Percorremos milhares de quilómetros e passámos horas intermináveis a fazer visitas e entrevistas, a participar em reuniões, sessões de formação e eventos num vasto leque de organizações. Claro que também nos baseámos em muitas fontes com informação já publicada (livros, artigos, *case studies*, material que nós próprios já tínhamos escrito) para fornecermos o contexto, antecedentes e estatísticas. Estas notas identificam as fontes que considerámos mais valiosas durante o nosso trabalho neste livro.

Introdução – A promessa *maverick*

1. Alan Kay proferiu as suas palavras imortais num reunião matutina do Centro de Investigação da Xerox em Palo Alto (PARC). Ele passou os anos 70 nesta incubadora de inovação. A citação completa é ainda mais esclarecedora: "não se preocupe com o que os outros vão fazer. (...) A melhor forma de prever o futuro é inventá-lo. As pessoas verdadeiramente inteligentes, que dispõem do dinheiro minimamente necessário, podem fazer quase tudo desde que não violem demasiadas Leis de Newton". Para mais informações sobre Alan Kay, consulte o *site* da sua organização (**www.viewpointsresearch.org**).
2. O recorde da carreira de Pete Carril em Princeton foi de 514-261. As suas equipas ganharam 13 títulos da Ivy League. Consulte *The Smart Take from the Strong: The Basketball Philosophy of Pete Carril*, da autoria de Pete Carril e Dan White (University of Nebraska Press, 2004).
3. Há mais do que simples mitos em torno das origens da palavra *maverick*. Em *The New Language of Politics* (Random House, 1968), o entendido escritor William Safire cita uma história original (mas inexacta) sobre Samuel Augustus Maverick: "O velho Maverick, criador texano de gado na década de 1840, recusou marcar o seu gado por considerar que se tratava de uma crueldade para os animais. Os seus vizinhos disseram que ele era um hipócrita, mentiroso e ladrão porque a política de Maverick permitia-lhe reclamar todo o gado não marcado ao seu alcance. Aos processos em tribunal seguiram-se lutas sangrentas, tendo sido introduzida uma nova palavra na nossa língua".

Na verdade, Samuel Augustus Maverick (1803-70) licenciou-se em Yale, foi um dos signatários da Declaração de Independência do Texas e um especulador imobiliário extraordinariamente bem sucedido que pouco se interessava por gado. (O condado de Maverick, no Sudoeste do Texas, recebeu esse nome em sua honra). Quando alguém pagava uma dívida com 400 cabeças de gado em vez de dinheiro, os assistentes de Maverick deixavam-nos andar sem marca. Ao longo do tempo, a população local, quando via reses não marcadas, dizia "esses são do Maverick" – e assim nasceu um termo que hoje é utilizado para descrever políticos, empreendedores e pioneiros que se recusam a seguir o rebanho. (Já para não mencionar a personagem do piloto de caças representada por Tom Cruise em *Top Gun*).

Notas

Numa completa reviravolta do destino, vários descendentes de Samuel Maverick tornaram-se figuras políticas lendárias no Texas, com uma inegável linha inovadora. O seu neto, Maury Maverick Sr., foi um congressista pró-FDR durante o *New Deal* e um dos Presidentes de Câmara mais controversos de San Antonio. (Maury Maverick Sr. ficou famoso por inventar um outro termo – "gobbledygook" – para descrever a sua interacção com as agências do *New Deal*). O bisneto de Samuel Maverick, Maury Maverick Jr., era um advogado de causas, um legislador e um colunista que defendia nos jornais a liberdade de expressão e os direitos civis. Em muitos aspectos, a tradição de Maverick está para os políticos de San Antonio como a tradição dos Kennedy está para os políticos de Boston – vivaz, influente e impossível de ignorar.

Para obter informações mais exactas sobre a família Maverick e sobre o termo em si, consulte as seguintes fontes: "Turn Your Eyes Toward Texas: Pioneers Sam and Mary Maverick", de Paula Mitchell Marks (Texas A&M University Press, 1989); "Mavericks are Texas-Grown", de Leon Hale, *Houston Chronicle*, 23 de Janeiro de 2004; "The Last Maverick", de Jan Jarboe Russell, *Texas Monthly*, (Junho de 2003). Outra fonte é: (**www.tsha.utexas.edu/handbook/online**), que analisa várias gerações da família Maverick, assim como os termos *maverick* e *mavericking*.

Capítulo 1 – Não apenas uma empresa, uma causa: a estratégia como defesa

1. A Harvard Business School publicou um *case study* sobre Arkadi Kuhlmann e os seus colegas, a sua fórmula estratégica e a sua relação com a casa-mãe holandesa; consulte "ING Direct", Caso 9-804-167, revisto, 19 de Maio de 2004; consulte também "Would you Like a Mortgage with Your Mocha?", de Scott Kirsner, *Fast Company* (Março de 2003); "ING Chief Bucks Convention", de Maureen Milford, *Wilmington News Journal*, 30 de Maio de 2004; e "Bare Bones, Plump Profits", de Amey Stone, *Business Week*, 14 de Março de 2005.
2. Para um panorama geral da legislação e do seu impacto nos consumidores de base, consulte "Sweeping New Bankruptcy Law to Make Life Harder for Debtores", de Michael Schroeder e Suein Hwang, *Wall Street Journal*,

6 de Abril de 2005. Para ter uma ideia da veemente oposição de Kuhlmann, leia "ING Head: Bankruptcy Bill 'Dead Wrong'", de Ted Griffith, *Wilmington News Journal*, 5 de Março de 2005.

3. *Leading the Revolution*, de Gary Hamel (Harvard Business School Press, 2000). É preciso fazer a distinção entre os excessos retóricos do livro e a sua essência sempre actual. As análises de Hamel sobre o vazio da estratégia como imitação e sobre o poder da originalidade estratégica configuraram as nossas perspectivas sobre a concorrência.

4. É impossível escrever sobre o poder dos objectivos empresariais sem prestar tributo a *Build to Last: Successful Habits of Visionary Companies,* de James C. Collins e Jerry I. Porras (Harper Business, 1994). Aquilo que mais nos impressionou, durante a nossa fase de pesquisa, foi constatar de forma tão clara, em empresas desde a GSD&M à DPR Construction, o impacto das ideias do livro na forma como as empresas competem.

5. Ninguém explica melhor as ideias que a GSD&M defende do que o seu *President* e co-fundador. Ainda assim, há alguns artigos que vale a pena sublinhar: "Greetings from Idea City", de Gina Imperato, *Fast Company* (Outubro-Novembro 1997); "GSD&M's Excellent Ad Venture", de Amy Schatz, *Austin American-Statesman*, 26 de Agosto de 2001; e "Ad Libbing", de Marc Gunther (*Fortune*, 29 de Outubro de 2001), que é um relato fascinante sobre como a agência, conhecida pela sua linguagem e humor provocatórios, lidou com o pós 11 de Setembro.

6. Como é que um investimento de dez mil dólares se transforma em 10,2 milhões? Leia "The 30 Best Stocks", de John Birger *et al.*, *Money* (Outono de 2002). Se quiser conhecer a divertida avaliação de Herb Kelleher ao crescimento da Southwest e ao seu desempenho como líder, leia "The Chairman of the Board Looks Back", baseado no que Herb Kelleher contou a Katrina Booker, *Fortune* (28 de Maio de 2001).

7. A nossa análise às Oito Liberdades da Southwest é baseada em entrevistas com Libby Sartain e a sua antiga colega Sherry Phelps (directora do departamento de recursos humanos da companhia aérea até há bem pouco tempo). Para uma descrição mais detalhada do processo de "*branding* interno" na Southwest e na Yahoo, consulte *HR from the Heart: Inspiring Stories and Strategies for Building the People Side of Great Business*, de Libby Sartain, com Martha I. Finney (American Management Association, 2003).

Notas 323

8. Herb Kelleher conta a saga no seu artigo da *Fortune*. Se desejar ler uma história concisa da Muse Air, consulte *The Handbook of Texas Online* (**www.tsha.utexas.edu/handbok/online**).
9. *Hardball: Are You Playing to Play or Playing to Win?*, de George Stalk e Rob Lachenauer (Harvard Business School Press, 2004).
10. Para um perfil mais aprofundado de Chris Albrecht e da estratégia empresarial da HBO, leia o artigo de Polly LaBarre publicado na *Fast Company* (Setembro de 2002) e intitulado "Hit Man". Não há falta de artigos pormenorizados sobre o amplo impacto da HBO em termos culturais. Entre dois dos melhores estão os ensaios de Tad Friend, publicados na *New Yorker*, sobre aquela rede televisiva: "The Next Big Bet" (14 de Maio de 2001) e "You Can't Say That" (19 de Novembro de 2001). O jornal *Variety* disponibiliza um inquérito exaustivo sobre a programação da HBO na sua edição especial, de 25 de Agosto de 2003, intitulada "Showman of the Year: Chris Albrecht." No *New York Times*, Bernard Weinraub descreveu o impacto da HBO na televisão ("HBO: The Tough Act TV Tries to Follow", 25 de Setembro de 2004), enquanto John Horn, do *Los Angeles Times*, analisou o seu impacto crescente nos filmes ("HBO emerges as a Mecca for Maverick Filmmakers", 19 de Setembro de 2004). Kurt Andersen debruçou-se, na *New York* (1-8 de Agosto de 2005), sobre a alegria prematura com a desgraça da estação, em "I Want My HBO".

Capítulo 2 – Concorrência e suas consequências: disruptores, diplomatas e uma nova forma de falar sobre negócios

1. Para um acalorado debate sobre as lições mais profundas e produtivas da expansão da Internet, leia a entrevista de George Anders, na *Fast Company* (Fevereiro de 2001): "Marc Andreessen, Act II". Uma outra entrevista de relevo é a publicada na edição de 7 de Dezembro de 2003 do *San Francisco Chronicle*, com o título "On the Record: Marc Andreessen". Para uma útil contextualização sobre a Tellme, leia "A Telemarketer You Can Talk To", de Steve Rosenbush, *Business Week*, 22 de Junho de 2004, e "Tech IPOs: Here Comes the Next Wave", de Justin Hibbard, *Business Week*, 7 de Março de 2005.
2. Para um homem que fala pausadamente e que não tenta atrair as atenções, Craig Newmark atrai bastantes. Eis a lista que elaborámos sobre aqueles

que consideramos serem os melhores artigos sobre a empresa: "Craig$list. com", de Ryan Blitstein, *San Francisco Weekly*, 3 de Novembro de 2005; "Guerilla Capitalism", de Adam Lashinsky, *Fortune* (29 de Novembro de 2005); "Web Board Craiglist Makes a Name for Itself", de Janet Kornblum, *USA Today*, 28 de Setembro de 2004; "Craig's To-Do List: Leave Millions on the Table", de Matt Richtel, *New York Times*, 6 de Setembro de 2004; "The Craiglist Phenomenon", de Idelle Davison, *Los Angeles Times Magazine*, 13 de Junho de 2004.

3. Para uma avaliação realista do panorama agitado com que as empresas de brinquedos e jogos se confrontam, leia "More Gloom on the Island of Lost Toys Makers", de Constance L. Hays, *New York Times*, 23 de Fevereiro de 2005. Se quiser analisar um *case study* sobre o nascimento e crescimento da Cranium, leia "Inside the Smartest Little Company in America", de Julie Bick, *Inc.* (Janeiro de 2002). Para alguma reflexão sobre a diversão, as famílias e a fórmula da Cranium, leia "The Play's the Thing", de Clive Thompson, *New York Times Magazine,* 28 de Outubro de 2004.

4. Jim Carlton, do *Wall Street Journal*, debruça-se sobre as sensibilidades desta empresa de Silicon Valley no artigo intitulado "Taking Lessons from a Tech Book", de 2 de Junho de 1999. Em "Building the New Economy" (*Fast Company,* Dezembro de 1998), Eric Ransdell apresenta um artigo de leitura essencial para todos os que estão interessados na DPR. Depois de a empresa ter ganho um prémio de excelência no local de trabalho (Sacramento Workplace Excellence Award), o *Sacramento Bee* publicou um inteligente artigo de Loretta Kalb acerca do funcionamento da DPR, intitulado "Looking Up" (1 de Abril de 2004).

Capítulo 3 – Mensagens *maverick* (I): avaliação da sua estratégia

1. *The Innovator's Dilemma: When New Technologies Cause Great Firms to Fail*, de Clayton M. Christensen (Harvard Business School Press, 1997). Leia também *The Innovator's Solution: Creating and Sustaining Successful Growth*, de Clayton M. Christensen e Michael E. Raynor (Harvard Business School Press, 2003).

2. Para um enquadramento adicional sobre o distintivo sentido de oportunidade da empresa, leia dois artigos de Charles Fishman ("Whole Foods Is All Teams", *Fast Company*, Abril-Maio de 1996; e "The Anarchist's Cook"

Notas

book, *Fast Company*, Julho de 2004), de par com "The Virtue in $6 Heirloom Tomatoes", de Jon Gertner, *New York Times Magazine,* 6 de Junho de 2004. No *site* da empresa pode encontrar uma apresentação feita pelo CEO John Mackey, intitulada "Creating a New Business Paradigm", que explica a sua perspectiva revolucionária sobre as ideias que impulsionam a empresa, desde o "paradoxo do valor accionista" ao poder do "amor criativo" nos negócios **(www.wholefoodsmarket.com/investor/presentation_SAR.html)**.
3. Ver "Banking on America", de Richard Tomlinson, *Fortune* (24 de Novembro de 2003).

Capítulo 4 – Ideias ilimitadas: por que razão ninguém é tão inteligente como os outros todos juntos

1. Ver "Open Wallets for Open-Spource Software" de Gary Rivlin, *New York Times*, 27 de Abril de 2005.
2. O Desafio Goldcorp tornou McEwen uma celebridade no seu país natal, o Canadá, e num símbolo de inovação em todo o mundo. Eis algumas das melhores fontes de informação sobre ele, a empresa e o Desafio: "Strike It Rich: The Goldcorp Gold Mine", descrita por Serena Altschul, *CBS Sunday Morning*, 15 de Maio de 2005; "Right Play, Right Time", de Katherine Macklem, *Maclean's*, 23 de Junho de 2003; "He Found Gold on the Net (Really)", de Linda Tischler, *Fast Company*, (Junho de 2002). Para informações adicionais sobre a região do Lago Vermelho, leia "Red Lake – Mining Area That Just Keeps on Giving", de David Mason, *Investor's Digest of Canada*, 7 de Fevereiro de 2003.
3. "In Secret Hideaway, Bill Gates Ponders Microsoft's Future", de Robert A. Guth, *Wall Street Journal,* 28 de Março de 2005. Importa salientar que existe um forte elemento de participação exterior nas semanas de isolamento de Gates. Os documentos estratégicos e os memorandos técnicos que ele analisa são entregues pelo pessoal da Microsoft e esses documentos são colocados num *site* interno da empresa, acessível a todos os seus colaboradores.
4. Se quiser saber um pouco mais sobre a saga pessoal que esteve por detrás deste triunfo digital, leia *Just for Fun: The Story of an Accidental Revolucionary*, de Linus Torvalds e David Diamond (Harper Business, 2001). Para uma compilação de ensaios sobre o desempenho técnico e o poten-

cial empreendedor das arquitecturas de "fonte aberta", leia *Open Sources: Voices from the Open Source Revolution*, editado por Chris DiBona, Sam Ockman e Mark Stone (O'Reilly Media, 1999).

5. Ver *The Pro-Am Revolution: How Enthusiasts Are Changing Our Economy and Society*, de Charles Leadbeater e Paul Miller (Demos, 2004, **www.demos.co.uk**).

6. Ver "The Power of Us", de Robert D. Hof, *Business Week*, 20 de Junho de 2005. Para uma reflexão mais aprofundada sobre a forma como a mentalidade de participação das massas está a remodelar a ciência e tecnologia, leia dois ensaios publicados na *Wired* ("Open Source Everywhere", de Thomas Goetz, Novembro de 2003, e "We Are the Web", de Kevin Kelly, Agosto de 2005).

7. Se quiser ter uma boa noção inicial sobre o sistema de auto-organização do Edinburgh Fringe Festival, leia "Drama as Sport for Culture Die-Hards," de Jesse McKinley, *New York Times*, 26 de Agosto de 2004. Veja também "Why the Fringe Matters", de Rebecca Thomas, *BBC News Online*, 1 de Agosto de 2002. Para ter uma ideia do impacto dos prémios do Fringe ao nível da mudança de carreiras, leia "Top Prizes at Edinburgh Fringe", de Karla Adam, *New York Times*, 29 de Agosto de 2005.

Capítulo 5 – Inovação, S.A.: "fonte aberta" aplicada aos negócios

1. O livro de Raymond, intitulado *The Cathedral and the Bazaar: Musings on Linux and Open Source by an Accidental Revolucionary* (O'Reilly, 1999), é uma narrativa que explica o despontar da inovação popular. Para mais informação sobre os seus escritos e discursos, visite o seu *site* (**www.catb.org/~esr**). Leia também "Inspired by Work", de William C. Taylor, *Fast Company* (Novembro de 1999).

2. Para uma visão global das vastas mudanças na Procter & Gamble, leia "P&G: Teaching an Old Dog New Tricks", de Patricia Sellers, *Fortune* (31 de Maio de 2004) e "P&G Chief's Turnaround Recipe: Find Out What Women Want", de Sara Ellison, *Wall Street Journal*, 1 de Junho de 2005. Para informação adicional sobre a Connect + Develop, leia "Innovation Inside Out", de Gary H. Anthes, *Computerworld* (13 de Setembro de 2004), "Outsourcing Innovation", de Erick Schonfeld, *Business 2.0* (30 de Maio de 2003) e "Grand Opening", de Kenneth Klee, *IP Law and Business* (25 de Fevereiro de 2005).

3. Em "Diary of a Gold Digger", Nick Rockel acompanha O'Dea numa visita guiada à região do Lago Vermelho e à sua própria história na indústria mineira (*B.C. Business Magazine*, Janeiro de 2003).
4. Para um enquadramento minucioso sobre a teoria e a prática na InnoCentive, consulte "Complexity Theory and Pharmaceutical R&D", uma apresentação de Alph Bingham no CSFB Thought Leaders Forum de 2003 (**www.csfb.com/thoughtleaderforum/index.shtml**) e "The Power of Innomediation", de Mohanbir Sawhney *et al.*; *MIT Sloan Management Review* (Inverno de 2003).
5. Para um resumo sobre os *mavricks* mais importantes do mundo da publicidade, leia "America's 25 Most Fascinating Entrepeneurs: Dan Wieden", de Waren Berger, *Inc.* (Abril 2004). Richard Read disponibiliza uma útil sondagem à abordagem da Wieden + Kennedy em termos de alargamento de fronteiras em "Embedded Advertising", *The Oregonian*, 13 de Setembro de 2004.
6. Em "Creative Space", Ron Lieber faz um levantamento dinâmico sobre o local de trabalho da W+F, *Fast Company* (Janeiro de 2001). Leia também "Home Court Advantage", de Polly LaBarre, *Fast Company* (Outubro de 1998).
7. Para encontrar uma cópia da engenhosa monografia da "12", visite o *site* da escola, igualmente inventivo, e comece a pesquisar (**www.wk12.com**). Boa sorte! Para um vislumbre sobre o espírito independente e a mente inquieta do fundador da "12", Jelly Helm, navegue num endereço *on-line* (**www.ciadvertising.org/sa/spring_03/382j/panaboy/Jelly.htm**) que disponibiliza uma compilação dos seus ensaios e discursos. Para um bom perfil sobre Helm, leia "Jelly's Dozen", de Joseph Gallivan, *Portland Tribune*, 3 de Agosto de 2004.

Capítulo 6 – Mensagens *maverick* (II): abrir a mente do seu negócio

1. Para uma contextualização sobre as origens da iniciativa, ver "The World Bank's Innovation Market", de Robert Chapman e Gary Hamel, *Harvard Business Review* (Novembro de 2002).
2. Ver *The Ten Faces of Innovation*, de Tom Kelley, com Jonathan Littman (Doubleday Currency, 2005) e "The Power of Design", de Bruce Nussbaum, *Business Week*, 17 de Maio de 2004.

3. Para tudo o que precisa de saber sobre Selis, a sua arte e a sua paixão pelo melhor amigo do homem, visite **www.dogblessamerica.com**.

Capítulo 7 – Da venda de valor à partilha de valores: superar a era dos "excessos"

1. As práticas empresarias pouco convencionais de Vernon Hill são tema de um *case study* da Harvard Business School, intitulado *Commerce Bank*, caso 9-603-080, revisto, 18 de Março de 2003. Este *case study* baseia-se, extensivamente, num perfil do banco feito por Chuck Salter ("Best of the Best: Customer Service") na *Fast Company* (Maio de 2002). A revista *Barron's* tem escrito bastante sobre o Commerce: (leia "Service Master", de Jay Palmer, 28 de Janeiro de 2002, e "Bank Interrupted", de Jonathan R. Laing, 26 de Julho de 2004). Se desejar uma perspectiva mais céptica sobre a empresa, leia "An 'Oops' at the Bank of 'Wow'", de Gretchen Morgenson, *New York Times*, 1 de Agosto de 2004.
2. O ACSI faculta grande parte dos seus dados *on-line* (**www.theacsi.org**). O fundador do ACSI, Claes Fornell, redigiu uma importante uma análise sobre as tendências dos serviços ao cliente e sobre as suas implicações na economia, no mercado bolsista e na gestão; ver *The American Customer Satisfaction Index at Ten Years*, de Claes Fornell *et al.*, disponível no *site* do ACSI.
3. Ver o artigo verdadeiramente memorável de Jane Spencer, intitulado "In Search of a Real, Live Operator: Firms Spend Billions to Hide Them", *Wall Street Journal*, 8 de Maio de 2002.
4. Para uma visão global sobre o excesso de oferta, sobrecapacidade e sobrecarga sensorial que dominam a economia, consulte dois livros importantes: *Funky Business: Talent Makes Capital Dance*, de Jonas Ridderstråle e Kjell Nordström, 2ª edição (Financial Times Management, Dezembro de 2002) (Em português, *Funky Business: O Capital Dança ao Som do Talento*, Fubu Editores) e *The Paradox of Choice: Why More is Less*, de Barry Schwartz (Harper Perennial, 2004).
5. O *Chairman* da Starbucks escreveu um relato surpreendentemente "cheio de cafeína" sobre a teoria e prática subjacentes à empresa; ver *Pour Your Heart into It: How Starbucks Built a Company One Cup at a Time*, de Howard Schultz (Hyperion, 1999). Ver também "Hot Starbucks to Go", de

Andy Serwer, *Fortune* (26 de Janeiro de 2004). E não se esqueça de visitar o indispensável blogue "Starbucks Gossip" (**www.starbucksgossip.com**).
6. Para informação adicional sobre a Maveron, leia "How to Find a Hit as Big as Starbucks", de Jeremy B. Dann, *Business 2.0* (Maio de 2004). Se quiser saber mais pormenores sobre a Potbelly, leia "Potbelly's Leader: People Stoke Growth", de Ann Meyer, *Chicago Tribune*, 9 de Maio de 2005.
7. Sobre o escândalo político que envolveu dois executivos da empresa (mas não o banco em si), leia "As Banks Bid for City Bond Work, 'Pay to Play' Tradition Endures", de Mark Whitehouse, *Wall Street Journal*, 25 de Março de 2005 e "Jury Convicts Kemp, Bankers in Pay-to-Play Scheme", *Philadelphia Inquirer*, 9 de Maio de 2005.
8. Para mais pormenores sobre a Anthropologie e a sua casa-mãe, Urban Outfitters, ver "Sophisticated Sell", de Polly LaBare, *Fast Company* (Dezembro 2002) e "Urban Cowboy", de Heidi Brown, *Forbes* (1 de Novembro de 2004). Laura Compton faz um relato interessante sobre a fidelização que a Anthropologie inspira nas suas clientes, em "Seducing Softly Us: Why Women Anthropologie", *San Francisco Chronicle*, 12 de Setembro de 2004. Para um debate sobre as diferenças da Anthropologie, leia uma transcrição do discurso de Glen Senk na cimeira anual de CEO da *WWD*, "A Lesson in Anthropologie", de Jean E. Palmieri, *WWD* (17 de Novembro de 2004).

Capítulo 8 – Pequenos gestos, grandes sinais: estratégias fantásticas para se destacar da multidão

1. A revista *Training* seleccionou, em 2003, a DPR Construction como uma das cem melhores empresas em termos de desenvolvimento dos colaboradores. O artigo de Holly Dolezalek, na edição de Fevereiro de 2003, dá uma boa perspectiva sobre a forma como a cultura do local de trabalho da DPR molda as suas relações com os clientes. Para mais pormenores sobre o complexo Oceanside, leia "To Cut Costs, Biogen to Sell Facility for $408 Million", de Jeffrey Krasner, *Boston Globe*, 17 de Junho de 2005.
2. Ver *Lovemarks: The Future Beyond Brands*, de Kevin Roberts (powerHouse Books, 2004). Sempre com um espírito de *marketeer*, o CEO da Saatchi & Saatchi publicou uma sequela baseada na reacção emocional ao seu primeiro livro, intitulada *Shapes in My Heart: Lovemarks in Action* (powerHouse Books, 2006).

3. Tanto o artigo de Julie Bick na *Inc.* ("Inside the Smartest Little Company in America", Janeiro 2002) como a peça de Clive Thompson na *New York Times Magazine* ("The Play's the Thing") constituem bons pontos de vista sobre o processo de desenvolvimento de produto na Cranium. Ver também "Games on the Brain", de Stephanie Dunnewind, *Seattle Times*, 28 de Fevereiro de 2004.
4. Para mais pormenores sobre o verdadeiramente inspirador Hospital Pediátrico de Montefiore, ver Polly LaBarre em "Best of the Best: Strategic Innovation", *Fast Company* (Maio de 2002). Para mais pormenores estonteantes sobre o exótico casino Mohegan Sun, consulte o *site* do *resort* (**www.mohegansun.com**). Para informações adicionais sobre o próprio *designer*, ver "The People's Architect", de John H. Richardson, *Esquire* (Março de 2002); "David Rockwell Has a Lot of Nerve", de Bill Breen, *Fast Company* (Novembro de 2002); e "Inventive Optimism", de Fred Bernstein, *Oculus* (Inverno de 2004-05).
5. Peter van Stolk e a sua empresa têm sido uma fonte de fascínio para empreendedores interessados no *branding*, no *marketing* e no mercado da juventude. Ver "Small Companies, Big Impressions", de David Fusaro, *Food Processing* (18 de Maio de 2004) e "Gen Y: A Tough Crowd to Sell", de Bruce Horovitz, *USA Today*, 22 de Abril de 2002. Em "Soda Jerk", Christopher Steiner relata os retrocessos e avanços de van Stolk (*Forbes*, 11 de Abril de 2005). Para um vislumbre sobre a vida de uma celebridade que pesa apenas 22 quilos, ver "7-Year-Old Skatesboarder Rides Extreme Marketing Wave", *Seattle Times*, 2 de Maio de 2004. A Jones começou a trabalhar com este prodígio do *skateboard* quando ele tinha quatro anos.
6. A operar na área da intersecção dos filmes com a Internet, a Netflix tornou-se num relevante foco das atenções – grande parte das quais de qualidade "maníaco-depressiva", o que reflecte as subidas e descidas dos preços das acções. Mas há algumas fontes de informação mais equilibradas sobre a Netflix. Em "On a Mission to Change the Economics of Hollywood", Jon Healy, colunista do *Los Angeles Times*, faz uma inteligente sessão de Perguntas & Respostas com Hastings (10 de Abril de 2004). O artigo de 22 de Fevereiro de 2005 de Gary Rivlin no *New York Times*, intitulado "Does the Kid Stay in the Picture?", avalia o potencial e os riscos do seu crescimento meteórico. Hacking Netflix (**www.hackingnetflix.com**) tornou-se num blogue incontornável sobre os meandros da empresa.

Notas

Capítulo 9 – Mensagens *maverick* (III): criar ligações com os clientes

1. Quando o *Boston Globe* publicou um artigo sobre Paul English e a sua "folha de batota" *on-line*, a reacção foi imediata e enérgica. English acabou por dar mais de cem entrevistas para a rádio, televisão e imprensa escrita e conseguiu a mais preponderante atenção pública – apareceu na revista *People*. Leia "Sick of Automation? Dial 0 for Human", de Bruce Mohl, *Boston Globe*, 6 de Novembro de 2005 e "Executive Has an Answer to Phone System Cheat Sheet", também de Bruce Mohl, *Boston Globe*, 2 de Dezembro de 2005. Para consultar a própria folha, visite o *site* (**www.gethuman.com**).
2. Os nossos dados sobre o sector livreiro provêm de diversas fontes: "Quest for a Best Seller Creates a Pileup of Returned Books", de Jeffrey A. Trachtenberg, *Wall Street Journal*, 3 de Junho de 2005; "Expo Week Arrives, and Books Are Back", de Edward Wyatt, *New York Times*, 2 de Junho de 2005; "The Never-Ending Stories: Publishers Are Cranking Out More Books Than Ever", de David Mehegan, *Boston Globe*, 4 de Junho de 2005.
3. A expansão da Starbucks como marca e entidade patronal tornou-a num alvo ocasional (e por vezes divertido) dos sindicatos. Na cidade de Nova Iorque, activistas do Industrial Workers of the World (os "Wobblies", com fama de anarco-sindicalistas) tentaram apelar à sindicalização junto de alguns estabelecimentos. O seu *slogan*: "No latte, no peace"*. Ver "Union Steps up Drive to Organize Starbucks", de Anthony Ramirez, *New York Times*, 26 de Novembro de 2005; ver também "A Union Shop on Every Block", de Philip Dawdy, *Seattle Weekly*, 7-13 de Dezembro de 2005.
4. Ver "They're Off to See the Wizards", de Katie Hafner, *New York Times*, 27 de Janeiro de 2005.

Capítulo 10 – A empresa que se mantém: negócios que dão importância às pessoas

1. Para mais informações sobre o programa Extreme Blue da IBM, visite o *site* (www-913.ibm.com/employment/us/extremeblue/). Ver também "IBM Interns Are a Breath of Fresh Air" de Mike Cassidy, *San Jose Mercury News*, 24 de Agosto de 2004. Jane Harper teve dezenas de funções durante

---
* **N.T.** "Sem café com leite, não há paz".

a sua carreira de 25 anos na IBM. Em cada uma delas, ela foi uma força de mudança. Para saber mais sobre o percurso da sua liderança invulgar, ver "Faster Company" de Scott Kirsner, *Fast Company* (Maio de 2000).

2. Extreme Blue é uma componente pequena mas vital do impulso agressivo da IBM para abraçar o futuro. Outras leituras sobre a agenda da empresa incluem "Leading Change When Business Is Good," uma entrevista ao CEO Sam Palmisano por Paul Hemp e Thomas A. Stewart, *Harvard Business Review* (Dezembro de 2004); "Beyond Blue" de Steve Hamm e Spencer E. Ante, *Business Week*, 18 de Abril de 2005; e "The Information Puzzle" de Sam Palmisano, *Newsweek*, 2 de Dezembro de 2005.

3. Ver *The War for Talent*, de Ed Michaels, Helen Handfield-Jones e Beth Axelrod (Harvard Business School Press, 2001) e "The Talent Myth" de Malcolm Gladwell, *The New Yorker*, 22 de Julho de 2002. Obrigado o Randall Cross por ter indicado o ensaio "Why I Never Hire Brilliant Men."

4. Dois dos ensaios mais provocadores e úteis sobre o *website* de John Sullivan são "The 20 Rules for Great Recruiting" (26 de Março de 2001) e "Is Your HR Department Unwittingly a 'Socialist Institution'?" (28 de Novembro de 2004). Visite **www.drjohnsullivan.com** para os encontrar.

5. Jane Harper e a equipa Extreme Blue contribuíram para as ideias no manual "Staying Extreme". John Wolpert, antigo director de laboratório para o Extreme Blue em Austin, merece o crédito de ter produzido o esboço original em 2002.

6. Discutimos o conhecimento de Marc Andreessen aplicado ao recrutamento durante a entrevista que lhe fizemos. Ele também explicou a "Regra das Pessoas que Não Prestam" a George Anders em "Marc Andreessen, Act II," *Fast Company* (Fevereiro de 2001).

7. A cultura da Southwest já foi dissecada inúmeras vezes em livros e *case studies*. Para uma boa ideia geral sobre a abordagem da companhia aérea ao recrutamento e formação, ver ""How Fun Flies at Southwest Airlines" de Brenda Paik Sunoo, *Personnel Journal* (Junho de 1995). Para uma perspectiva mais sóbria sobre a cultura de gosto pelo divertimento da Southwest, ver *The Southwest Airlines Way: Using the Power of Relationships to Achieve High Performance* de Jody Hoffer Gittel (McGraw-Hill, 2003).

8. A sorte da Yahoo mudou drasticamente desde os dias negros do *crash* das *dot-com*. Michael S. Malone retrata as novas realidades em "The UnGoogle (Yes, Yahoo!)", *Wired*, (Março de 2005). Muito obrigado a Tim Sanders,

Notas

autor de *best-sellers* e antigo responsável pelas soluções na Yahoo, que nos concedeu generosamente o seu tempo e saber durante as nossas várias visitas à empresa.

9. Ela publicou um livro sobre o tema. Ver *Brand from the Inside: Eight Essentials to Emotionally Connect Your Employees to Your Business* de Libby Sartain e Mark Schumann (Jossey-Bass, 2006).
10. A história do Cirque du Soleil, com os seus resultados de uma mistura de criatividade, *glamour* e poder e energia, atrai tanto os escritores da área dos negócios como os académicos. Os artigos-chave incluem "Blue Ocean Strategy" de Chan Kim e Renée Mauborgne, *Harvard Business Review* (Outubro de 2004); "The Phantasmagoria Factory" de Geoff Keighley, *Business 2.0* (Janeiro-Fevereiro de 2004); "The $600 Milion Circus Maximus" de Christopher Palmeri, *Business Week*, 2 de Dezembro de 2004; "Lord of the Rings," *The Economist*, 5 de Fevereiro de 2005; e "Join the Circus" de Linda Tischler, *Fast Company* (Julho de 2005).
11. Não falta cobertura aprofundada dos *media* sobre a competição brutal entre Google, Yahoo e Microsoft pelos melhores e mais brilhantes tecnólogos do mundo. Ver "Google Ignites Silicon Valley Hiring Frenzy," *Wall Street Jounal*, 23 de Novembro de 2005, assim como "Revenge of the Nerds – Again," *BusinessWeek*, 28 de Julho de 2005. A *BusinessWeek* também teve uma história de capa muito informativa sobre a nova batalha pelo talento. Ver "Star Search," de Nanette Byrnes, 10 de Outubro de 2005.
12. Pode encontrar *case studies* e ensaios aprofundados de John Sullivan sobre o Google, a Starbucks e outras empresas num *website* valioso chamado Electronic Recruiting Exchange. Visite **www.ere.net**.

Capítulo 11 – Pessoas e desempenho: "estrelas", sistemas e locais de trabalho que funcionam

1. *Cirque du Soleil: 20 Years Under the Sun: An Authorized History* de Tony Babinski e Kristian Manchester (Harry N. Abrams, 2004) relata a história de Natasha Hallet e descreve a história do Cirque desde os seus primeiros dias de actuação nas ruas.
2. Para mais informações sobre a Pixar, ver "Welcome to Planet Pixar" de Austin Bunn, *Wired*, (Junho de 2004); "All Too Superhuman" de Richard Corliss, *Time*, 25 de Outubro de 2004; "Talk of the Toon" de Charles

Gant, *The Times*, (Londres), 8 de Novembro de 2003; e "Pixar's New Digs Coddle Animators, Writers, and Tech Heads" de Rick Lyman, *New York Times*, 11 de Junho de 2001. Um conjunto de perfis do triunvirato de liderança da Pixar composto por Steve Jobs, Ed Catmull e John Lasseter lança mais umas luzes: "Pixar's Unsung Hero" de Peter Burrows, *Business Week*, 30 de Junho de 2003; "Pixar's Mr. Incredible May Yet Rewrite the Apple Story" de Randall Stross, *New York Times*, 24 de Outubro de 2004; e "The Man Who Built Pixar's Incredible Innovation Machine" de Brent Schlender, *Fortune* (15 de Novembro de 2004).

3. *Composing Pictures* de Donald W. Graham (Van Nostrand Reinhold Co., 1970).
4. A SEI manteve-se perto do topo da lista da revista *Fortune* das "100 Melhores Empresas Para Se Trabalhar" durante cinco anos consecutivos (2001-2005). Ver também "Total Teamwork: SEI Investments" de Scott Kirsner, *Fast Company* (Abril de 1998), e "From Fried Chicken to Seared Fund Managers" de Debbie Harrison, *Financial Times*, 5-6 de Julho de 2003.
5. Rich Karlgaard conta a história pessoal e empresarial de Dick Resch na *Life 2.0: How People Across America Are Transforming Their Lives by Finding the Where of Their Happiness* (Crown Business, 2004). Para ter uma noção da importante presença da KI em Green Bay, ver "KI President Dick Resch", de Richard Ryman, *Green Bay Press-Gazette*, 5 de Janeiro de 2003, e "Arena Complex Is Likely to Be Big Tourist Day", de Nathan Phelps, *Green Bay Press-Gazette*, 18 de Agosto de 2002.

Capítulo 12 – Mensagens *maverick* (IV): pôr em prática as competências dos seus colaboradores

1. Agradecemos a John Battelle por salientar os óbvios contrastes entre a lista *top ten* do Google e a lista *top ten* do MSN Search (agora desaparecido), publicados num *post* no seu SearchBlog, em 7 de Janeiro de 2004 (**http://batellemedia.com/**). A lista do Google está disponível na Internet (**www.google.com/jobs/reasons.html**).
2. Visite a página *on-line* da Southwest Airlines para uma galeria de anúncios das últimas três décadas (**www.swamedia.com**). O Google supera a maior parte das empresas em matéria de criatividade para os seus anúncios de emprego. Os matemáticos de Silicon Valley, suficientemente curiosos

(e inteligentes) para perceberem um cartaz codificado (que dizia "{os dez primeiros números primos encontrados em dígitos consecutivos e}.com"), chegavam a um *site* que apresentava um problema ainda mais difícil – e uma oportunidade de entrevista. O Google até criou a sua própria versão de um teste padrão: o teste de aptidão do Google Labs (ou GLAT). O teste consiste numa mistura subtil de resolução de equações, escolhas múltiplas e escrita de um ensaio. Para obter uma cópia, visite o *site* (**http://google-blog.blogspot.com/2004/09/pencils-down-people.html**).

3. "Story art" até se imbui na presença da Pixar na Internet. O *site* da empresa apresenta um "Recanto do artista", com os perfis e *portfolios* da arte dos "pixarianos" (**www.pixar.com/artistscorner/index.html**).

Agradecimentos

Mavericks no trabalho baseia-se em conversas mantidas ao longo de uma década sobre concorrência, liderança e o verdadeiro significado do sucesso – conversas essas que temos vindo a ter com uma rede de contactos e de amigos, analistas empresariais que foram suficientemente atenciosos para considerar seriamente as nossas ideias e partilhar os seus pensamentos connosco. Todos os erros deste livro são da nossa responsabilidade. Mas temos uma dívida de gratidão para com muitos por o terem tornado possível.

Primeiro, e acima de tudo, temos de agradecer a Alan M. Webber, que tem sido um querido amigo e um colega indispensável há mais anos do que algum de nós quer revelar. Alan é suficientemente inteligente para alegar inocência, mas é um parceiro de crime em tudo aquilo que pensamos e escrevemos sobre o mundo empresarial em mutação. Muito obrigado por tudo, Alan.

Richard Pine, da Inkwell Management, é mais do que um agente literário. É uma força da natureza, uma fonte de confiança tranquila e um indivíduo com características admiráveis. Ele estruturou as nossas ideias iniciais, limou as inevitáveis arestas durante a elaboração do livro e nunca perdeu o seu entusiasmo. O mundo precisa de mais pessoas como Richard.

Os nossos agradecimentos a Jane Friedman, Michael Morrisson, Lisa Gallagher, David Highfill, Dee Dee de Bartlo e a todos os profissionais zelosos e enérgicos da HarperCollins e William Morrow. Ficámos empolgados por este livro estar nas mãos de um grupo tão *maverick*.

Muitos outros pensadores, escritores e líderes ajudaram a dar forma às nossas perspectivas sobre o rumo que os negócios podem e devem tomar. O nosso obrigado a quem nos ensinou tanto: Colleen Aylward, Scott Badburry, John Seely Brown, Marcus Buckingham, Pip Coburn, Jim Collins, Laurie Coots, John Ellis, Seth Godin, Gary Hamel, David Kuehler, Tim O'Reilly, Tom Peters, Dan Pink, Ron Pompei, Feargal Quinn, Ivy Ross, Rusty Rueff, Andy Stefanovich, Bob Sutton, Keith Yamashita.

A parte mais compensadora deste projecto foi a oportunidade de mergulharmos em tantas organizações extraordinárias e conhecer líderes fora de série. O nosso obrigado a todos os executivos e empreendedores que nos abriram as portas das suas empresas. Um agradecimento especial aos heróis desconhecidos que nos ajudaram a ter acesso às empresas, que não levantaram objecções quando pedimos para voltar (uma e outra vez) e que se esforçaram para que apreendêssemos os factos da forma correcta. São demasiados para os enumerarmos um a um, mas vocês sabem quem são. Não teríamos conseguido fazer isto sem vocês.

E como poderíamos deixar de agradecer o permanente capital intelectual, boa disposição e amizade da equipa da revista *Fast Company*? A maioria de nós já avançou para a aventura seguinte, mas nenhum de nós – sejamos francos – irá esquecer a emoção da nossa aventura conjunta. Todos vocês tiveram influência – directa ou indirecta – na elaboração deste livro.

Por último, alguns agradecimentos pessoais.

Eu, Bill, quero agradecer aos meus pais, irmãos e irmã pelo apoio incondicional e ilimitado de boa disposição. Também quero agradecer a Carl Mayer e Eliot Spitzer por quase 30 anos de amizade – encorajando-me, mantendo-me honesto, nunca desperdiçando uma oportunidade para me criticarem. Quanto a Chloe Mantel – bem, quem pode explicar a tua boa vontade para me aturares durante tanto tempo? Obrigado por manteres a fasquia tão alta.

Eu, Polly, quero agradecer à minha família pelo seu amor sem limites e entusiasmo constante ao longo de toda a vida. Tantos amigos queridos me animaram e me chamaram à realidade ao longo do tempo. Obrigada Dede Welles, Mark Gimbel, Gordon Gould, Zeke Brown, Dawn Nadeau e Paula Chauncey. Há duas pessoas em particular que viveram comigo cada momento da elaboração deste livro. A amizade de Anna Muoio é demasiado preciosa para se exprimir por palavras. A sua essência, curiosidade e compaixão tocam-me diariamente – e tenho a certeza que assim continuará a ser para sempre. Fergus Kinnel, eu sou constantemente inspirada (e desafiada) pela tua bonita forma de pensar. Obrigada não apenas por me facultares um lugar que é meu, mas também por me abrigares no lar do teu coração.

Gostou deste livro? Oferecemos-lhe a oportunidade de comprar outros dos nossos títulos com 10% de desconto. O envio é gratuito (correio normal) para Portugal Continental e Ilhas.

	Título	Preço
☐	**Sociedade Pós-Capitalista** Peter F. Drucker	19 € + iva = 19,95 €
☐	**Liderança Inteligente** Alan Hooper e John Potter	19 € + iva = 19,95 €
☐	**O que é a Gestão** Joan Magretta	19 € + iva = 19,95 €
☐	**A Agenda** Michael Hammer	19 € + iva = 19,95 €
☐	**O Mundo das Marcas** Vários	20 € + iva = 21,00 €
☐	**Vencer** Jack e Suzy Welch	21 € + iva = 22,05 €
☐	**Como Enriquecer na Bolsa** Mary Buffett e David Clark com Warren Buffett	14 € + iva = 14,70 €
☐	**Vencer** (áudio) Jack e Suzy Welch	15 € + iva = 18,15 €
☐	**O Diário de Drucker** (versão capa mole) Peter Drucker com Joseph A. Maciarello	19 € + iva = 19,95 €
☐	**O Mundo é Plano** Thomas L. Friedman	20 € + iva = 21,00 €
☐	**O Futuro é Hoje** John C. Maxwell	19 € + iva = 19,95 €
☐	**Vencedores Natos** Robin Sieger	19 € + iva = 19,95 €
☐	**Nunca Almoce Sozinho** Keith Ferrazzi com Tahl Raz	19 € + iva = 19,95 €
☐	**Sou Director, e Agora?** Thomas J. Neff e James M. Citrin	19 € + iva = 19,95 €
☐	**O Meu Eu e Outros Temas Importantes** Charles Handy	19 € + iva = 19,95 €
☐	**Buzzmarketing** Mark Hughes	19 € + iva = 19,95 €
☐	**A Revolução da Riqueza** Alvin e Heidi Toffler	21 € + iva = 22,05 €
☐	**A Cauda Longa** Chris Anderson	20 € + iva = 21,00 €
☐	**Vencer: As Respostas** Jack e Suzy Welch	19 € + iva = 19,95 €
☐	**Um Nível Superior de Liderança** Ken Blanchard	19 € + iva = 19,95 €

Colecção Espírito de Negócios

☐	**Gestão do Tempo** Polly Bird	18 € + iva = 18,90 €
☐	**O Poder do Pensamento Positivo nos Negócios** Scott W. Ventrella	18 € + iva = 18,90 €
☐	**A Arte da Liderança Pessoal** Randi B. Noyes	18 € + iva = 18,90 €
☐	**Comunicar com Sucesso** Perry Wood	18 € + iva = 18,90 €
☐	**Persuasão** Dave Lakhani	18 € + iva = 18,90 €
☐	**Como destruir uma empresa em 12 meses… ou antes** Luis Castañeda	18 € + iva = 18,90 €
☐	**Ler Depressa** Tina Konstant	18 € + iva = 18,90 €

Colecção Harvard Business School Press

☐	**Visão Periférica** George S. Day e Paul J.H. Schoemaker	20 € + iva = 21,00 €
☐	**Questões de Carácter** Joseph L. Badaracco, Jr.	20 € + iva = 21,00 €
☐	**A estratégia Oceano Azul** W. Chan Kim e Renée Mauborgne	20 € + iva = 21,00 €

Colecção Jovem Empreendedor

	Título	Preço
☐	**Por que é que os empreendedores devem comer bananas** Simon Tupman	19 € + iva = 19,95 €

Colecção Conceitos Actuais

☐	**Afinal quem são "eles"?** B.J. Gallagher e Steve Ventura	16 € + iva = 16,80 €
☐	**O Tao de Warren Buffett** Mary Buffett e David Clark	12 € + iva = 12,60 €

Total	
10% desconto	
Custo Final	

Pode enviar o pagamento por cheque cruzado, ao cuidado de **Conjuntura Actual Editora, L.**ᵈᵃ para a seguinte morada:
Caixa Postal 180 | Rua Correia Teles, 28-A | 1350-100 Lisboa | Portugal
Por favor inclua o nome completo, morada e número de contribuinte.

Para mais informações sobre os nossos livros consulte o nosso site:
www.actualeditora.com